I0001615

DE

LA FAUTE

COMME SOURCE DE LA RESPONSABILITÉ

EN DROIT PRIVÉ

PAR

Henri FROMAGEOT

Avocat à la Cour d'appel de Paris.

(Ouvrage couronné par la Faculté de droit de Paris).

PARIS

LIBRAIRIE NOUVELLE DE DROIT ET DE JURISPRUDENCE

ARTHUR ROUSSEAU, ÉDITEUR,

14, rue Soufflot, et rue Toullier, 13

—

1891

DE LA FAUTE

COMME SOURCE DE LA RESPONSABILITÉ

EN DROIT PRIVÉ

6302

DE

LA FAUTE

COMME SOURCE DE LA RESPONSABILITÉ

EN DROIT PRIVÉ

PAR

Henri FROMAGEOT

Avocat à la Cour d'appel de Paris.

(Ouvrage couronné par la Faculté de droit de Paris).

PARIS

LIBRAIRIE NOUVELLE DE DROIT ET DE JURISPRUDENCE

Arthur ROUSSEAU, Éditeur,

14, rue Soufflot, et rue Toullier, 13

1891

PRÉFACE

« ..... Certaines questions ont le privilège de ne
pas vieillir; celle de la faute est du nombre. Voilà
bien des siècles qu'on la discute. Les jurisconsultes
de Rome l'ont creusée peu à peu, avec cette patience
qu'ils apportaient à toutes choses; les modernes
l'ont reprise, en généralisant les solutions romaines,
et on pourrait croire que, après cette longue élaboration, nous n'avons plus qu'à répéter ce qui s'est
dit. Point du tout. Les fautes prennent tant de formes et revêtent tant de nuances, la responsabilité
qui en résulte varie si bien elle-même, qu'il devient
impossible d'ouvrir un recueil d'arrêts sans y découvrir quelque face imprévue du problème. Nulle
part, peut-être, les tribunaux n'ont plus à faire. La
loi leur fournit un faible secours, car, dans une matière aussi fugitive, elle s'est bornée à des règles
générales et parfois extrêmement vagues. Les théories ont donc le champ libre. Aussi se sont-elles mul-
tipliées, et cette active production n'est pas près de
finir. N'avons-nous pas vu un système ingénieux,
proposé en France et en Belgique, susciter récem-

ment de vifs débats sur les points qui semblaient le mieux établis? En même temps, la controverse, qui n'avait guère quitté, jusqu'à présent, les paisibles régions du droit, s'est transportée sur un autre terrain. Une école nombreuse espère aujourd'hui guérir le malaise social dont souffre l'Europe, en revisant les lois qui gouvernent les rapports des ouvriers avec leurs patrons ; or, parmi les réformes qu'elle propose, se place l'établissement de lois exceptionnelles sur les accidents du travail, les fautes qui les provoquent et les actions auxquelles ces fautes donnent naissance. Le Parlement français a délibéré un projet de ce genre dans sa dernière session, et plusieurs parlements étrangers l'ont précédé dans cette voie. Qu'on applaudisse à de semblables tendances ou qu'on les regrette, l'étude n'en peut être écartée..... »[1].

1. Extrait du rapport de la Faculté de Droit de Paris lu dans la séance du 2 août 1887, par M. E. Chavegrin, agrégé, rapporteur général.

BIBLIOGRAPHIE

Adan. — *De la responsabilité civile des patrons. De l'article 1382 du Code civil et de la faute lourde en matière d'assurances* (Extrait du *Moniteur des assurances*, février-juin 1883).

Addison (C. G.). — *On Wrongs and their remedies*. 6e édition, par Smith. 1 vol. London, 1887.

Alban d'Authuille. — *Dissertation sur la prestation des fautes* (*Revue de législation et de jurisprudence* (Wolowski), II, 269, 342).

Albiane (M.). — *Le risque professionnel et la responsabilité en cas d'accidents*. 1 vol. Paris, 1888.

Ball (W. E.). — *Leading cases on the law of torts*. 1 vol. London, 1884.

Bateson (H. D.). — *Employer's liability* (*The law quaterly review*, 1889, p. 179).

Beach (C. F.). — *On contributory negligence*. 1 vol. Boston, 1885.

Belgique judiciaire, n° du 28 mars 1889 [1].

Benzacar. — *Accidents du travail manuel dans le louage de services*. 1 vol. Paris, 1890.

Beren (T.). — *Principles of the law of negligence*. 1 vol. London, 1889.

---

1. Le lecteur trouvera dans ce numéro une véritable bibliographie de la jurisprudence concernant la responsabilité dans les accidents du travail.

Bert (E.). — *Loi du 11 avril 1888 concernant les transports de marchandises par chemin de fer. Responsabilité des compagnies en cas de retard, avarie ou perte.* 1 vol. Paris, 1890.

Béziat d'Audibert. — *De la responsabilité des accidents dont les ouvriers sont victimes dans leur travail.* 1 vol. Paris, 1888.

Bigelow (M. M.). — *Law of torts.* 3ᵉ éd. 1 vol. Boston, 1886.
— *id. for students.* 1 vol. London, 1889.
— *Leading cases in torts.* 1 vol. Boston, 1875.

Bishop (G. P.). — *Non contract law.* 1 vol. London, 1889.

Black. — *Proof and leading in accident cases.* 1 vol. Boston, 1886.

Blondeau. — *Dissertation sur l'ouvrage de Lebrun sur la prestation des fautes* (*Themis.*, II, 349).

Boismont (Brière de). — *De la responsabité légale des aliénés.* 1 vol. Paris, 1863.

Bonnafort. — *Du degré de responsabilité légale des sourds-muets.* 1 vol. Paris, 1877.

Bourcart. — *Du fondement de la responsabilité des locataires en cas d'incendie.* 1 vol. Paris, 1877.

Brückner. — *De culpa quæ concretive talis dicitur.*

Bruneau. — *Etude sur la responsabilité des patrons en matière d'accidents industriels.* 1 vol. Paris, 1887.

Burgundus. — *De periculo et culpa.*

Campbell (R.). — *The law of negligence,* 2ᵉ éd. 1 vol. London, 1879.

Caro. — *Gli infortuni del lavoro.* 1 vol. Milano, 1886.

Clerk and Lindsell. — *The law of torts.* 1 vol. London, 1889.

Cesare (Fassa). — *Responsabilità delle compagnie ferroriarie relativamente alle persone.* 1 vol. Torino, 1888.

Cesari. — *La responsabilità dei padroni sui danni prodotti dal lavoro.* 1 vol. Ascoli-Piceno, 1882.

Chironi (G. P.). — *La colpa nel diritto civile odierno.* — *Colpa contrattuale.* 1 vol. Torino, 1884. — *Colpa extra-contrattuale.* 2 vol. Torino, 1887.

Coccejus. — *Tractatus de doli, culpæ et negligentiæ præstationibus.* Heidelberg, 1672 (*Exercitationes curiosæ*, p. 58).

Cocito. — *La parte civile in materia penale.* 1 vol. Torino, 1881.

Commission du travail instituée par arrêté royal du 15 avril 1886. Procès-verbaux et rapports. 3 vol. Bruxelles, 1888.

Cooley. — *The law of torts*, 2ᵉ éd. 1 vol. Boston, 1888.

Cooley (T. H.). — *On liability of publics officers to private actions for neglect of official duty* (III, South Law Review (n. s.), p. 531).

Corradi (C.). — *Della responsabilità degli imprenditori per i casi d'infortunio degli operai sul lavoro.* 1 vol. Foligno, 1890.

Deering (J. H.). — *On negligence.* 1 vol. Boston, 1886.

Deffès. — *De la responsabilité des patrons dans les accidents dont leurs ouvriers sont victimes.* 1 vol. Paris, 1889.

Degenkolb. — *Der spezifische Inhalt des Schadenersatzes, zugleich als kritischer Beitrag zu § 219 des deutsch. Civilgesetzentwurf.* (*Arch. für civ. Prax.*, vol. 76, 1ᵉʳ cah., 1890).

De Hart (E. L.). — *The liability of shipowners at common law* (*The law Quaterly Review*, 1889, p. 15).

Dejace. — V. *Rapports.*

Deschamps (A.). — *Etude sur la responsabilité civile des incapables et particulièrement de la femme dotale.* 1 vol. Paris, 1889.

Ducrocq. (Th.). — *Théorie des fautes dans les délits, quasi-délits, contrats, quasi-contrats.* 1 vol. Paris, 1854.

Dutruc. — *Manuel de la responsabilité et de la discipline des officiers ministériels.* 1 vol. Paris, 1855.

Elvers (C. F.). — *Doctrinæ juris civilis romani de culpa prima lineamenta.* 1 vol. Göttingen, 1822.

Fabret (Dr. G.) — *De la responsabilité morale et de la responsabilité légale des aliénés.* 1 vol. Paris, 1863.

Ferraris (C. F.). — *L'assicurazione obligatoria e la responsabilità dei padroni ed imprenditori per gli infortuni sul lavoro.* 1 vol. Roma, 1890.

Field (G. W.). — *On Damages*. 2ᵉ éd. 1 vol. Boston, 1881.

Fraser (H.). — *Compendium of the law of torts*. 1 vol. London, 1888.

Fumiato. — *Gl' infortuni sul lavoro e il diritto civile*. 1 vol. Roma, 1887.

Gandouin (P.). — *Les accidents du travail manuel dans le louage de services*. 1 vol. Paris, 1889.

Gensler (J. C.). — *Exercitationum juris civilis ad doctrinam de culpa*, fasc. I. Iéna, 1813.

Grueber (E.). — *Lex Aquilia. The roman law of damage to property*. 1 vol. Oxford, 1866.

— *Zur aquilischen Klage des Nietzbrauchers und des Pfandglaubigers (Arch. für civilish. Prax*, LXXV, p. 303. 1889).

Hœnel (Fr.). — *Versuch einer kurzen und fasslichen Darstellung der Lehre vom Schadenersatze nach heutig. röm. Rechte*. 1 vol. Leipzig, 1823.

Hasse (G. C.). — *Die culpa des römischen Rechte*, 2ᵉ éd., par Bethmann-Hollweg. 1 vol. Bonn, 1838.

Hastings (S.). — *Treatise on torts*. 1 vol. London, 1885.

Hefke. — *Arch. f. praktische Rechtswiss.* (n. s.), XIV, 243, 321, 373 (1885-86).

Hermann. — *De la responsabilité du fait des animaux et des choses. Journ. des tribunaux*, n. 616 et s. Bruxelles, 1889.

Hesse. — *Zur Lehre von Dolus und Culpa (Arch. für civ. Prax*. LXI, p. 203. 1878).

Hilliard (F.). — *On torts*. 4⁰ éd. 2 vol. Boston, 1874.

— *On remedies for torts*. 2ᵉ éd., 1873.

Holmes. — *Trespass and negligence (Americ. Law Rev.*, XIV, 1880) (trad. en italien. *Archiv. juridico.*, 1889).

Hu. — *Etude historique et juridique sur la responsabilité du médecin*. 1 vol. Paris, 1880.

Ihering (R. von). — *Das Schuldmoment in römisch Priv. R.* (1877). *De la faute en droit privé* (Etudes complémentaires à l'esprit du droit romain, 1), traduct. franç. par O. de Meulenaere. 1 vol. Paris, 1880.

Jarotzki. — *De la responsabilité de l'entrepreneur* (en russe). 1 vol. Saint-Pétersbourg, 1887.

Kniep. — *Ueber Contracts Culpa.* 1 vol. Rostock, 1872.

Kritz (P. L.). — *Ueber die Culpa nach römisch. Rechte.* 1 vol. Leipzig, 1823.

Lebrun. — *Essai sur la prestation des fautes, où l'on examine combien les lois romaines en distinguent d'espèces* (avec notes de Loiseau). 1 vol. Paris, 1813.

Lefebvre. — *De la responsabilité* (*Rev. crit.*, 1886, p. 485).

Löhr (E. von). — *Die Theorie der Culpa.* 1 vol. Giessen, 1806.

— *Beiträge zu der Theorie der Culpa.* 1 vol. Giessen und Darmstadt, 1808.

Manara (V.). — *La responsabilità delle amministrazioni ferroviarie regolata del codice di commercio del 1882.* 1 vol. Roma, 1884.

Martin (A.). — *Etude des lois fédérales sur la responsabilité civile.* 1 vol. Genève, 1890.

Mataja (V.). — *Das Recht des Schadenersatzes vom Standpunkte der National-Oekonomie.* 1 vol. Wien, 1888.

— *Das Schadenersatz im Entwurf eines bürg. Gesetzb. für das deutsch. Reich.* (*Arch. für bürg.*, R. I., p. 267-281).

Mayne (J. D.). — *Damages*, ed. by Wood. 1 vol. Boston, 1881.

Mazzola. — *Il projetto di legge sulla responsabilità civ. dei padroni.* Naples, 1885.

Menus-Moreau (A.). — *De la responsabilité des patrons en matière d'accidents de travail.* 1 vol. Paris, 1889.

Mommsen. — *Beiträge zum obligationenrecht.* III. Braunschweig, 1855.

Morrill (W. W.). — *On municipal negligence.* 1 vol. Boston, 1887.

Mylius (J. H.). — *Dissertatio post. de tribus legis Aquiliæ capitibus* (*ad. Theophr.*, § I, T. II, éd. Reitz, p. 402).

Nourrisson (P.). — *La responsabilité des accidents du travail et le projet de loi adopté par la Chambre des députés le 10 juillet 1888.* 1 vol. Paris, 1889.

Peeters (L. J.). — *Traité général de la responsabilité des communes et de leurs administrateurs*. 1 vol. Bruxelles, 1888.

Pernice. — *Zur Lehre von den Sachbeschädigungen nach römisch. Rechte*. 1 vol. Weimar, 1867.

Piggott (E. T.). — *Principles of the law of torts*. 1 vol. London, 1885.

Pirmez (E.). — *De la responsabilité. Projet de révision des articles 1382 à 1386 du Code civil*. 1 vol. Bruxelles, 1888.

Poan de Sapincourt. — *Examen critique des nouveaux projets de loi sur les accidents du travail (Bull. soc. industr.* Rouen, 1885).

Pollock (F.). — *The law of torts ; a treatise on the principles of obligations arising from civil wrong in the common law*. 1 vol. London, 1887.

— *Liability for the torts of agents and servants (Law quaterly Review* (1885), I, p. 207).

Pothier. — *Dissertation* en réponse à l'Essai de Lebrun ; (à la suite de cet Essai, p. 119 ; ou dans ses œuvres à la suite du *Traité des oblig.* et sous le titre d'*Observation générale*).

Projet de loi concernant la responsabilité des accidents dont les ouvriers sont victimes dans leur travail. Texte voté en 2ᵉ délibération à la Chambre des députés le 10 juillet 1888. Texte voté en 2ᵉ délibération par le Sénat le 20 mai 1890. 1 vol. Paris, 1890.

Rapports présentés au congrès international des accidents du travail, tenu à Paris en 1889. Tome I. Paris, 1889.

Regnault. — *De la responsabilité civile des propriétaires de navires*. 1 vol. Paris, 1876.

Richard (G.). — *Die Culpa bei der Mora Debitoris*. 1 vol. Göttingen, 1888.

Richard et Maucorps. — *Traité de la responsabilité en matière d'incendie*. 1 vol. Paris, 1883.

Ringwood (Ric.). — *Outlines of the law of torts*. 1 vol. London, 1887.

Rivalta (O.). — *Della responsabilità legale dei genitori, tutori istitutori*... 1 vol. Ravenna.

Robin. — *De la responsabilité* (thèse). 1 vol. Paris, 1887.

Sainctelette (Ch.). — *De la responsabilité et de la garantie.* 1 vol. Bruxelles-Paris, 1884.

— *Le louage de services à l'Académie des sc. mor. et politiques.* Bruxelles, 1886.

— *Accidents du travail. Projet d'une proposition de loi.* Bruxelles, 1886.

— *Accidents du travail. La jurisprudence qui s'éloigne et la jurisprudence qui s'approche.* Bruxelles, 1888.

— *Pourvoi en cassation. Mémoire pour madame veuve de Sitter.* Bruxelles, 1888.

— *Accidents du travail* (*Indépendance belge*, n. des 24, 27, 29 avril 1889).

— *Les accidents du travail. Étude de droit et de législation comparée* (*Rev. de droit internation.* (1890), XXII, p. 40).

Saulaville. — *De la responsabilité civile de l'État en matière de postes et télégraphes.* 1 vol. Paris, 1887.

Sauzet. — *De la responsabilité des patrons envers leurs ouvriers.* (*Rev. crit.* Paris, 1883).

Sandars (J. S.). — *The roman doctrine of culpa* (*dissert. for B. C. L.*). Oxford, 1886.

Saunders. — *A treatise upon the law applicable to negligence.* 1 vol. London, 1871.

Schmitd. — *Von der Deliktsfähigkeit der Sklaven,* 1 vol. Leipzig, 1872.

Schacher. — *De culpa.* Lipsiæ, 1655.

Schöpffer (J. Joa.). — *De culpa lata tutorum ab hæredibus præstata.* Rostock, 1709.

Schuster (M.) et K. Schreiber. — *Ueber Schadenersatz nach österreich. Rechte.* 1 vol. 1885.

Schüster (E.). — *Liabilities of Bailees according to german law* (*Law Quaterly Rev.*, II, p. 188. 1886).

Sedgwick (T.). — *On damages.* 1 vol. 7º éd. Boston, 1880.

Sedgwick (H. D.). — *Leading cases on Damages.*

Sèze (R. de). — *De la responsabilité des propriétaires de navires.* 1 vol. Paris, 1883.

Shearman and Redfield. — *On negligence and remedies for private wrongs.* 5ᶜ éd. Boston, 2 vol. 1888.

Schearwood (J. A.). — *Sketch of the law of torts.* 1 vol. London, 1886.

Smith (H.). — *A treatise on the law of negligence.* 2ᶜ éd. 1 vol. London, 1884.

Sourdat (A.). — *Traité général de la responsabilité ou de l'action en dommages-intérêts en dehors des contrats.* 4ᵉ éd. 2 vol. Paris, 1887.

Staes (P.). — *Des accidents du travail.* 1 vol. Bruxelles, 1889.

Stévenart (H.). — *Principes de la responsabilité civile des notaires.* 1 vol. Bruxelles, 1890.

Sutherland (J. G.). — *The law of Damages.* 3 vol. Boston, 1883.

Stötzel. — *Ueber das Verhältniss des Pfandglaubigers zu demjenigen welcher die Pfandsache beschädigt oder vernichtet.* (*Arch. für civil. Prax.* XXXIX, p. 47, 1856).

Tarbouriech. — Droit romain : *De la responsabilité contractuelle et délictuelle.* — Droit français : *Des assurances contre les accidents du travail. Assurance collective. Responsabilité civile* (thèse pour le doctorat). 1 vol. Besançon, 1889.

Thompson (S. D.). — *Leading Cases on negligence.* 2 vol. Boston, 1880.

— *Liability of officers and agents of corporations.* 1 vol. Boston, 1880.

— *Liability of stockholders.* 1 vol. Boston, 1879.

Treatise of trover and conversion of the law of action on the case for torts and wrongs. 1 vol. London, 1721.

Ugo (G. B.). — *La responsabilità dei publici uffiziali.* 1 vol. Torino, 1885.

Underhill (A.). — *A summary of the law of torts; or, wrongs independent of contract.* 4ᶜ éd. 1 vol. London, 1884.

Vavasseur. — *De la responsabilité des accidents de fabrique* (Journal *Le Droit*, n. du 20 mai 1880. *Bullet. soc. protect. apprentis*, 1881. Journal *La Loi*. n. du 2 juillet 1885).

Veneziani. — *Del risarcimento civile dei danni*. Torino, 1887.

Verne de Bachelard. — *Responsabilité des compagnies de ch. de fer en matière de transports*, 1 vol.

Vitali. — *Del danno, del risarcimento dei criteri e modi liquidarlo*. 1 vol. Piacenza, 1880.

Wäntig. — *Haftung für fremde unerlaubte Handlungen*. 1 vol. 1875.

Waetchler. — *De gradibus culpæ*. Wittemberg, 1680.

Wening-Ingenheim. — *Lie Lehre vom Schadenersatze*. 1 vol. Heidelberg, 1841.

Wehrn (C. G.). — *Doctrina juris explicatrix principiorum et causarum damni habita doli mali, culpæ, moræ ejusque quod interest, ratione præstandi*. Leipzig, 1795.

Wharton (F.). — *A treatise on the law of negligence*. 2° éd. Philadelphia 1878.

Wheeler (E. P.). — *The modern law of carriers: or the limitation of the common law, liability of common carriers under the law-merchant statutes and special contracts*. New-York, 1890.

Wytz (F. von). — *Haftung für fremde Culpa, nach römisch. Rechte*. 1 vol. 1867.

DE LA FAUTE

COMME SOURCE DE LA RESPONSABILITÉ

EN DROIT PRIVÉ

LIVRE PREMIER

THÉORIE GÉNÉRALE DE LA FAUTE

CHAPITRE I

DÉFINITION DE LA FAUTE

Ce qu'on entend par le mot faute. — Ses éléments. — Diverses définitions qui en ont été données en France et à l'étranger.

La base des devoirs de l'homme réside dans ces deux
faits : il est un être libre et il est un être raisonnable ;
aussi, lorsqu'on parle d'un devoir, on doit sous-entendre
nécessairement que l'individu à qui il incombe possède
les deux qualités énoncées[1].

D'autre part, pour accomplir les devoirs que sa qualité
d'être libre et raisonnable lui impose, l'homme doit dé-
ployer une certaine force de volonté, qui peut se tra-

1. C'est au moins le cas des personnes « normales », opposées à
celles, dont quelque circonstance, comme l'âge ou la maladie, vient
modifier la condition. Cf. T. E. Holland, *The Elements of jurisprudence*, 278.

1

duire soit par un fait positif soit par une abstention ; s'il y a eu accomplissement du devoir, l'individu a été « *diligent* » ; sinon, il a manqué à son devoir, il a été « *négligent* », il a commis une « *faute* »[1].

Que le mot faute pris dans son sens le plus général signifie tout manquement à un devoir, cela paraît bien résulter de son étymologie : « *faute* » vient en effet de l'allemand « *fallen* », du radical « *fall* », qui signifie un manquement à quelque chose, une chute. On le retrouve de même dans le mot celtique « *faill* » qu'on trouve employé dans le sens de négligence dans les anciennes lois de l'Irlande[2]. C'est là l'origine des mots faillite, faute, etc. En se plaçant au point de vue du droit, la faute peut alors déjà se définir, au moins *lato sensu*, tout manquement à un devoir juridique[3].

1. Cf. Terry, *Some leading principles of Anglo-Amer. law*, (1884) § 181 « ... The word (negligence) implies the existence of a standard of conduct... and that that standard has not been acted up to.

2. Cf. *Ancient laws of Ireland*, t. III. *The book of Aicill* p. 498 et 492.

3. Hasse. *Die culpa des römischen Rechts* (2e éd.) ch. I § 1, p. 8. » Der allgemeinste, aber auch noch sehr vage Begriff von Culpa ist ein Vergehen gegen irgend eine Regel welche zù befolgen war,... alles was gegen Recht, Sitten, gute ordnung geschieht, ist culpa... — Will man alles hier ganz genau haben, so glaube ich lässt sich noch so absondern :

a. Allgemeinste und, wenn man will, schon zum Theil uneigentliche Bedeutung : alles was gegen eine Regel geschieht, sei es auch nur gegen die Regel eines Spiels oder eines convivii.

b. Eine unsittliche Handlung, ein Vergehen die sittliche Ordnung mit Einschluss der Verletzung fremder Rechte : eigentlichere und herrschende Bedeutung bei den Klassikern, ich will hier nur an die Worte des Cicero (in Verr. ii, c. 12) « *in hoc genere omnes inesse culpas istius maximas avaritiæ, majestatis dementiæ libibinis, crudelitatis* », errinern.

c. Engere, aber ratione juris allgemeinste Bedeutung : Rechtsverletzung. »

Si d'autre part on envisage l'état moral de l'individu au moment de la faute, on s'aperçoit que le manquement au devoir peut être bien différent selon les cas : il peut en effet être voulu (soit voulu et intentionnel, soit voulu et non intentionnel) ou non voulu [1].

a) Le manquement peut être *voulu*, j'entends par là que l'auteur du manquement a exercé sa volonté dans le but de manquer au devoir prescrit, ou qu'il a agi sachant qu'il manquait à son devoir. — *α)* Le manquement *voulu* sera *intentionnel* lorsque l'individu a eu non-seulement la volonté de manquer à son devoir, mais encore lorsqu'il l'a fait dans le but de produire les résultats qui en seront advenus. Par exemple : un individu tire un coup de pistolet sur un autre pour le tuer. L'acte est voulu, il est de plus intentionnel. — *β)* Le manquement sera, au contraire, *non intentionnel*, lorsque l'individu a bien eu la volonté de manquer à son devoir, il en a eu conscience au moment de son acte ou de son abstention, mais il n'en voulait ni n'en prévoyait les conséquences. Telle est l'hypothèse de l'homicide par imprudence : un individu tire un coup de fusil près d'une grande route ; il sait qu'il est imprudent de tirer dans ces conditions, mais il croit que personne ne se trouve en ce moment sur la route ; cependant un passant est tué, le tireur a manqué volontairement à un devoir de prudence, mais sa faute n'est pas intentionnelle. Il en est de même de l'individu

---

1. Cf. Aristote, *Ethiq. à Nicomaque*, livre V. cap. X. et le commentaire de ce passage par Michel d'Ephèse (VII. Nic. II). — Cicéron, *De offic.* 1. — Sénèque, *De ira*, I, 16. — Marcien, lib. 2 *De public. judic.* (l. 11 § 2 Dig. 48. 19, *De pœnis*). — Denys d'Halicarnasse, livre I ; — Grotius, *De Jur'. Belli ac Pac.* III cap. XI § 4, no. 1 et 3. — Puffendorff, *Droit des gens*, I, vii, p. 128 (trad. Barbeyrac).

qui joue avec un pistolet chargé, le croyant non chargé, etc...

b) Le manquement au devoir peut être encore *non voulu*, c'est ce qui a lieu lorsque l'individu, au moment de l'acte ou de l'abstention, n'en a pas eu conscience, et à plus forte raison n'en a pas voulu les conséquences ; il se peut même qu'il ait agi pour les empêcher. C'est dans tous les cas le résultat de l'inattention, de la négligence, de la témérité ou de l'étourderie.

Le manquement voulu et intentionnel doit être soigneusement distingué des deux autres ; on l'appelle : « *dolus* », « *mala fides* », « *dol* », « *fraude* », « *intention de nuire* », « *unlawful intention* », « *fraud* », « *Arglist* », « *Betrug* », « *dolo* ».

Le manquement non voulu et le manquement voulu, mais non intentionnel, doivent au contraire être groupés ; on leur réserve exclusivement le nom de « *culpa* », « *faute* », « *négligence* », « *fahrlassigkeit* », « *colpa* ».

On est alors amené à donner de la faute la définition suivante : c'est un manquement voulu ou non voulu, mais toujours non intentionnel à un devoir juridique. On va voir par ce qui suit qu'il semble bien difficile d'analyser davantage l'idée de la faute, sans courir le risque de donner une définition trop restreinte, qui ne puisse s'appliquer à tous les cas[1], et « il faut qu'une définition soit universelle, c'est-à-dire qu'elle comprenne tout le défini »[2] ; il semble d'autre part qu'on ne puisse analyser

---

1. Cpr. la définition donnée en Italie par M. le prof. Chironi, La faute « si concentra in un flatto le cui consequenze damnoze non erano volute dall' agente, e presenta il concetto di un'omissione di diligenza ; » *La colpa nel diritto civile odierno. I. Colpa contrattuale.* no 8, p. 8).

2. *Logique de Port-Royal*, IIᵉ p., chap. XVI.

moins, sans que la définition cesse d'être propre, c'est-à-dire de ne convenir qu'au défini.

La plupart des jurisconsultes anciens ou modernes qui ont défini la faute paraissent être tombés dans les deux défauts qui viennent d'être signalés, et c'est peut-être là la cause des dissentiments qui les divisent encore aujourd'hui. Ils ont, en effet, rarement cherché à définir la faute, abstraction faite du devoir, et presque toujours ils définissent la faute par le devoir lui-même.

En France, comme la théorie des fautes dans les contrats est depuis longtemps une matière fertile en controverses, c'est à l'idée d'un manquement à un devoir conventionnel que la faute est le plus souvent rattachée[1]. Il en résulte que la définition, qui est ainsi donnée, n'est plus applicable, lorsque le devoir auquel il a été manqué n'est pas né de la convention.

On en trouve un exemple dans Lebrun : « Tout homme, dit-il, qui a des choses qui appartiennent à un autre, ou qu'il lui doit, ou qui gère ses affaires est obligé d'en avoir plus ou moins de soin selon la différence des cas. Ce soin s'appelle *diligence* et l'omission de ce soin *dol* ou *faute* selon qu'elle est accompagnée ou non du dessein de nuire[2]. » On voit que Lebrun ne parle là que du manquement à un devoir né d'un contrat, et comme l'homme a d'autres devoirs juridiques que ceux auxquels il s'est engagé par un contrat, il est aisé d'apercevoir que sa définition n'est pas universelle et qu'elle est inapplicable à toutes les fautes en général.

Les jurisconsultes anglais et américains tombent dans

---

1. Cf. Sourdat, § 652, I, p. 654, texte et note 2 qui fait la même observation.

2. Lebrun, *Essai sur la prestation des fautes*, § 1, p. 1.

un défaut analogue, bien que le devoir, dont ils mêlent la notion à celle de la faute, soit un devoir extra-contractuel. Parfois même leurs définitions trop restreintes à ce point de vue, sont d'autre part incomplètes, ce qui suffirait déjà à les faire écarter.

Une des définitions le plus souvent reproduites [1], devenue pour ainsi dire la définition de la jurisprudence, fut donnée en 1856 [2] par le B. Alderson, un des juges de la Cour de l'Echiquier. « Il y a faute, dit-il, lorsqu'on omet de faire quelque chose qu'eût fait un homme raisonnable, guidé par les considérations réglant ordinairement la conduite humaine.

Quelque répandue que soit cette définition tant en Angleterre qu'aux États-Unis, il sera cependant permis de faire observer que, *a*) elle ne suppose pas forcément l'absence d'intention, ce qui est, comme on l'a vu, un élément essentiel de la faute proprement dite ; à ce point de vue elle est donc trop générale.

b) D'autre part elle s'efforce de définir un devoir, ce qui la rend trop particulière.

c) Enfin, comme on l'a fait remarquer en Amérique « il est notoire qu'il y a bien des choses qu'un homme prudent et raisonnable ne ferait pas et qui ne constituent pas des fautes aptes à baser une action [3]. »

---

1. Cette définition qui a été adoptée dans un grand nombre de décisions judiciaires, est reproduite en particulier par Campbell, *Law of Neglig*, p. 1.

2. Blyth *v.* Birmingham waterworks Co. XI Exch. Rep. 19 Vict. p. 784.

3. Wharton, *Law of Neglig.*, ch. I, livre I, § 2. « It is notorious that there are many things which a prudent and reasonable man would not do (e. g. acts of extravagance, of gambling, even of wild speculation with manufacturing and similar enterprises which

On[1] a voulu corriger ces imperfections en ajoutant ces mots : «... dans tous les cas, causant un dommage non intentionnel à un tiers ». Ainsi modifiée la définition laisse encore à désirer, car elle fait supposer que pour qu'il y ait faute, il faut que le défaut d'intention réside dans les conséquences de l'acte. Assurément cela est vrai quelquefois, mais il se peut aussi qu'il y ait absence de volonté a *principio*, au moment même de l'acte.

Le célèbre Austin [2] met son soin à ne pas confondre dans une même définition la négligence et l'inattention, mais il sera permis de faire observer qu'une telle distinction n'est pas de l'essence de la faute qui peut être constituée soit par un acte soit par une abstention.

Enfin le même reproche qui vient d'être fait à la définition d'Alderson, peut être appliqué à celle qui a été récemment proposée par M. Lefebvre. « Nous disons, écrit-« il, qu'il y a faute, manquement au devoir, quand on « fait ce qu'on n'a pas le droit de faire, et quand on ne « fait pas ce qu'on a l'obligation de faire ; obligation « étant pris dans le sens de lien de droit [3]. » — Il est facile de voir en effet que l'auteur passe sous silence un élément essentiel de la faute, à savoir le manque d'intention ou de volonté.

Les imperfections des définitions ci-dessus mentionnées ont ainsi conduit l'auteur du présent livre à s'effor-

---

involve the welfare of multitude of employees) which are not such negligence as is the subject of a suit at law. »

1. T. W., Saunders, *A treatise upon the law applicable to neglig.* p. 1.

2. Austin, *Lect. on jur.*, 5e éd. par Campbell. I, lect. XX, p. 426 et s.

3. Lefebvre, *Rev. crit.* 1886, p. 486.

cer d'en rechercher une, qui fût à la fois propre et complète, c'est-à-dire qui embrassât tout le défini mais rien que le défini. Il convient cependant d'observer, que, si, en raison, ces deux conditions semblent remplies en disant que la faute est un manquement non intentionnel, voulu ou non voulu, à un devoir juridique, il faut ajouter en droit privé quelque chose de plus ; car pour que la faute ainsi définie présente un intérêt, encore faut-il qu'elle puisse servir de base à une action civile ; or cela ne se peut que si quelque lésion en est résultée à l'égard d'autrui, l'intérêt étant la mesure de l'action. C'est ce qui explique pourquoi certains auteurs ont cru devoir ajouter à leur définition l'idée d'un dommage causé [1]. Mais cette notion reste étrangère à la notion pure de la faute, considérée *in abstracto*.

---

1. Telle est la définition donnée par Doneau, *Comm. de jur. civ.* l. XVI, cap. 7, § 2. (t. X, p. 161). « *Culpa est, omne factum inconsultum, quo nocetur alii injuria.* » — Telle est également celle proposée par Wharton, *A treatise on the law on Neglig.* (2e éd.) § 3. « Negligence, in its civil relations, is such an inadvertent imperfection by a responsible human agent in the discharge of a legal duty, as produces in an ordinary and natural sequence, a damage to another. » Cf. de même H. Smith, *A treatise on the law of Neglig.* (2e éd.), p. 1.

CHAPITRE II

De la graduabilité. — De la prestation. — Critique d'une théorie commune. — De la généralité ou de la spécialité des devoirs et des fautes. — De la distinction entre les fautes contractuelles et non contractuelles.

Ayant défini le sens précis de ce qu'on doit entendre par faute et essayé de déterminer quels en sont les éléments, il convient à présent de rechercher avec quels caractères différentiels elle peut se présenter. Ces caractères peuvent être envisagés à deux points de vue : 1° en n'envisageant que la faute elle-même, ce qui conduit à la graduabilité ; 2° en la comparant au devoir, ce qui conduit à la prestation.

1° *De la graduabilité des fautes.* — Si on envisage la faute en elle-même, on est amené à reconnaître, qu'une fois le manquement au devoir établi, deux faits principaux peuvent servir à la qualifier, à savoir : l'importance des conséquences qu'elle peut entraîner, et, en second lieu, l'écart plus ou moins grand qu'elle présente avec la ligne de conduite tracée par le devoir.

a) Quant à l'importance des conséquences, si la faute est telle qu'elle entraîne les résultats les plus graves elle aura par cela même un caractère de gravité qu'on ne saurait nier. Si au contraire ses conséquences sont de peu d'importance elle apparaît vraisemblablement comme légère et facilement excusable. Mais, comme ce ne sont là que des qualités qu'elle peut revêtir, mais qui n'en altèrent nullement les caractères essentiels, on se trouve amené à dire que les qualifications de grave ou de légère ou de très légère, ne seront que des épithètes, la faute elle-même restant une et simple.

b) En second lieu l'écart plus ou moins grand entre l'acte commis et la ligne de conduite tracée par le devoir, pourrait encore servir à qualifier la faute : on conçoit en effet que, quand le devoir prescrit de faire une chose, si on en fait une qui soit tout l'opposé, le manquement sera plus grave que si on en fait une qui se rapproche du modèle prescrit. Mais de même que ci-dessus, il est facile de voir, que dans tous les cas il y a une faute et que les expressions de grave de légère ou de très légère, ne sont également que des épithètes qu'on peut multiplier à l'infini selon les hypothèses.

Ce serait donc à tort qu'on voudrait établir une classification des fautes à l'aide des deux procédés ci-dessus, puisqu'aucun des éléments essentiels qui la composent ne se trouve différencié sous ces deux points de vue : et les expressions de faute grave, ou lourde, ou légère, ne peuvent en rien sous ce rapport modifier la notion de la faute qui reste simple.

2° *De la prestation.* — Mais, si on vient à comparer la faute au devoir, on trouve que l'un des éléments du manquement au devoir, à savoir l'absence de la diligence requise pour l'accomplir, peut varier avec la notion du devoir lui-même, encore que ce soit dans un rapport différent. Si en effet le devoir est très facile à accomplir, l'individu n'aura à exercer qu'une diligence très minime, et plus cette diligence sera minime, plus l'individu qui y aura manqué aura dû être négligent. Si au contraire le devoir est un devoir très spécial et fort difficile à remplir, il exigera une diligence d'autant plus grande, et une attention d'autant plus scrupuleuse : la négligence ici, aura été très minime. On voit ainsi que l'on peut tirer un moyen de caractériser la faute, de sa relation avec le devoir ; et cette relation, peut, à l'aide de ce qui vient d'être dit, être posée dans les termes suivants : que la faute varie en raison inverse du devoir.

Si le fait d'être grave ou légère a de l'intérêt à l'égard d'une des conséquences de la faute, à savoir l'obligation d'en réparer les suites, elle n'en a cependant pas sur la conséquence principale, qui est la responsabilité : car la responsabilité naîtra de toute faute, il suffira qu'il y ait eu un devoir auquel il a été manqué.

Quelle que soit la qualité attribuée à la faute par l'un des procédés ci-dessus donnés, il est important de remarquer que ses éléments caractéristiques doivent toujours rester intacts et qu'on ne saurait en faire abstraction. Aussi convient-il de se mettre en garde contre l'assimilation de la faute lourde au dol, opinion que la tradition semble avoir consacrée, mais qui n'est autre chose qu'une confusion prêtant à l'équivoque et à l'obscurité.

On ne saurait en effet confondre les actes commis de mauvaise foi avec ceux accomplis de bonne foi, sans blesser l'équité : il semble qu'en assimilant au *dol* certaines espèces de fautes, on laisse à l'écart un des *criterium* les plus justes des actions humaines : c'est-à-dire l'intention qui y a présidé.

Dans le droit romain les Proculiens se gardaient de cette assimilation et rejetaient la formule du jurisconsulte Nerva *latiorem culpam dolum esse* [1]. Il semble que ce fut Celsus qui la fit triompher et il est curieux que les motifs sur lesquels il s'appuie, aient passé à travers les âges jusqu'à la jurisprudence moderne : *Si quis, non ad eum modum quem hominem natura desiderat, diligens est... fraude non caret* [2]. Un tel motif satisfait peu la raison, car le moyen de reconnaître si une personne a ou non commis une fraude, n'est pas de rechercher *in abstracto* si sa conduite est ou n'est pas celle d'un homme raisonnable, ou ordinaire, ou inférieur, mais de rechercher *in concreto* s'il ressort des circonstances qu'il a agi volontairement et intentionnellement

Les expressions qu'emploie Gaïus [3], montrent qu'il s'inclinait seulement devant un usage accepté, «...*magnam tamen negligentiam* placuit *in dolo cadere.*

Mais si telle fut la doctrine des Ulpien [5] ou des Paul [4], il faut cependant noter qu'ils se refusèrent à donner à la faute lourde tous les effets du dol.

C'est ainsi que la faute lourde ne put jamais suffire à donner l'action *de dolo* [6].

Les plus savants jurisconsultes et commentateurs ayant

---

1. Cf. Celsus, lib. 11, *Digestor.* (l. 32, Dig., XVI, 3, Depositi v. contra).

2. Celsus, *loc. cit.* — Cf. la même raison donnée par Doneau, *Comm. jur. civ.*, l. XVI, c. 7, § 11 (X, p. 171). « Lata culpa quæ est dolo proxima, est ejus qui novit periculum quod ex facto imminet, aut pro eo habetur quasi sciret, quia omnes id intelligant. »

3. Gaius, lib. 2. *Aureorum.* (Dig., 1 § 5. 44. 7. De oblig. et actionib.)

4. Ulpien, lib. 52. *Ad Edict.* (Dig. 5 § 15. 36. 4. Ut in poss. leg.)

5. Paul, lib. 1. *Manualium* (Dig. 226. 50. 16. De verb. sign.)

6. Cf. Accarias, *Préc. de droit romain*, n° 662, p. 611, note (1), tome II. — Austin, *op. cit.* I, p. 430.

suivi ces errements, est-il extraordinaire que la jurisprudence française les ait imités ? Rien cependant dans le
code civil ne paraît permettre un tel système ; nos légis-
lateurs même ont peine à le saisir. « J'ai cherché, moi
« aussi, disait récemment l'un d'eux [1], ce qu'était une
« faute lourde et je n'en ai pas trouvé, je vous déclare, la
« définition... On me répond : le dol et la faute lourde,
« c'est la même chose. — Moi qui ne suis pas un juris-
« consulte j'y vois une différence...Le dol implique il me
« semble la tromperie, le mensonge, quelque chose qui
« ressemble à des manœuvres frauduleuses, tandis que
« l'on peut très bien avoir commis une faute lourde par
« simple incurie ou par imprévoyance.» — Doneau [2] dit
que « *proprietate verbi et genere facti lata culpa non est
dolus* » mais que « *interpretatione justa et effectu juris
dolus est;* » il sera permis de douter qu'une interprétation
juste puisse confondre deux choses si différentes.

Une jurisprudence anglaise déjà ancienne avait voulu
établir [3] l'assimilation critiquée. Le Chief Justice Tin-
dal avait déclaré que, *lata culpa* ou *crassa negligentia*, et
par le droit romain, et par le droit anglais, est connexe au
dolus malus ou fraude et bien souvent n'en peut être distingué ». Il suffira de répondre, ainsi qu'on l'a fait dans
la doctrine [4], que « si dans certains cas la distinction est

1. Paroles de M. Tolain, rapporteur de la loi sur les accidents du
travail, au Sénat, *J. off.*, Sénat, séance du 12 mars 1889, p. 241.

2. Doneau, *loc. cit.*, § 9 (X, p. 168).

3. *In re*, Hall and Hinds, II, Manning and Granger, p. 852. « *Lata
culpa or crassa negligentia*, both by the civil law and our own, ap-
proximates to, and in many instances cannot be distinguished
from, *dolus malus* or misconduct. »

4. Parson, *The law of contracts* (6e éd., Boston, 1873), II, § 88,
note (c). — « There may be instances in which these cannot be
discriminated in fact, but they are entirely distinct in law. » —

difficile en fait, en droit ce sont choses entièrement différentes ».

Si la gravité de la faute est impuissante à la faire assimiler au dol, il convient cependant d'ajouter qu'en pratique, elle pourra servir au juge d'indice ou de preuve de la mauvaise foi possible de l'auteur de la faute : si ce dernier a commis un acte qui soit tout l'opposé de ce que commandait l'obligation, cette gravité même pourra être pour le juge un élément de conviction que l'individu a agi de mauvaise foi, mais elle ne saurait être plus [1].

La relation qui existe entre les devoirs et les fautes permettra à un autre point de vue de fixer une classification entre ces dernières.

Les devoirs peuvent être purement moraux, c'est-à-dire que la raison en est la seule source, ce sont alors des devoirs internes, métaphysiques ; tels sont ceux que nous prescrivent la loi religieuse, la conscience ou la raison. La violation de ces devoirs n'intéresse pas autrui. Mais

---

« Courts and writers have sometimes spoken of gross negligence as the same thing as fraud ; but this is inaccurate. » — Cf. dans le même sens : Markby, *Elements of law*, ch. XVI, sect. 679. — Sainctelette, *De la Resp. et de la Garantie*, p. 22 et 23, note 1. — En sens contraire : Labbé dans Sirey, 1876, I, 337. — Austin, *loc. cit.* — Mommsen, *Beiträge*, III, 154. — Baron, *Pand.*, §71, p. 127. — Arndts, *Lehrb. de Pand.*, §86. — Will. Jones, *Law of Bailm*, pp. 8, 9, 21, admet bien la distinction en théorie mais pas en pratique. — D'après Puffendorff, *Droit nat. et des gens*, livre I, ch. VII, p. 130, il faudrait distinguer les affaires civiles des affaires criminelles, pour les premières admettre l'assimilation critiquée, la rejeter pour les secondes.

1. C'est ce qu'a admis la jurisprudence anglo-américaine. Cf. Jones *v.* Smith, en Angleterre, I, Hare, 71, où le vice-chancelier Wigram ajoutait : « In other words gross negligence is not fraud by inference of law, but may go to a jury as evidence of fraud. » — Cf. aux Etats-Unis, Wilson *v.* Y. et M. Railroad Co., XI, Gill and Johson, 58, 79 (Maryland).

les devoirs dont nous ayons à nous occuper ici, sont ceux
que l'on appelle civils, et dont le fait de vivre en communauté est la cause ou tout au moins l'occasion.

a) Parmi les devoirs civils il en est qui incombent à
tous les individus en général : ils consistent à restreindre
leur propre liberté afin de ne pas gêner celle des autres
et d'assurer ainsi la jouissance commune de la vie en
communauté ; c'est la loi qui les établit, d'où leur nom
de devoirs légaux. Parmi les devoirs légaux il en est cependant qui ne sont pas communs à tous, mais seulement spéciaux à quelques individus. Le bien-être général peut, en effet, être intéressé à ce que, dans certaines
circonstances, les individus montrent plus ou moins de
diligence, qu'ils accomplissent des actes auxquels en
principe ils ne seraient pas tenus, et c'est encore ainsi
que la loi met parfois à la charge de certaines personnes
le soin d'administrer la fortune des autres.

b) Parmi les devoirs civils il en est au contraire qui
non-seulement sont spéciaux à quelques individus, mais
encore qui n'ont nullement pour cause le bien-être général de tous les autres ; ils ne dérivent pas à proprement
parler du fait de vivre en communauté, ce qui n'en est que
l'occasion : leur seule et unique source est dans la volonté de ceux qui s'y soumettent librement par l'effet des
conventions. Ces devoirs diffèrent profondément de ceux
qui sont nés de la loi elle-même ; car tandis que ces derniers peuvent être appréciés à l'aide de principes et de
règles uniformes, les premiers sont au contraire essen-
tiellement variables en étendue et en durée, et ne peuvent être appréciés qu'à l'aide de la convention qui les a
formés. Aussi semble-t-il qu'on puisse à juste titre distinguer entre le manquement aux premiers et le man-

quement aux seconds, et c'est ce qui a fait adopter le nom de faute quasi-délictuelle, extra-contractuelle ou légale d'une part, et celui de faute contractuelle d'autre part[1].

Quelque rationnelle que semble la distinction entre le devoir légal et le devoir conventionnel, partant entre les fautes qui y correspondent, elle est cependant l'objet d'un profond désaccord.

On a soutenu[2] qu'il n'y avait pas lieu de distinguer entre la faute commise dans l'exécution des conventions et la faute commise en dehors de toute convention; l'expression de « *faute contractuelle* », ajoute-t-on, ne signifie rien, il n'y a qu'une seule espèce de faute, la faute quasi-délictuelle.

Il semble que cette controverse ne repose que sur une méprise et une confusion. Il faut, en effet, bien se garder, comme on l'a vu précédemment, de donner de la faute une définition qui contienne celle d'un devoir. La faute est, il est vrai, une des faces de la solution que comporte tout devoir : exécution d'une part ou inexécution de l'autre. Lorsqu'une faute est commise, on peut, ou bien l'apprécier *in abstracto*, c'est-à-dire en tant que manquement abstrait à un devoir quelconque, ou bien *in concreto*, c'est-à-dire en tant que manquement à tel devoir déterminé. On conçoit bien qu'au premier point de vue les règles applicables seront les mêmes dans tous les cas, car le fait à apprécier est toujours le même ; au second point de vue, au contraire, il est de toute néces-

---

1. Cf. Terry, *op. cit.*, § 182.
2. Cf. Lefebvre, *Rev. crit.*, 1886, *De la responsabilité*. — Robin, *Respons.* (Thèse), 1887. — Campbell, *Neglig.*, § 12. — Toullier, III, n° 232, p. 146 (ancien VI° vol.).

sité de rechercher et de préciser en quoi consistait le devoir, d'examiner uniquement le devoir qu'il fallait accomplir et non d'en examiner un autre.

C'est ainsi que l'auteur du présent livre a été conduit à étudier d'abord certaines matières générales, comme la définition de la faute, la recherche de ses caractères essentiels, de la situation qu'elle crée pour celui qui l'a commise.

Mais, au second point de vue, on aura d'autre part à examiner en quoi consistent les devoirs légaux généraux ou particuliers, pour connaître en quoi consistera la faute non-contractuelle, et, réciproquement, à déterminer en quoi consistent les devoirs que peut créer la convention, pour savoir quand il y aura une faute contractuelle.

Les partisans de la théorie qui repousse toute distinction entre la faute contractuelle et extra-contractuelle, opposent qu'on ne peut rationnellement pas distinguer une action née d'un délit ou quasi-délit d'une action née d'un contrat. « A proprement parler, a-t-on dit, toutes les « actions ont pour base une offense, car toutes doivent « naître de la violation réelle ou supposée de quelque « devoir [1]. »

Si cette dernière assertion n'est en effet guère contestable [2], elle n'autorise cependant en rien la conclusion qu'on en tire, car elle ne s'oppose pas à ce que la violation du devoir doive être appréciée exactement selon le devoir lui-même : bien plus elle conduit à le faire.

---

1. Campbell, *Negl.*, § 12 : « To speak correctly, all actions have their legal grounds in wrong ; for all must arise upon the breach, actual or apprehended of some duty. »
2. Austin, *Jurisp.*, I, p. 476, sect. 25.

Un autre argument consiste à dire : le devoir légal a pour but le respect des droits de chacun, y manquer constitue une faute ; or, dit-on, on ne fait, en réalité, qu'y manquer lorsqu'on n'exécute pas une obligation volontairement contractée ; on doit donc appliquer les mêmes principes en dehors des contrats ou en matière de contrats : ce n'est que faire l'application de la règle qu'il faut respecter le droit d'autrui.

Il sera cependant permis de croire que c'est là une confusion, qui ne résiste pas à un examen attentif : le devoir né de la loi est d'une tout autre nature que le devoir né de la convention. Le premier a pour objet le respect du droit d'autrui, on verra qu'il se traduit par cette formule qu'il ne faut léser personne ; le second consiste dans la prestation d'un service convenu. Le premier a pour corrélatif un droit qui en principe appartient à tous et dont tous peuvent se prévaloir ; le second ne fait naître de droit qu'au profit d'une personne déterminée et contre une autre également déterminée. Il y aura manquement au premier toutes les fois qu'on aura lésé quelqu'un ; il y aura manquement au second toutes les fois qu'on n'aura pas exécuté le service stipulé au contrat.

« Entre les personnes qui sont liées par un contrat, dit Mr. Labbé [1], et relativement à l'objet du contrat, toute question de faute doit être jugée d'après les clauses du contrat, d'après la volonté des parties. L'article 1382 qui régit les rapports des personnes n'ayant point contracté ensemble devient inapplicable. On peut en donner une raison décisive à notre avis : un contractant promet de

1. Labbé, note dans le *Journ. du P.*, 1885. *Jurisp. étrang.*, p. 33.

réaliser au profit de l'autre la prestation d'un service convenu, le droit commun ne l'obligeait à rien de semblable
il est sorti au profit de l'autre contractant du cercle de
la liberté naturelle, il doit uniquement ce qu'il a promis,
et assurément la mesure de diligence fixée par l'article
1382 ne saurait s'appliquer à un acte que le droit commun ne prescrivait pas. Les soins qui doivent accompa-
gner un acte sont régis par le même principe que l'o-
bligation d'accomplir cet acte. Nous devons, en vertu du
droit commun, respecter la vie, la réputation, la propriété
d'autrui ; l'article 1382 reflète ce devoir et le sanctionne.
Mais si nous devons, en vertu d'une promesse spéciale
par laquelle nous avons mis nos forces au service d'un
créancier déterminé, la manière plus ou moins zélée ou
prudente, avec laquelle nous devons agir, doit être proportionnée à la teneur du contrat qui nous oblige. Nous
sommes ramenés à cette idée si simple : nous devons, en
fait de diligence comme en fait d'activité, ce que nous
avons promis, renonçant volontairement à notre liberté
naturelle, rien de plus. L'article 1382 est étranger à cette
hypothèse [1] ».

Si la distinction se justifie au point de vue rationnel,
il faut ajouter que d'ailleurs elle est conforme à la tradition et à l'expérience. Il est à peine besoin de rappeler la
distinction romaine entre la faute aquilienne et la faute

---

1. Dans le même sens : Aubry et Rau (IV, p. 100), § 308-2°,
note 25, etc. (p. 755), § 446, texte et note 7. — Larombière, sur
1382, n. 8 (VII, p. 541). — Guillouard, *Tr. du louage*, n. 256 (I, p.
256 et suiv.). — Laurent, *Ppes droit civ.*, XVI, n. 213, 230 ; XX, n.
463.—Lyon-Caen, note dans Sirey, 1885, I, 129, et *Rev. crit.*, 1886,
p. 359.

contractuelle [1]. Elle a continué d'exister dans notre
ancien droit français, et a persisté dans le Code Napoléon.
Ce serait à tort qu'on voudrait objecter la généralité des
termes de la loi dans l'art. 1382 de ce Code, puisque cet
article traite des engagements qui se forment sans convention, tandis que d'autres dispositions visent particulièrement les contrats [2].

La distinction existe de même dans le droit anglo-américain [3], quoiqu'elle n'ait plus d'importance aujourd'hui
que pour une question de frais [4]; mais elle était considérable autrefois, c'est-à-dire avant les *judicature Acts
1873* et *1875*, alors que la procédure était formaliste ;
car selon que l'action était basée « on contract » ou « on
tort » de graves différences en résultaient, notamment
quant à la forme du « plea », quant aux frais, etc.

Il en a été cependant autrement décidé dans la première
lecture du projet de Code civil pour l'empire d'Allemagne,
d'après lequel aucune distinction n'est faite entre les deux
sortes de fautes [5].

Des différences profondes entre ces deux sortes de fautes se rencontreront par la suite dans l'étude de chacune
d'elles, notamment au sujet de la preuve, de la capacité,
de leur caractère d'ordre public ou privé ; d'autres diffé-

---

1. Cf. Accarias, *Précis de droit romain*, II, p. 663, n. 678. — Robin, *Respons.*, p. 18.

2. C. civ., art. 1137, 1147, 1302.

3. Cf Stephen, *Comm*. III, p. 385.— Kent, *Comm*. II, 15 note (*a*).
— Holmes, *Op. cit.* p. 301. — *Contrà*, Campbell, *Neglig.*, § 12.

4. Plus spécialement avec référence à la section 5, 30 et 31 Vict.
c. 142 ; County Courts Act, 1867.

5. Cf. Entwurf e. B. G. B......, §§ 704, 705. — Motiv., II, p. 727.
— R. Saleilles, *Th. gén. des obligations* (*Bull. soc. lég. comp.*, 1889,
p. 177 et s.).

rences dont l'étude ne rentre pas dans le cadre du présent ouvrage, pourraient être signalées au point de vue de l'étendue de la réparation par exemple. Il y aura donc un grand intérêt à savoir si le devoir auquel il a été manqué, est né du contrat ou de la convention ; le caractère de la faute en dépendra. On verra d'ailleurs que parfois le contrat n'est que l'occasion d'une faute extra-contractuelle et on conçoit la nécessité de déterminer alors minutieusement où commencent et où finissent le devoir légal et le devoir contractuel.

CHAPITRE III

Définition. — Source de la responsabilité. — Théories diverses. — Théorie proposée. — Conséquences. — A) Cas exclusifs de faute. — De la force majeure. — B) De la personnalité des fautes. — De ce qu'on appelle *risques professionnels*.

Ayant vu ce qu'est la faute, ce qu'est sa nature, ce que peuvent être ses caractères, on se trouve amené à chercher quelle est la situation de droit qui résultera pour l'individu du fait d'avoir manqué à un devoir, quel que puisse être le devoir.

Il est aisé d'apercevoir que la faute doit avoir le même effet que tout autre acte émané d'un être libre et raisonnable, qui est d'en rendre responsable celui qui en est l'auteur.

On entend par responsabilité l'état de l'individu à qui on est en droit de demander raison d'un acte (ou d'une abstention) et l'obligation où il se trouve de répondre à cette demande [1]. Pour la responsabilité comme pour la faute, il faut veiller à ne pas introduire des éléments étrangers à sa notion ; ce serait donc à tort qu'on viendrait obscurcir cette notion en y mêlant soit l'examen des causes qui lui donnent naissance, soit l'obligation de ré-

1. Cf. Ortolan, *Explic. des Inst.* II. 1325.

parer le dommage causé, qui peut en résulter. Ce n'est pas la volonté de l'homme qui est la base de sa responsabilité, mais seulement sa qualité d'être libre et raisonnable.

C'est à tort qu'on donnerait le nom de garantie [1] à la responsabilité résultant de certains actes ou omissions, sous prétexte qu'ils constituent des manquements à des obligations contractuelles. La garantie. en effet, dans le sens propre de ce mot, suppose l'obligation de prendre le fait et cause d'une personne, pour faire rejeter une demande dirigée contre elle, ou écarter une résistance qu'elle éprouve à l'exercice de ses droits[2]; c'est une obligation particulière, qui peut elle-même donner lieu à la responsabilité, ainsi qu'on le verra par la suite [3]. Elle ne naît pas de la faute, la faute n'en est pas un élément essentiel, comment dire qu'elle en est la conséquence [4] ?

Pour apprécier la question de savoir quand un homme est juridiquement responsable d'un fait quelconque, il est nécessaire de rappeler, ainsi qu'on l'a déjà fait, que si pour donner lieu à une action publique, le seul fait d'avoir manqué à un devoir peut suffire, il en est autrement de ce qui concerne l'action privée : un élément particulier doit en effet y être envisagé, à savoir le dommage résulté de la faute. Et de là, on peut conclure que rechercher le fondement de la responsabilité privée, c'est poser la question de savoir quand le dommage causé à quelqu'un pourra servir de base à une action de la part

---

1. Sainctelette, *De la responsabilité et de la garantie*, ch. I n. 5, p. 8 et s.

2. Aubry et Rau, § 310, § 355 *bis*, note 1, IV, p. 115, et p. 386.

3. Cf. *infrà*, p. 176.

4. Cf. Chironi, *Colpa extra-contratt*, n. 1. I, p. 2 et s.

de ce dernier [1] : à ce sujet plusieurs théories ont été proposées [2].

1re *Théorie d'Austin*. — La première théorie est une théorie criminaliste, c'est celle d'Austin [3] : pour lui le trait caractéristique du droit proprement dit est une sanction ou peine, imposée par le souverain pour désobéissance à ses ordres ; aussi se trouve-t-il amené à considérer la responsabilité comme une sanction ou comme une sorte de pénalité pour désobéissance, à déclarer qu'une telle responsabilité ne peut être basée que sur une faute personnelle, et enfin, que, par faute il faut entendre ici l'état concret d'esprit de la partie en cause « *the state of the party's mind* [4]. »

2e *Théorie de la stricte responsabilité* [5]. — La deuxième théorie, appelée parfois théorie de la stricte responsabilité, ou de la responsabilité absolue, est généralement énoncée sous cette forme : l'homme agit à ses risques et périls ; mais d'autre part, à moins qu'il n'ait vo-

---

1. Cf. Mühlenbruch, *Doctr. pand.* I. 179, 326, 334 ; III, 165. — Heineccius, *Recitat.* 538. — Blackstone, *Comm.* IV, 26 ; 539. — Mackeldey, II, 157.

2. Cf. Holmes, *The common law*, ch. III. Cette partie de l'ouvrage de Mr Holmes avait déjà paru séparément dans l'*American law Review* (t. XIV) en 1880 sous le titre de « *Trespass and Negligence*. » Elle a paru traduite en italien dans l'*Archivio juridico*, 1889.

3. Austin, *Lect. on jurisp.*, lect. XX, XXiV, XXV, tome I.

4. Austin, *op. cit.*, lect. XXIV, I p. 463.

5. Thomasius. T. II, *Dissertat.*, p. 1006 et s. *Dissert. de culp. præstat.* On trouvera encore cette théorie dans une thèse soutenue à Hall, intitulée « *Larva Legis Aquiliæ detracta actioni de damno dato, recepta in foris germanorum, etc...* » Hall, 1703. — Et récemment dans *Saunders, Neglig.*, p. 3 et p. 66 où sont reproduites les paroles de Sir T. Raymond citées plus loin. — Voir encore : Merlin, *Rép.*, v[o] *Blessé*, § 3, n. 4 et v[o] *Démence* § 2 n. 3 et 4. — Carnot, *Comm. C. Pén.* I, sur l'art. 64 n. 3. — Legraverend, *Législ. crim.* I, 13, § 4.

lontairement promis d'agir, il ne saurait être responsable
d'une omission. Le seul point à rechercher est de savoir
si l'individu a agi librement ; si oui, il importe fort peu
que le dommage qui a suivi, ait été ou non intentionnel,
s'il est dû ou non à la négligence de l'agent: d'où l'expression de *stricte responsabilité*. L'homme est responsable de tout dommage dont il est la cause physique,
encore qu'aucune faute ne lui soit imputable [1].

Comme argument en faveur de cette théorie, on dit que
l'homme a un droit absolu sur sa personne et qu'il n'a
pas à souffrir une lésion ou un préjudice de la part de
ses voisins. De plus, ajoute-t-on, c'est en général le défendeur qui a agi, or n'est-il pas juste de faire supporter
le dommage par celle des deux parties dont la conduite
a causé ce dommage, plutôt que par celle qui n'a en rien
contribué à le produire ? Il importe donc peu que le dommage soit ou non la conséquence d'un manquement à un
devoir, il suffit que l'acte qui l'a produit provienne d'un
individu.

Il importe de remarquer ici que, d'après une opinion
très accréditée, cette seconde manière d'envisager la responsabilité aurait été celle du droit primitif, que la façon
primordiale de déclarer quelqu'un responsable, consistait à ne pas pousser plus loin que le fait extérieur visible,
le *damnum corpore corpori datum*, et que l'enquête sur
la condition et l'état interne de l'individu défendeur im-
pliquait un raffinement de conceptions juridiques également étrangères au droit romain ancien, au droit ger-
manique, au droit français avant l'introduction du droit

1. Cf. Holmes, *loc. cit.*, p. 82.

romain, ou au droit anglais avant que la notion du *tres-pass* prît naissance [1].

Quoiqu'il n'entre pas précisément dans le cadre de ce travail de combattre ou de soutenir cette thèse, il sera permis seulement de faire remarquer que, si la théorie de la stricte responsabilité fut le système primordial du droit, cependant un grand nombre de législations anciennes semblent l'avoir écartée, au moins de très bonne heure. On en trouve la preuve dans un grand nombre de textes conservés soit au Digeste[2], soit dans les lois anglo-saxonnes [3], soit dans les ancienne lois de l'Ireland [4].

Ce qui est vrai c'est qu'autrefois en Angleterre le système de la stricte responsabilité fut appliquée. On en trouve, en effet, des exemples dans les *Year Books* ; notamment dans ce passage du célèbre Littleton : « si un homme a souffert un dommage, il doit être indemnisé ; si votre bétail vient sur mon champ et broute mon herbe, bien que vous veniez de suite pour l'en chasser, vous me devez une réparation de ce qu'il a fait là[5]. » Ou encore dans ce

---

1. V. dans ce sens v. Ihering, *De la faute en droit privé*, trad. franç. par Meulenaere p. 11. — Deschamps, *De la respons. des incapables*, p. 48.

2. Cf. un fragment de Gaius, *ad leg. XII tabul.* (Dig. 9, 47, 9. *De incendio, ruina, naufragio,...*)

3. Cf. LL. Alfred. 36 (Thorpe, *Ancient laws and Inst. of England*, p. 37) : « *Of Heedlessness with a spear* ». — LL. Reg. Henrici Primi, C. 88, § 3. « *De commissione armorum quibus aliquis occiditur.* » (Thorpe, *loc. cit.*, p. 260).— *Langobardorum leges*, Ed. *Rotharis* 347 (éd. Bluhme, Hannover, 1870).— *Lex francorum chamavorum*, XVII et XVIII (éd. R. Sohm, Hannover, 1883).

4. *The book of Aicill.* (*Ancient laws of Ireland*, III, p. 305 ; p. 469 ; 493 ; 499 ; 501 ; 513).

5. Year Books, 6 Edward IV, 7, pl. 18 (en l'année 1466). — Cf. de même dans les Year Books, 21 Henri VII, 27, p. 5 (en 1506) ; —

que disait Sir T. Raymond en 1682, « dans tous les actes privés le droit ne doit pas tant regarder l'intention de celui qui agit, que la perte ou le dommage soufferts par la victime [1]. » Mais, comme on l'a dit, ce ne fut là qu'une période intermédiare [2] qui a pris fin aujourd'hui [3].

Quoiqu'il en soit, la théorie de la stricte responsabilité doit être écartée, et cela par les raisons suivantes : a) en premier lieu si on l'admettait, on devrait alors reconnaître qu'on est responsable de tout dommage pouvant se rattacher, même de très loin, à l'acte commis ; or on verra plus loin l'application de la règle « in jure civili causa proxima non remota inspicitur [4]. » — b) On a fait observer de plus avec raison [5], que la communauté profite en général de l'activité des membres qui la composent, que cette activité tend au bien public et par conséquent qu'elle doit être

2 Henri IV, 18, pl. 5. « Si une personne en tue une autre par misfortune (dit le juge Tiring) il doit *forfeit ses goods,* et il doit avoir sa charte de grâce et pardon. *Ad quod curia concordat.* » Ce qui pousse encore plus loin l'importance de la stricte responsabilité. — Bracton, fol. 136, 6.

1. Dans Bessez *v.* Olliot, Sir. T. R., p. 467. — Voir encore l'opinion de Sir Wm. Blackstone dans l'affaire dite des *Pétards,* si fameuse dans la jurisprudence anglaise (Scott *v.* Sepherd, 2 Wm. Blackstone, p. 892). — L'opinion de Lord Ellenborough dans l'affaire Leam *v.* Bray, 3 East, p. 593.

2. Ce fut, dit Holmes (*loc. cit.,* p. 89), une période « of dry precedent which is so often to be found midway between a creative epoch and a period of solvent philosophical reaction. »

3. Cf. en Angleterre, l'affaire Metropolitan Railway Co. *v.* Jackson 3, App. cas., p. 193. En 1re inst. S. C. 2, C. P. D., 125 ; en appel L. R. 10, C. P., p. 49. L'arrêt de la Ch. des Lords est du 13 décembre 1877. — Aux U. St. A. cf. Brown *v.* Kendall (1850) 6 Cushing's Contested Election cases p. 292 (Massachussetts). — Morris *v.* Platt (au Connectitut) 32, Connect. p. 75, 85 et s. (en 1864).

4. F. Bacon, *Maxims. Reg.* 1,

5. Holmes, *loc. cit.,*.

encouragée : il serait donc contraire à une saine politique
de porter atteinte à une activité individuelle aussi utile,
en la menaçant perpétuellement des suites des dommages que le hasard peut en faire résulter. — *c*) On remarquera enfin qu'il ne semble guère conforme à la raison
et à la justice d'obliger les gens à rendre compte de
faits et à réparer des dommages qu'il n'a pas été en leur
pouvoir de prévoir et d'empêcher.

3ᵉ Théorie. — C'est par les considérations qui précè-
dent, que l'on est amené à trouver que la base de la responsabilité, et par là de l'action privée qui en résulte,
ne peut pas être uniquement un dommage causé, mais
qu'il faut aussi et surtout, qu'une faute l'ait produit. Si,
en effet, il n'est pas rationnel que nous répondions de
tous les accidents que peut produire notre conduite, il
l'est au contraire tout-à-fait que l'on nous demande
compte de nos manquements à nos devoirs. Il peut
sembler que c'est là revenir à la théorie d'Austin, mais
on verra dans le chapitre suivant qu'il n'en est rien. Si,
le manquement à un devoir est la seule source de la
responsabilité, la faute et le devoir doivent en principe
être appréciés d'après un modèle abstrait, et on verra qu'il serait presque impossible de ne baser l'action
que sur l'état d'esprit, apprécié *in concreto*, de l'individu,
au moment où il a agi.

Cette troisième théorie est celle de la plupart des lé-
gislateurs modernes. C'est celle qui a été admise dans le
Code civil français de 1804[1], le Code civil italien[2], les

1. Cf. C. civ. fr. art. 1382-1437.
2. C. civ. it. art. 1151 et 1226. Cf. également C. civ. hollandais,
art. 1401 et 1480 ; C. civ. espagnol (1889), art. 1103 et 1902 ; C. féd.
Suisse des oblig. art. 50 ; C. civ. argentin (1883), art. 1077, 1109 ;
C. civ. chilien, art. 2314 ; C. civ. Urugay, art. 1280 ; C. civ. Guate-
mala, art. 2276, etc...

législations allemandes[1], la jurisprudence anglo-américaine[2], c'est celle de la plupart des juristes modernes[3]. Aussi le législateur n'énonce-t-il pas ordinairement une responsabilité sans la faire précéder de l'obligation à laquelle elle suppose le manquement.

Ce troisième système est le seul, d'autre part, qui permette une solution équitable du conflit des lois en matière de faute.

On ne saurait, en effet, déclarer responsable d'un dommage un étranger qui, d'après sa loi nationale, n'a manqué à aucune obligation, et qui par conséquent n'est pas en faute.

Cette manière de voir est notamment celle qui fut adoptée par l'Institut de droit international, dans son congrès de Lausanne en 1888, au sujet des conflits de lois en matière d'abordage en pleine mer. « Si les navires sont de nationalité différente, chacun d'eux n'est obligé que dans les limites de la loi de son pavillon, et ne peut recevoir plus que cette limite ne lui attribue. »

On sait que ce n'est cependant le système ni de la jurisprudence française ni de la jurisprudence allemande, qui, toutes deux, appliquent la « *lex fori* »[4].

A. — Si la faute seule peut donner lieu à une action au sujet d'un dommage causé, on conçoit qu'il importe de déterminer soigneusement certaines hypothèses où la

1. Cf. notamment Sächs. G. B. § 116 et s.
2. V. la jurisprudence citée précédemment.
3. Sourdat. I, p. 7, n. 13. — Holmes, *loc. cit.* p. 91 et s. Addison, *On torts*, p. 20. — Labbé, *Rev. crit.*, 1870 p. 109.
4. Cf. en France, Paris, 16 février 1882. *Journ. droit intern. privé*, 1883, p. 145. — En Allemagne, Oberlandgericht de Hamburg, 24 sept. 1888, *Journ. droit intern. privé*, 1890, p. 333.

faute n'apparaît pas comme la cause du dommage. C'est ce qui a lieu lorsque l'accident arrive indépendamment de la liberté humaine, c'est-à-dire lorspu'il y a « *cas fortuit* », « *force majeure* », « *casus* », « *act of God* », « *Zufall* ».

Comme dans le fait arrivé indépendamment de la liberté humaine, nous ne trouvons ni devoir, ni acte d'un être libre et raisonnable, on ne saurait alors y parler en effet de responsabilité, ce qui suppose au contraire toutes ces choses : « le cas fortuit est tout l'opposé d'un acte humain »[1].

Le caractère essentiel de tels événements est que leur existence n'a pu dépendre de la personne à qui on les oppose. « Et cette vérité paraît si évidente que les plus ignorants croient ne pouvoir alléguer d'excuse plus forte quand on les accuse d'avoir fait ou omis quelque chose, que de dire qu'il n'a pas dépendu d'eux que cela se fît ou ne se fît pas »[2]. Aussi ne peut-on reprocher à personne l'événement « *qui prævideri non potest, aut cui præviso resisti non potest* »[3]. Il en sera ainsi notamment : *a*) des faits produits par toute force irrésistible « *omnem vim cui resisti non potest* »[4]; *b*) des faits produits par une cause qu'on ne pouvait prévoir[5].

Chaque fois qu'un de ces événements aura lieu, ce sera une question de fait que de savoir si dans les circonstances données il a été oui ou non au pouvoir de l'individu de prévoir et d'empêcher ce qui est arrivé ; la

---

1. Lord Mansfield, dans l'affaire Sorward *v.* Pittard, 1, I, R, p. 27.
2. Puffendorff, I, V, § 5.
3. Doneau, *C. jur. civ.* XVI, 6, § 12 (t. X, p. 156).
4. Ulpien, *lib.* 32 *ad Edict* (Dig. 1. 15 § 2. XIX, 2. *Locat. Cond.*)
5. Ulpien, *lib.* 3. *Opiniorum.* (Dig. 1. 2 § 7. L. 8. *De admin, rer.*)

seule mesure est d'ailleurs celle du possible : « *culpam autem nullam esse cum id, quod ab homine non potuerit præstari, evenerit* »[1].

On a parfois distingué et mis à part les événements qui ne peuvent être rattachés qu'à la nature ou à une force supérieure ; tels étaient en droit romain les *damna fatalia, detrimenta fatalia,* tel est dans le droit anglo-américain l'*act of God* que l'on distingue des actes « *of the king's enemies* » ; cela n'a plus grande importance aujourd'hui[2].

D'autre part on aperçoit que si les cas fortuits proviennent toujours d'une cause étrangère, il y en a cependant qui peuvent parfois être prévus d'avance, encore qu'on ne puisse y résister ; tels sont les phénomènes de la nature, d'une force et d'une durée ordinaires dans un lieu donné ; d'autres au contraire sont absolument imprévus[3]. Il suffira de mentionner ici l'application qu'en fait l'article 1773 du Code civil à la matière du louage des choses.

On y a fait allusion au Parlement français en proposant de distinguer, au sujet des accidents du travail, le cas fortuit, c'est-à-dire l'accident non prévu, du cas de force majeure, c'est-à-dire l'accident prévu, mais qu'on ne peut empêcher[4]. Dans la même matière, le législateur suisse l'a d'ailleurs reconnue [5] ; le cas fortuit serait

1. Cicéron. *Tuscul. Quæst.* III, XVI. — Cf. Celsus, lib. 8, *Digest.* (Dig. 1. 185, 50, 15. *De R. j.*)

2. Austin, 1, p. 447. Cf. W. Jones, *On bailment,* p. 104, distingue encore l'*act of God* de l' « *inevitable accident.* »

3. Cf. Larombière, *Oblig.* II, p. 10 et 11.

4. Cf. *Journ. off.* Sénat, séance du 19 mars 1889, p. 289. — Paroles de M. Tolain, rapporteur.

5. Loi du 25 juin 1881 sur la responsabilité civile des fabricants,

l'accident qu'on peut bien prévoir, mais qu'on ne peut empêcher, et qui résulte d'un danger inhérent à une exploitation, tandis que le cas de force majeure provient d'une cause extérieure violente.

Enfin à une autre point de vue, on a distingué[1] selon que l'évènement n'exclue pas toute pensée de faute ou d'imprudence, ou qu'au contraire il se présente, par sa nature même, comme un cas de force majeure absolue. Par exemple : la foudre ou la gelée d'une part ; l'incendie d'autre part. Il en résulte notamment que la seule preuve d'un incendie ne suffit pas à rendre un accident non imputable à une personne, ainsi qu'on aura l'occasion de le voir par la suite, à propos du contrat de louage de chose.

Il convient d'autre part de remarquer que l'événement qu'il n'a appartenu à personne d'empêcher peut avoir été accompagné ou suivi de quelque faute qui en ait aggravé les résultats[2]. Dans ce cas la responsabilité prend naissance non pas de l'événement lui-même, mais de la faute[3].

B. — Une autre conséquence résulte encore de ce qu'on ne peut imputer à une personne un événement qui n'a pas été en son pouvoir, c'est qu'on ne saurait jamais en principe être responsable que de ses actes personnels, et par là que de ses fautes propres. Car les hommes étant

---

argt. art. 2 combiné avec les articles 3 et 7 (*Ann, lég. étr.* t. XI, (1882), p. 599 et s).

1. Cf. Larombière, II, p. 12 et 13. — Cpr. *infrà*, p. 218 texte et note 7, l'opinion de Sichard qui distingue les « *casus qui raro eveniunt cum culpa* » et les « *casus qui frequenter eveniunt cum culpa* ».

2. Cf. C. civ. art. 1881 et 1882.

3. Domat, *Lois civ.* Iᵉ Part. II, t. XI.

libres, il ne peut être au pouvoir de personne de faire que tel acte d'autrui soit ou ne soit pas : « *Peccata igitur suos teneant auctores, nec ulterius progrediatur metus quam reperiatur delictum* »[1]. C'est pourquoi la faute d'autrui ne saurait nous obliger[2], pas plus que sa promesse[3].

Si en principe les actes d'autrui ne sont pas en notre pouvoir, il se peut cependant que par des circonstances particulières il en soit autrement, et que nous ayons même l'obligation formelle de surveiller et de réprimer, autant qu'il nous sera possible, les actes de certaines personnes ; il en sera ainsi toutes les fois que le droit de famille, la convention, la loi, ou toute autre cause auront créé un rapport de supériorité et d'obéissance entre plusieurs personnes ; dans ce cas, le supérieur ou maître pourra bien se trouver responsable de l'acte de son subordonné, mais ce sera en réalité de son manquement à sa propre obligation de surveiller qu'il répondra. Cependant il importe de remarquer que, comme il est contraire au droit naturel de supprimer et de tenir pour supprimée

1. Impp. Arcadius et Honorius. (A. D. 399). (Cod. Just. l. 22. IX, 47. *De pœnis*).

2. Cf. Puffendorff, *Devoirs de l'hom, et du cit.* I, I, 18. — Proudhon. III, 1350. — Sourdat, *Tr. de la respons.* n. 750, II, p. 3. — Ovide, *De Ponto*, l. 1. Eleg., VII, vers 37, 38 :

  «... et *nulla potentia vires*
  Prœstandi, ne quid peccet amicus habet. »

— C'est ainsi que l'acquéreur d'un immeuble ne peut être rendu responsable du dommage causé à autrui par les actes de son vendeur, alors que celui-ci était propriétaire. Voir l'application de cette solution aux concessionnaires de mines : Cass. 5 avril 1870, Dall. 1871, I, 235 ; Dijon, 14 juin 1877 et Cass., 25 février 1890, Dall. 1890, 1, 473.

3. Impp. Dioclétian et Maximin. (A. D. 293). (*Cod. Just.* l. 3, 4, 12. *Meuxor pro...*). Inst. III, 20, § 2. *De inutil. stip.* Paul, lib., 72, *ad Ed.* (Dig. l. 83, p. 2, 45, 1. *De verb. obl.*)

la liberté humaine, il se pourra toujours que même s'il existe un semblable rapport de droit, il y ait à tenir compte de cette liberté naturelle que la plus étroite sujétion est impuissante à détruire[1].

Enfin il faut ajouter que le principe de la personnalité des fautes n'ayant rien qui puisse intéresser spécialement l'ordre public, la convention peut librement y déroger ; le cautionnement en est un exemple, comme on le verra plus loin.

Parmi les évènements qu'on ne peut empêcher d'arriver et qui par conséquent écartent l'idée de faute et par là de responsabilité, il en est une catégorie, qui ont été compris sous le nom de « *risques professionnels* », et qui naissent uniquement de l'exercice des professions.

Un grand nombre de métiers, en effet, exposent ceux qui s'y livrent à des dangers plus ou moins grands, comme les professions de couvreurs et de marins ; l'emploi des forces physiques et mécaniques mises par la science au service de l'industrie et du commerce, a augmenté encore davantage les risques que courent ceux qui en font usage, et l'emploi de la vapeur ou des instruments mécaniques exposent ainsi les ouvriers à d'épouvantables accidents malheureusement trop fréquents. La plupart d'entre ces sinistres proviennent il est vrai de causes connues, qu'on peut prévoir, qu'on pourrait même empêcher si on n'y était exposé chaque jour, et si l'habitude du danger, contractée involontairement, ne montrait que quelle que soit la vigilance constamment employée, elle est cependant humaine, et par là même imparfaite. C'est précisément ici que se rencontre cette

---

1. Puffendorff. *op. cit.* 1, 1, 18.

question de fait énoncée plus haut : savoir s'il a été au pouvoir physique ou moral de l'individu d'empêcher ce qui est arrivé ; question de fait qui est la base de toute question de faute, puisqu'on ne saurait regarder comme un devoir à remplir une chose impossible en fait.

C'est au sujet de cette série d'événements qu'on a introduit la nouvelle expression de « risque professionnel » entendant par là l'ensemble des chances qu'on a d'être victime des accidents inévitables auxquels expose l'exercice des professions. L'importance croissante de cette notion, son lien intime avec la faute et la responsabilité, les théories et les débats auxquels elle a donné lieu, semblent lui assigner désormais une place dans le système du droit moderne.

Il est à remarquer que les définitions qui en ont été données ne tiennent souvent pas compte des principes généraux du droit en matière de faute : la qualité d'être libre et raisonnable chez les individus, d'une part, et l'existence d'un devoir auquel il est manqué, d'autre part, étant autant de conditions essentielles à l'idée de faute.

C'est en ne tenant pas compte de ces principes que l'on a voulu définir le risque professionnel une faute. On a dit c'est une faute de la profession « une faute du travail » ; de là les mots qui ont été prononcés à la tribune française « ce que le travail a fait, le travail doit le réparer » ; de là encore cette proposition qu'il faut donner « une existence civile à la profession, lui permettant d'avoir son patrimoine et de garantir ainsi les ouvriers et les patrons d'une façon juste et sérieuse ».

Cette manière de penser ne paraît pas conforme au droit, car le travail ou la profession sont des faits et non des personnes raisonnables susceptibles de responsabilité;

de plus si l'on peut attribuer par fiction une personnalité à un groupe d'individus, comme dans la société commerciale, ou à un patrimoine, comme dans les fondations belges, c'est qu'alors il y a une entité juridique, qui, par son analogie avec la personnalité humaine, explique l'individualité fictive à elle donnée par la loi [1]. Or la profession et le travail sont de simples manifestations de l'activité humaine et ne peuvent être prises comme entités juridiques : on concevrait seulement comme telles des réunions d'individus exerçant la même profession, mais ce sont alors des corporations, des syndicats, et non pas des professions prises *in abstracto*.

On a encore soutenu que le risque professionnel était une faute et l'on a dit « le risque professionnel, c'est le fait seul d'exploiter une usine, une carrière, une concession de transports, ou de diriger enfin une exploitation quelconque, où il est fait emploi d'un outillage à moteur mécanique. C'est une faute d'un nouveau genre [2] ». C'est là une théorie qui répond mal à la définition de la faute, d'après laquelle c'est un manquement à un devoir : comme il ne peut y avoir de faute sans que le devoir ait existé, la proposition ci-dessus énoncée revient à dire qu'il y a un devoir qui nous oblige à n'entreprendre jamais aucune industrie, ce qui ne peut se soutenir.

Or de ce que le risque professionnel n'est pas une faute, on se trouve amené à conclure qu'il ne saurait engager la responsabilité.

---

1. Baron, *Pandekten*, p. 54. « Die juristische Person ist ein erlaubter bleibender Zweck welchem, kraft Rechtsfiction, (zwar nicht volle Rechtsfähigkeit, aber doch) die Vermögensfähigkeit zukommt » — Cf. Holland, *Jurisp*. p. 80 et 278.

2. *Journ.off*. Sénat, séance 24 mars 1889, p. 307.

Si le risque professionnel est d'une nature telle qu'il doive être assimilé à un cas fortuit, on conçoit qu'il est important de connaître quels évènements il faut y rattacher. Or les accidents du travail peuvent provenir de trois causes soit de la faute de l'employeur, soit de la faute de l'employé, soit du cas fortuit ; on a voulu faire rentrer ces trois hypothèses si différentes dans la seule notion du risque professionnel [1], les assimiler toutes à un cas fortuit, considérer le maître et l'ouvrier comme deux associés solidaires, devant partager la charge de ces accidents au moyen d'une transaction : le patron devant toujours répondre des sinistres ou plutôt en réparer le dommage, l'ouvrier ne recevant jamais qu'une indemnité limitée. Sans entrer dans la critique détaillée d'une semblable transaction, dont l'idée a été déjà repoussée [2], et sans analyser cette prétendue société ou solidarité, qui ne paraît pas être de la nature du contrat de louage de services, il suffira seulement ici de faire observer qu'en englobant tous les accidents sous le nom de risques professionnels, on méconnaît le principe de droit, selon lequel si on ne peut être responsable des cas fortuits, du moins doit-on l'être de ses fautes : c'est là le régulateur des actions humaines.

Il semble donc que les seuls accidents qui puissent être juridiquement rattachés à la notion d'un risque présenté par l'exercice d'une profession, soient les accidents, qu'on peut bien à la vérité prévoir, qu'on pourrait peut-être empêcher, mais que les circonstances rendent inévitables et indépendants de la volonté et de l'activité humaine.

---

1. Projet de loi sur la responsabilité des accidents du travail voté par la Chambre des députés de France le 17 juillet 1888, actuellement en élaboration devant le Sénat, *Ann. Sén.* 552.

2. *Journ. off.* Sénat, séance du 8 mars 1880, p. 198.

Comme les cas fortuits sont des évènements qu'on ne peut imputer à personne, chacun doit supporter ceux que le sort lui inflige : c'est là une règle constante [1] de toutes les législations et c'est pour en adoucir les effets que les individus ont recouru au contrat d'assurance dont on aura à parler dans la suite. Son but étant précisément de garantir contre les évènements qu'il est difficile d'imputer à quelqu'un, il semble que ce soit, particulièrement au point de vue du risque professionnel, le meilleur remède à préconiser. C'est la solution qui d'ailleurs a prévalu en Belgique devant la commission du travail, c'est celle qui avait été adoptée en Angleterre dans le projet de loi du 7 décembre 1888.

1. La législation maritime française tout en reconnaissant ce principe y apporte cependant une dérogation notable en matière d'abordage : si en effet aux cas d'abordage certainement fortuit, on applique la règle ci-dessus (C. Co. art. 407-1°) il en est tout autrement lorsque le doute plane sur les causes de l'abordage. Dans ce dernier cas, l'art. 407-3° du C. Co. dérogeant aux principes généraux du droit, déclare le dommage supporté à frais communs et par égale portion par les navires qui l'ont fait et souffert. Cette responsabilité qui peut être écrasante pour un bâtiment de peu de valeur ne saurait se justifier puisqu'aucune faute ne lui donne naissance et qu'elle suppose qu'on n'a pu établir la violation d'aucun devoir. C'est là, comme le disaient déjà les anciens auteurs, un « *judicium rusticum* », une sorte de jugement de Salomon, selon l'expression de Clairac dans les *Us et Coutumes* de la mer, dont le résultat est de favoriser la négligence du juge à mal rechercher la cause du sinistre. C'est d'ailleurs un système qu'ont repoussé la plupart des législations étrangères : Cf. Loi belge, du 21 août 1879, art. 228 et s. — C. italien, art. 632. — C. Co. allemand, art. 737. — Voir cependant l'article 1133 du Code Chilien et l'article 1426 du Code de la République Argentine. Ce dernier toutefois est plus rationnel que le Code français, car il tient compte de la valeur des navires, ce que ne fait pas l'article 407, 3° précité.

CHAPITRE IV

DE L'APPRÉCIATION DE LA FAUTE,

De l'appréciation *in abstracto* et de sa supériorité sur l'appréciation *in concreto.*

On a vu dans le chapitre précédent comment et pourquoi la théorie de la stricte responsabilité doit être écartée, comment la faute doit être la seule base de la responsabilité. Il reste à rechercher maintenant en quoi cette manière de penser se distingue de la théorie d'Austin, d'après laquelle la responsabilité ne dérive que de l'état d'esprit de l'auteur du dommage de son « *personal moral shortcoming* ». A l'aide de quel critérium doit-on apprécier la conduite individuelle de chacun ? le juge doit-il l'apprécier *in concreto*, ou au contraire la comparer à un modèle abstrait qu'il adaptera aux ciconstances de la cause ?

Il convient de remarquer préalablement, qu'il y a plusieurs circonstances dont il faut tenir compte ici : — *a*) l'impossibilité de connaître avec certitude l'état interne de l'esprit d'une personne au moment où elle agit, les seules données, que l'on ait, étant des faits externes. — *b*) la difficulté d'application d'une règle qui ne serait pas la même pour tous les individus pris dans les mêmes circonstances. — *c*) enfin le caractère que doit nécessai-

rement avoir toute règle de droit, celui d'être connue à
l'avance et de l'être ainsi de tous.

L'appréciation *in abstracto* semble seule satisfaire à ces
conditions.

On peut bien objecter que même avec l'appréciation
in abstracto, d'après la théorie admise, qui prend la faute
comme base de la responsabilité, on se trouve tenir
compte d'un état moral de l'individu ; mais il est aisé
de voir qu'on ne le fait que pour distinguer le simple
mouvement physique, la contraction musculaire, de l'*acte*
déclaré imputable. Ce qu'exige un *acte* c'est que l'individu ait pu faire un choix, et le seul motif d'introduire
cet élément moral concret est de faire dépendre la responsabilité du pouvoir que l'individu avait d'éviter le
malheur arrivé : or ce pouvoir n'existe pas là où le malheur ne pouvait être prévu et c'est, comme on l'a vu, ce
qui a conduit au rejet de la stricte responsabilité.

Ce qui est d'autre part non moins important à observer, c'est que l'appréciation *in abstracto* peut seule satisfaire au principe selon lequel une règle de conduite juridiquement établie, doit être d'une application et d'une
évidence générale.

On ne saurait contester que la loi ne peut ni ne doit
tenir compte de la variété infinie des « fors intérieurs » du
développement acquis de l'intelligence et de l'éducation
de l'individu, qui font que chacun est un tout original, ne
ressemblant pas à son voisin. La loi, a-t-on dit, ne peut
prétendre à considérer les hommes comme Dieu le peut
faire [1]. La vérité humaine est toute relative, et les moyens
d'apprécier ou de peser l'étendue et les limites de la rai-

---

1. Holmes, *loc. cit.*, p. 108.

son ou du raisonnement sont au-dessus des pouvoirs de
l'homme. C'est du fait de vivre en société que naît pour
lui l'obligation de ne pas léser autrui ; son propre intérêt
le lui commande, car s'il nuisait aux autres, ceux-ci agi-
raient comme lui, et il en éprouverait du dommage ; les
autres s'abstiennent de lui nuire, lui aussi doit s'en abs-
tenir vis-à-vis d'eux. Aussi, au moment d'agir, l'individu
doit-il se demander comment dans les mêmes circonstances il conviendrait que les autres hommes se condui-
sissent envers lui ? et il agira dans ce sens. De même
comme la loi ne peut supposer connue du juge la conscience intime des personnes, la seule règle qu'elle puisse
lui tracer est celle qui consiste à comparer la conduite
de chacun avec la conduite moyenne des individus diligents, dans les mêmes circonstances.

Quant à fixer quelle doit être cette conduite à tenir, la
loi peut bien le faire d'une façon générale pour les obligations qu'elle-même impose ; mais pour celles que les
individus assument par la convention, la loi ne peut le faire
qu'en cas de silence du contrat ; elle détermine alors un
critérium *à priori* ou bien se borne à poser des présomptions que les parties sont libres d'écarter.

D'ailleurs l'examen particulier des caractères auxquels
doit répondre le terme abstrait de comparaison à employer, sera fait dans la deuxième partie de ce livre,
soit à propos des fautes non contractuelles soit à propos
des fautes contractuelles.

CHAPITRE V

Nécessité d'une relation directe.— Des fautes incidentes. —
De la faute commune.

On a vu que, pour qu'une action privée résultât de la faute, il fallait, comme en toute autre matière, qu'il en fût résulté un préjudice. Ce dernier point présente cependant quelques difficultés, car il reste à se demander quelle relation doit exister entre la faute et le dommage, et si, toutes les fois qu'un dommage pourra être rattaché même de très loin à une faute, il y aura lieu d'accorder une action à la victime. C'est cette relation qui est désignée dans le droit anglo-américain par l'expression de « *causal connexion* », qui a l'avantage d'indiquer brièvement de quoi il s'agit [1],

Pour que l'action en réparation puisse prendre naissance au profit de la victime il faut que le dommage se rattache directement à la faute du défendeur et que cette relation ne soit pas rompue. C'est ce qu'exprime la maxime de F. Bacon « *In jure civili non remota causa sed proxima*

---

1. Wharton, *Neglig.*, I, ch. III, § 73 et s.

spectatur[1] ». « Ce serait infini pour le droit, ajoute-t-il, de rechercher les causes des causes, et les origines de chacune d'elles ; aussi le droit se borne-t-il à la cause immédiate et juge-t-il ainsi les actes commis, sans remonter plus haut ».

Si Bacon a donné la formule ci-dessus sans autre commentaire que l'appui de quelques décisions judiciaires tirées des *Year Books* et sans grand raisonnement philosophique, c'est qu'il l'avait tirée lui-même [2] d'Aristote, dont les œuvres étaient à cette époque dans les mains de tous les juristes ou philosophes. Aristote distinguait quatre espèces de causes : cause matérielle, cause formelle, cause efficiente, cause finale, et ce que Bacon entendait par cause *proxima*, c'est la cause efficiente d'Aristote «Αρχὴ τῆς κινήσεως » c'est ce qu'il faut admettre encore aujourd'hui.

Un des exemples que donne Bacon fait bien saisir la règle qu'il pose : « Si, dit-il, une rente est promise *pro consilio impenso et impendendo* et si le crédit-rentier commet un crime qui le fasse jeter en prison, de telle sorte que le débit-rentier ne puisse plus avoir accès auprès de lui pour obtenir son conseil, la rente ne sera cependant pas anéantie par cette inexécution. Certes c'est bien par son acte et par sa faute que le crédit-rentier a commis le crime qui l'a conduit à la prison, mais le droit ne cherche pas si loin, il l'excuse, parce que le fait de ne pas donner son conseil, était, en ce qui touche l'emprisonnement, involontaire et forcé pour lui. »

---

1. Bacon, *Max. Reg.*, 1. — Voir l'explication dans Broom, *Legal Maxims*, p. 216 et s.

2. Bacon, *De augmentis*, III, V.

La difficulté reste de savoir à quoi on reconnaîtra que la faute du défendeur peut être déclarée la « *causa proxima* » du dommage. Il semble bien qu'on puisse dire qu'il en sera ainsi toutes les fois que le dommage sera la suite nécessaire de la faute, et qu'il ne pourra avoir d'autres causes.

Telle était la théorie du droit romain[1], telle est celle du droit français. « *Intelligitur venire*, disait Dumoulin[1], *omne detrimentum* tunc et proxime secutum, *non autem damnum postea succedens ex novo casu, etiam occasione dictæ combustionis, sine qua non contigisset; quia istud est* damnum remotum, quod non est in consideratione. » Et Pothier[3], après avoir cité ce même passage, ajoute en l'affirmant : « A l'égard des autres dommages que j'ai soufferts qui sont une suite plus éloignée et plus directe du dol de mon débiteur, en sera-t-il tenu? Par exemple, si, en retenant la même supposition, la contagion qui a été communiquée à mes bœufs par la vache qui m'a été vendue, m'a empêché de cultiver mes terres, le dommage que je souffre de ce que mes terres seront demeurées incultes, paraît aussi une suite du dol de ce marchand qui m'a vendu une vache pestiférée ; mais c'est une suite plus éloignée que ne l'est la perte que j'ai soufferte de mes bestiaux par la contagion ; ce marchand sera-t-il tenu de ce dommage ? *Quid*,

---

1. Cf. Ulpien, 18, *ad Edictum* (Dig., 1. 11, § 3, 9, 2. *Ad leg. Aquil.*, et 1. 15, § 1, *cod. tit.*). — Alfenus, 2, *Digest.* (Dig., 1. 52 pr., 9, 2, *Ad. leg. Aquil.*).

2. Dumoulin, *Tract. de eo quod inter*, n. 179.

3. Pothier, *Tr. des Oblig.*, n. 167.

4. On ne voit pas de raison pour ne pas appliquer à la faute ce que Pothier dit là du dol.

si la perte que j'ai faite de mes bestiaux, et le dommage que j'ai souffert du défaut de culture de mes terres m'ayant empêché de payer mes dettes, mes créanciers ont fait saisir réellement et décréter mes biens à vils prix, le marchand sera-t-il tenu aussi de ce dommage? La règle qui me paraît devoir être suivie en ce cas est qu'on ne doit pas comprendre dans les dommages et intérêts dont un débiteur est tenu pour raison de son dol, *ceux qui n'en sont pas une suite nécessaire, et qui peuvent avoir d'autres causes.* Par exemple, dans l'espèce ci-dessus proposée, ce marchand ne sera pas tenu des dommages que j'ai soufferts par la saisie réelle de mes biens ; ce dommage n'est qu'une suite très éloignée et très indirecte de son dol, et il n'y a pas une *relation nécessaire* ; car, quoique la perte de mes bestiaux que son dol m'a causée, ait influé dans le dérangement de ma fortune, ce dérangement peut avoir eu d'autres causes. »

Domat[1] et le Code civil[2] reproduisent la même théorie à propos des contrats, mais on l'étend généralement en dehors des contrats[3], aux délits comme aux quasi-délits[4].

Des fautes incidentes. — Il se peut que, après la faute d'une personne, interviennent un ou plusieurs actes émanés de tierces personnes, qui précipitent ou produisent même le dommage qui serait résulté de la faute originaire. Qui devra alors répondre de ce dommage, seront-ce les tiers ou l'auteur de la première faute? On peut répondre que

1. Domat, III, V, 2, n. 4.
2. C. civ., art. 1451.
3. Cf. Sourdat, n. 42 et s., et n. 105 ; I p. — Demolombe XXIV, n. 600 et s. — Toullier (6ᵉ éd.), III, 2ᵉ p., n. 286.
4. Cf. Cass. 25 février 1890, Dall. 1890, I, 473 et la note ; Cass. 12 janvier 1891, *Gaz. des Trib.* 13 janvier 1891. Voir cependant Rauter, *Droit criminel*, n. 133.

ce sera l'auteur de la dernière action qui sera responsable, mais à la condition qu'il ait véritablement commis une faute, qu'il ait agi librement. S'il avait été contraint d'agir, il n'en serait pas de même ; on devra donc rechercher quelle est la dernière faute commise, ce qui peut conduire simplement à la première.

Il en sera ainsi notamment lorsque les tiers auront agi par légitime défense, ou pour sauver autrui, ou pour protéger leurs propres biens [1].

La théorie qui vient d'être exposée est d'ailleurs celle de la plupart des législations[2] ; elle est notamment confirmée en Angleterre par l'arrêt rendu en 1773 dans la fameuse affaire dite des *Pétards*[3] ; ou en voit l'applica-

---

1. Le droit français le dit en matière pénale, Code Pén., art. 328, Cass., 19 décembre 1817. Le projet de Code civil pour l'Empire d'Allemagne l'exprime formellement. Entw., § 187 : « Eine unerlaubte Handlung ist nicht vorhanden, wenn Jemand eine fremde Sache beschädigt oder zerstört, um eine von dieser sache drohende Gefahr von sich oder einem anderen abzuwenden, sofern die Handlung zur Abwendung der Gefahr erforderlich war und die Gefahr nicht vorsätzlich oder fahrlässig verursacht worden ist. » — Cf. *Motive z. d. Entw.*, I, p. 348 et s.

2. Cf. *en Saxe* : Sächs. G. B., §§ 178 et s. — *En Prusse* : Preuss. Allg. L. R. I. VII, p. 144 et s.

3. Scott *v.* Sepherd. 2 Wm. Blackstone, p. 892. En voici l'exposé tel qu'il est dans le report de Blackstone : « On the evening of the fair-day at Milborne-Port 28th october 1770, the defendant threw a lighted squib, made of gunpowder, etc.., from the street into the Market-House, which is a covered building, supported by arches, and enclosed at one end, but open at the other, and both the sides where a large concourse of people were assembled ; which lighted squib, so thrown by the defendant, fell upon the standing of one Yates, who sold gingerbread, etc..., that one Willis instantly, and to prevent injury to himself and the said wares of the said Yates took up the said lighted squib from off the said standing, and then threw it across the said Market-House ; when it fell upon ano-

tion dans la pratique des assurances maritimes anglaises ou américaines, dont les polices portent qu'elles garantissent contre les fortunes de mer, mais que « the peril must be proximate and not the remote cause of the disaster » [1].

De la faute commune ou contributoire. — Il se peut d'autre part que la faute qui intervient entre la faute originaire et le dommage causé, provienne non pas d'un tiers, mais de la victime même. On dit dans ce cas qu'il y a « *faute commune* », « *Fahrlässigkeit des Beschädigten* », « *contributory negligence* ».

Toute personne, en effet, qui veut éviter d'être lésée soit dans sa personne, soit dans ses biens doit agir avec la même diligence que vis-à-vis de la personne ou des biens d'autrui ; et, si le dommage dont elle se plaint, peut lui être en partie attribuée, la question se pose alors de savoir ce que devient son droit d'agir en res-

ther standing then of one Ryall who sold the same sort of wares ; who instantly and to save his own goods from beings injured, took up the said lighted squib from off the said standing, and then threw it to another part of the said Market-House, and in so throwing it, struck the plaintiff then in the said Market-House in the face therewith, and the combustible matter then bursting put out one of the plaintiff's eyes. » Comme les divers marchands qui avaient reçu le pétard enflammé ne se l'étaient jeté les uns sur les autres que pour se garer et protéger leurs marchandises, l'action fut donnée à la victime, non pas contre celui qui le dernier lui avait immédiatement lancé le pétard, mais contre celui qui le premier l'avait allumé et jeté de la rue dans le marché. — Cf. également en Angleterre, Saunders, *op. cit.* — Smith, *op. cit.* — Campbell, *op. cit,* — Cf. aux U. St. A. Cuff *v*. Newark and N. Y. R. R. (35. N. G. (6. Vroom) 17). — Wharton, *op. cit.*, § 73.

1. Cf. Taylor *v.* Dunbar, L. R. 4, C. P. 206. — Seagrave *v.* Union mar. Ins. Co., L. R. I, C. P. 320 ; General Mut. Ins. Co. *v.* Sherwood, 14, Howard (U. St.) 354.

ponsabilité. La victime peut d'ailleurs par sa propre faute ou bien avoir contribué au dommage même, ou en avoir donné l'occasion[1].

La règle est que celui qui se cause à lui-même un dommage ne peut pas, en principe, prétendre qu'on l'a lésé dans son droit « *volenti non fit injuria* ». Toutes les législations n'ont cependant pas résolu la question dans le même sens. Tandis, en effet, que le droit anglo-américain[2] refuse toute action en cas de faute commune, les législations issues du droit romain[3] donnent au juge un pouvoir d'appréciation : il doit répartir la responsabilité proportionnellement à la gravité des fautes de chacun, si chacun a subi un dommage, ou examiner si la faute imputable à la partie lésée est telle qu'elle doive atténuer ou annihiler toute responsabilité de la part du défendeur[4].

La jurisprudence française en fait notamment l'application au cas d'abordage maritime (on sait en effet que le C. comm. n'a pas prévu l'hypothèse d'un abordage causé par une faute commune). Chacun supporte

---

1. Cf. Sourdat, *Resp.*, I, n. 108, 662 et s. — Wharton, *Negl.*, § 300 et s. — Addison, *op. cit.*, ch. I, sect. I, p. 23. — Hastings, *A treatise on torts and their legal Remedies for their Redress*, p. 168.

2. Cf. Brown *v.* Kendall, 6, Cushing, p. 292 (en 1850). — Holly *v.* Boston Gas light Co., 8, Gray, p. 123, 132 (en 1857). — Marble *v.* Ross, 124, Massachussetts, p. 44 (en 1878). — Il faut cependant noter les exceptions qui ont lieu en matière d'abordages maritimes, cas dans lesquels les dommages sont partagés par moitié.

3. Cf. Cass., 15 nov. 1871 ; Dall., 1873, I. 341 ; Déc. Cons. d'Ét., 15 fév. 1872 et 15 avril 1873 ; Dall., 1873, III, 57 ; Paris, 3 janvier 1884 ; Sir., 1885, II, 109.

4. Demolombe, *Contrats*, VIII, n. 503 et 510 ; Cass., 10 nov. 1884 ; Dall., 1885, I, 433.

le dommage causé en proportion de la gravité de sa faute[1]. C'est également le système belge[2].

Une semblable solution paraît préférable à la solution qu'ont adoptée, dans la même hypothèse, les Codes allemand[3], italien[4], ou hollandais[5] d'après lesquels toute action est refusée, et les parties « renvoyées dos à dos. »

1. 15 nov. 1871. — *J. jur. co. Marseille*, 1874, II, 158.
2. L. belge, 21 août 1879, art. 229.
3. Handelsgb. Art. 737.
4. C. co. Art. 632.
5. C. co. Art. 535.

CHAPITRE VI

DES CARACTÈRES DE L'OBLIGATION PAR RAPPORT A L'APPRÉCIATION
DE LA FAUTE PAR LE JUGE.

L'examen du devoir auquel il a été manqué, n'est pas seulement utile pour servir à caractériser la faute, mais aussi pour arriver à fixer ce qu'on y doit entendre par question de fait et question de droit : de là dépend dans le droit français la fixation des points que le juge décide souverainement, et de ceux qu'il ne tranche que sous le contrôle de la Cour de cassation [1] ; de là dépend dans le droit anglais la fixation des questions à poser au jury.

Si en effet l'existence de l'acte ou de l'omission constituant la faute, si l'existence d'un dommage, sont des questions de fait certainement abandonnées à l'appréciation souveraine des tribunaux de première instance ou des cours d'appel, il est aisé d'apercevoir qu'il en est différemment de l'existence même de l'obligation d'où dépend la faute : car, selon le caractère de cette obligation, on se trouvera en présence soit d'une question de fait, soit d'une question de droit.

La distinction qui est ici capitale entre les obligations, consiste à séparer celles qui sont indéterminées de celles

---

1. Cf. sur cette question. Dall., 1870, I, 177. Note au bas d'un arrêt de cass. du 24 janvier 1870.

qui sont déterminées [1] : on peut citer comme exemple de
la première espèce l'obligation de ne léser personne, et,
comme exemple de la seconde, l'obligation pour le tuteur
de vendre les valeurs mobilières du mineur avec certaines formalités.

Lorsque la loi ou la convention ont prescrit formellement que telle chose doit être faite ou telle autre évitée,
on conçoit que le pouvoir d'appréciation du juge est très
restreint, que parfois même il est nul sur ce point : il ne
lui appartient pas, en effet, alors, de déterminer si l'auteur de l'acte était tenu de ne pas commettre l'acte ou
l'omission afin de connaître ainsi s'il a commis une faute ;
il ne peut déclarer que l'acte ou l'omission ne constituent
pas une faute, sans violer expressément la loi ou le contrat et sans encourir la censure de la Cour de cassation ;
et il ne saurait s'attacher à la gravité ou à la légèreté
de la faute pour exonérer l'individu de la responsabilité
qui lui incombe, car elle est la suite nécessaire du manquement commis, qu'il ne peut que constater [2].

Lorsqu'au contraire l'obligation est indéterminée
comme celle de ne léser personne, ou de se conduire avec
la prudence ordinaire d'un bon père de famille, le pouvoir d'appréciation du juge du fait est très étendu : la
plupart des éléments qui constituent la faute lui sont
abandonnés. Si en effet il n'a pas le pouvoir de déterminer la formule même de l'obligation, il est d'autre part
souverain pour constater et apprécier les circonstances
de la cause d'après lesquelles la loi doit être appliquée

1. Cf. Binding, *Handb. des strafr.*, § 30, pp. 155, 156.
2. Dans ce sens la note précitée dans Dall., 1870, I, 177. — Contrà, Cass., 28 nov. 1860 ; Dall., 1861, 1, 339, et Cass., 24 janvier
1870 ; Dall., 1870, I, 177.

dans l'espèce. Si donc il s'agit de l'obligation légale précédente, de ne léser personne, certes il ne peut la modifier, mais il lui appartient exclusivement de déterminer quelles précautions, quelles mesures de prudence constituent, dans le cas donné, la conduite d'un bon père de famille spécialiste ou non spécialiste.

Il en serait de même si l'obligation était née d'une convention expresse ou tacite, car le juge a également dans ce cas le pouvoir d'interpréter et d'apprécier le contrat, pour rechercher s'il avait été ou non convenu qu'une partie s'interdisait tel acte ou telle omission.

Il convient cependant d'observer que, comme d'après la loi française, en cas de faute commune, le juge doit rechercher à la faute de quelle partie le dommage doit être rapporté et dans quelle proportion, il a alors le droit de partager ou d'anéantir les conséquences de la responsabilité de chacun selon la part que celui-ci a prise dans le fait dommageable [1].

1. Cf. la note précitée dans Dall., *loc. cit.*

CHAPITRE VII

CONCLUSION

Par tout ce qui précède on est enfin amené à poser les principes suivants : la faute est un manquement non voulu ou non intentionnel à un devoir juridique : l'existence d'un devoir non accompli et l'absence d'intention en sont les caractères distinctifs.

La faute est la seule base de la responsabilité et cette dernière ne peut donner lieu à une action privée qu'autant qu'elle se rattachera immédiatement et directement à un dommage causé.

La faute et la responsabilité ne peuvent pas varier de nature par elles-mêmes ; mais ce qui varie, ce sont les devoirs, qui peuvent naître soit de la loi, soit de la convention : variations qui entraînent des différences profondes entre les fautes qui y correspondent, notamment quant à la preuve et à la capacité, ainsi qu'on le verra plus loin.

Les différences qui séparent les fautes commises dans les contrats ou en dehors des contrats, laissent cependant place à l'application de principes fixes, qui sont précisément ceux dont il vient d'être traité dans la première partie de ce livre ; la seconde sera consacrée à leur application aux fautes extra-contractuelles et aux fautes contractuelles, ainsi qu'aux règles particulières applicables à ces deux sortes de fautes.

LIVRE DEUXIÈME

DE LA FAUTE EXTRA-CONTRACTUELLE OU DU MANQUE-
MENT AUX OBLIGATIONS IMPOSÉES PAR LA LOI

SECTION I

Du manquement aux obligations légales générales

CHAPITRE I

DU DEVOIR GÉNÉRAL COMMUN A TOUS LES INDIVIDUS ET DE SÉS
CARACTÈRES.

§ 1. Base de l'obligation légale générale. — § 2. Sa formule.

§ 1. *Base de l'obligation légale générale.*

La première règle de conduite de l'homme est de protéger sa vie et de la mettre à l'abri des dangers multiples
qui l'entourent, il suit en cela la loi naturelle commune
à tous les animaux. Comme son seul maître est sa propre raison, aucune limite ne s'oppose au libre exercice
de ce que sa raison lui fait faire. Mais par cela même qu'il
en est ainsi de tous les individus, quelque forte que soit la
nature physique de l'un d'entre eux, il ne peut à lui seul

se mettre à l'abri et des périls de la nature et des mena-
ces de ses semblables. Aussi, pour arriver à sa propre sécurité, il est amené à suivre ces deux règles de conduite :
rechercher la paix avec ses semblables, et s'il ne peut y
parvenir, faire usage de la guerre, se défendre par tous
les moyens, et s'efforcer de trouver ainsi comment se
protéger. Comme la paix est le moyen le plus sûr, c'est
elle que l'homme recherche en premier lieu : mais, pour
y parvenir, il est forcé de comprendre qu'il lui faut renoncer à son droit absolu sur tout ce qui l'entoure et se con-
tenter, vis-à-vis de ses semblables, de la même étendue de
liberté qu'il veut bien supporter de leur part vis-à-vis de
lui-même [1].

Cette renonciation réciproque de chacun à une partie
de sa liberté paraît être le terme du contrat qu'implique
toute communauté humaine : chaque membre devant y
restreindre sa liberté dans une certaine mesure afin
d'assurer par là à lui-même et à tous les autres, la jouissance de cette liberté limitée qui lui reste et les avantages de la vie en société.

C'est la loi fondamentale de la conduite humaine, la
base du droit, posée dans l'Evangile, énoncée en tête des
Instituts de Justinien : « *neminem lædere* ». Les Romains
l'appelaient *jus* et le manquement en était dit *injuria*.
« *Injuria autem hic accipere nos oportet... quod non jure
factum est, hoc est contra jus... Igitur injuriam hic damnum accipiemus culpâ datum, etiam ab eo qui nocere no-
luit.* »

---

1. Hobbes, *Leviathan*, I, ch. 14. « He shall think it necessary to
lay down this right to all things ; and be contented with so much
liberty against other men, as he would allow other men against
himself. »

§ 2. *Formule de cette obligation générale.*

Il ne suffit pas, pour le droit positif, de poser la base de l'obligation générale et de la ramener à la simple énonciation « *neminem lædere* », il faut encore essayer de déterminer, le plus exactement possible, ce qu'elle comporte, afin d'obtenir son étendue et de pouvoir reconnaître quand on y aura manqué, quand on sera responsable d'une faute.

Pour arriver à ne léser personne, tous les individus doivent exercer une certaine diligence et cette diligence empruntant son caractère à celui du devoir qui l'exige, est comme lui générale et commune à tous.

Il semble qu'on puisse la définir, ce degré de soin qu'une personne d'une prudence ordinaire est présumée exercer dans les circonstances données, pour éviter de léser autrui ; elle doit être proportionnée au danger à éviter et aux funestes conséquences qu'en entraînerait le manquement ; elle est en rapport avec la situation des individus et leurs occupations habituelles [1].

C'est ce qu'on entend par l'expression de « bon père de famille » *good business man.*

Il est à remarquer que la graduabilité des fautes n'a rien à faire ici ; on est responsable de tout manquement

---

1. Cette définition est tirée de la jurisprudence américaine : Cf. Toledo..... R. R. Co. *v.* Goddard, 25, Indiana, p. 185 — et au Massuchetts, Sletcher *v.* Boston and Maine R. R. 1, Allen, p. 9 (en 1861). — Cunningham *v.* Hall, 4, Allen, p. 268 (en 1862). — Cf. également Shresbury *v.* Smith, 12, Cushing, p. 177 (en 1853). — Schaw *v.* Boston and Worcester R.R. 8, Gray, p. 45, 79 (en 1857). — Cf. Paul, 10, *ad Sab.* (l. 31, Dig., 9, 2, *Ad leg. Aq.*).

à cette règle de conduite, *et levissima culpa venit* [1].
« Toutes les pertes et tous les dommages qui peuvent arriver par le fait de quelque personne, soit par imprudence,
légéreté, ignorance de ce qu'on doit savoir, ou autres
fautes semblables, si légères qu'elles puissent être, doivent
être réparés par celui dont l'imprudence ou autre faute
y a donné lieu [2] ». — Ce serait à tort qu'on entendrait
l'expression de diligence ordinaire comme faisant ici allusion à une graduation de la faute, c'est à la généralité
du devoir qu'elle se rapporte.

D'ailleurs si on peut demander à tout individu de suivre
la conduite d'un homme prudent, on ne saurait cependant exiger d'un individu ordinaire, ce qu'on pourrait,
dans un cas donné, exiger d'un autre qui serait spécialiste sur ce point. On ne pourrait, par exemple, reprocher à une personne, qui n'est pas médecin, ni ingénieur,
d'avoir, dans certaines circonstances, manqué aux règles
de ces professions spéciales.

1. Ulpien, 42, *ad Sabin.* (Dig., l. 44, 9, 2).
2. Domat, II, 8, sect. 4.

CHAPITRE II

De la capacité de faute chez les personnes anormales:
enfant, interdits, femme mariée,.

Jusqu'à présent on a raisonné en prenant comme type
l'individu normal, c'est-à-dire l'être humain jouissant de
la liberté et de la raison telles qu'elles appartiennent en
général aux individus. Mais une telle personnalité juridique peut revêtir des particularités qui la modifient plus
ou moins, et qui, par leur caractère exceptionnel, rendent
la personne anormale [1]. Ces différentes variations proviennent soit de l'âge, soit de l'affaiblissement de la raison, soit de la qualité de femme mariée. Il y a donc à
rechercher si, et comment ces personnes anormales peuvent être déclarées capables de l'obligation légale précédente, et par là susceptibles d'être responsables de leurs
fautes.

Conformément à ce qui a été dit au commencement de
cet ouvrage, c'est seulement lorsque la raison humaine
est développée qu'on peut parler de devoir, de faute et
de responsabilité. « L'intelligence, comme on l'a dit [2], ne

1. Holland, On jurispr., p. 278.
2. Von Ihering, De la faute en droit privé, p. 48.

s'éveille qu'insensiblement et encore pas en même temps
pour tous les individus ; chez les uns elle est plus lente
que chez les autres, bref il y a un âge critique pour l'imputabilité ».

Lorsque la raison commence à distinguer ce qu'elle
considère comme le bien et ce qu'elle croit être le mal,
l'individu peut déjà être regardé comme capable d'intention bonne ou mauvaise ; lorsque la raison parvient à
pouvoir discerner comment tel bien peut être fait, et
prévoir et éviter ce qui est mal, l'individu peut être regardé comme capable de l'obligation générale de ne léser
personne et susceptible de répondre de ses manquements
à cette obligation ; lorsque la raison, arrivant à son plus
complet développement, permet enfin à l'individu de reconnaître que, pour son bien-être personnel, telle situation de droit lui est profitable, que telle autre lui sera
nuisible, on peut parler alors de capacité de contracter.
On a ainsi un triple degré du développement de la raison, se traduisant au point de vue juridique, en ce qui
concerne l'appréciation des actions individuelles, par la
progression suivante : *a*) capacité de dol. — *b*) capacité
de faute *stricto sensu*. — *c*) capacité de contracter, ou capacité juridique complète. Quoiqu'il n'y ait pas à s'occuper
ici de la capacité de dol, le droit relatif à cette matière
pourra être parfois de quelque utilité, et quant à la capacité de contracter, elle sera étudiée à propos des contrats.

La durée de la situation juridique exceptionnelle où se
trouvent les enfants avant d'être capables de faute, est
nécessairement subordonnée à celle que prend le développement de la raison ; mais, pour les lois positives, deux
méthodes sont possibles pour en fixer la limite : ou bien
déterminer un âge fixe à partir duquel on présumera com-

plet le développement intellectuel de l'individu ; ou bien,
faire de cette limite une question de fait, laissée à l'appréciation individuelle du juge, qui décidera alors suivant les cas. En ce qui concerne l'obligation légale de ne
léser personne et la responsabilité qui en résulte, la législation romaine et aujourd'hui la législation française ont
adopté le second procédé [1] ; en ce qui concerne la capacité de contracter c'est le premier procédé qui est usité.

On ne saurait douter que l'absence de raison, et non
la mise en tutelle, ait été chez les Romains le motif de
l'incapacité des *infantes* d'être responsables de leurs méfaits [2]. La loi des XII tables y faisait déjà allusion, ainsi
que le rapportent Aulu-Gelle [3] et Pline l'ancien [4]. Le
même passage d'Aulu-Gelle et les autres textes [5] montrent également qu'aucun âge n'était fixé, comme en matière contractuelle et que c'était une question laissée à
l'appréciation du juge [6]. Peu importait que l'enfant fût

1. Cf. Deschamps, *Respons. civ. des incap.*, p. 22.
2. Puchta, *Instit.*, II, § 202, p. 36.
3. Aulu-Gelle, *Noct. att.*, XI, 18. « *Decemviri autem nostri, qui,
post reges exactos, leges, quibus populus romanus uteretur, in duodecim
tabulis scripserunt,...... Sed pueros impuberes prætoris arbitratu ver-
berari voluerunt, noxamque ab his factam sarciri.* »
4. Pline l'Anc., *Hist. nat.*, 18, 3.
5. Cf. Ulpien, lib. 18, *ad Edictum* (Dig., 1. 5, § 2, IX, 2, *Ad leg.
Aq.*). — Ulpien, lib. 76, *ad Edict.* (Dig., 1. 4, § 26, XLIV, 4, *De
Doli except.*). — Ulpien, lib. 41, *ad Sabinum* (Dig., 1. 23, XLVII, 2,
De furtis). — Gaius, lib. 2, *ad Ed. provinc.* (Dig., 1. 111 pr. L. 17.
De Reg. jur.).
6. Puchta, *Instit.*, II, § 202, p. 36. « So wie sich ergiebt, dass ein
Unmündiger doli oder culpæ capax ist, was bei denen, die prope
pubertatem *(pubertate proximi)* sind, einzutreten pflegt, so ist er
auch für seine unerlaubte Handlungen wie ein Mündiger verant-
wortlich. » Cf. Von Ihering, *op. cit.*, p. 48. — Accarias, *Précis de
droit rom.*, I, p. 155.

pubère ou impubère, une fois sa *capacitas culpœ* reconnue, il était aussi responsable qu'un majeur [1]. Le seul
effet que pouvait avoir le bas-âge de l'enfant reconnu capable de faute était un certain adoucissement de la peine
à raison de son inexpérience quand une condamnation
pénale était susceptible d'être prononcée [2] : mais la responsabilité civile restait entière.

Le droit français a suivi le droit romain : il distingue
le mineur agissant avec ou sans discernement [3] et ne déclare responsable de ses quasi-délits que celui qui est en
fait reconnu capable de faute. Il n'y a pas à appliquer
ici les principes posés par la loi sur la capacité de contracter [4].

C'est le système du droit civil moderne ; c'était déjà
celui de l'ancien droit français [5].

Ce qui vient d'être dit de l'enfant doit s'appliquer aux
interdits [6] ; car l'incapacité complète que la loi française
leur attribue n'est qu'une incapacité de contracter [7]. On

---

1. Les textes le disent à propos de la *capacitas doli* (*Instit.*, IV,
1, § 18, pour le vol) ; Ulpien, lib. 56, *ad Edictum* (Dig., 1. 3, XLVII,
10, *De injur. et f.*) pour le délit d'injures ; Gaius, *loc. cit.* (Dig., 1.
141, L. 17, *De reg. jur.*) ; de même qu'à propos de la capacité de
faute au sujet de la loi Aquilia (Ulpien, lib. 41, *ad Sabin.* (Dig., 1.
23, XLVII, 2, *De furtis*), id., lib. 18, *ad Edictum* (Dig., 1. 5, § 2, IX,
2, *Ad leg. Aq.*).

2. Tryphoninus, lib. 3, *Disputat.* (Dig., 1. 37, § 1, IV, 4). — Cf.
Deschamps, *op. cit.*, n. 16, p. 32.

3. Cf. C. Pén., art. 24, 64, 340.

4. C. Civ., art. 1310.

5. Cf. Bouteiller, *Somme rur.*, 50, 92. — Domat, I, IV, 6, 2, n.
10. — Pothier, *Tr. des oblig.*, n. 120.

6. Larombière, *Tr. des oblig.*, sur l'art. 1310, n. 8. Il n'y a donc
pas à appliquer ici l'art. 502 du C. civ.; Cf. Aubry et Rau, § 444-2°,
texte et note 5.

7. Arg., art. 1124 C. civ.

doit donc suivre la même règle : voir si l'individu a agi dans le libre exercice de sa raison. Le juge aura ainsi à rechercher si l'acte dommageable a été ou non commis dans un intervalle lucide [1], ce qui était autrefois la règle romaine en général [2].

Il en est de même de l'individu atteint d'aliénation mentale et qui, sans être frappé d'interdiction est placé dans un établissement d'aliénés, conformément à la loi du 30 juin 1838.

Quant à la femme mariée, comme l'incapacité dont elle est frappée ne concerne que le pouvoir de contracter [3], rien ne s'oppose à ce qu'elle soit tenue de l'obligation légale qui nous occupe et par là tenue de répondre de ses fautes quasi délictuelles.

Il convient d'autre part, d'ajouter, en ce qui concerne plus particulièrement la femme mariée sous le régime dotal, que, comme l'inaliénabilité de sa dot repose sur une incapacité de contracter et non sur une indisponibilité des biens [4], le *quantum* de la réparation qu'elle doit par suite de la responsabilité de ses fautes, n'est pas limité

---

1. Deschamps, *op. cit.*, n. 25, p. 53 et s. — *Contrà*, Le Sellyer, *Tr. de la criminalité*, I, n. 52, d'après lequel l'interdit n'était jamais responsable de ses quasi-délits. — Merlin, *Rép.*, v° Blessé, § 3, n. 4 et v° Démence, § 2, n. 3 et 4, d'après lequel l'interdit serait toujours responsable du dommage qu'il cause. — Cf. Montpellier, 31 mai 1866. Sir., 1866, II, 259. — Ce système n'est qu'une application de la théorie de la stricte responsabilité, théorie qui a été écartée précédemment. V. p. 27 et *suprà*.

2. Cf. *Instit.*, III, 19, § 8.

3. Arg., art. 217 C. civ.

4. Cf. sur cette question controversée. Deschamps, *op. cit.*, n. 28 et s.

à ses seuls biens paraphernaux, mais peut s'étendre même à sa dot [1], ce qui avait déjà lieu dans l'ancien droit français [2].

1. Deschamps, *loc. cit.*; Sourdat, *op. cit.*, 1, 172; Cass., 7 juin 1864; Sir., 1864, I, 201; Cass., 19 janvier 1886; Dall., 1886, I, 440.

2. Argou, *Instit. au droit franç.*, II, p. 88.

CHAPITRE III

DU CARACTÈRE GÉNÉRAL DE L'OBLIGATION DE NE LÉSER PERSONNE

Caractère d'ordre public. — Conséquences. — Stipulations d'irresponsabilité. — Distinction. — Applications.

Comme l'obligation de ne léser personne est le fondement de la vie en communauté, il serait bien difficile de
n'y pas voir une règle d'ordre public[1] : c'est là d'ailleurs,
comme on l'a vu précédemment, un des points par lesquels l'obligation légale diffère de l'obligation conventionnelle ; comme ce caractère d'être d'ordre public influe
sur le manquement à cette obligation, il importe d'en
signaler les conséquences.

Il en résulte en premier lieu que les étrangers y sont
soumis[2]. C'est ainsi qu'un ouvrier étranger ayant loué
ses services à un compatriote ne saurait devant les tribunaux français, qui suivent en matière d'accidents du
travail la doctrine traditionnelle de l'article 1382 du Code
civil, se prévaloir de la loi de son pays, ou de la loi du
lieu où le contrat a été passé, loi qui admettrait, par
exemple, la théorie de la faute contractuelle.

Il en résulte de plus, et c'est la conséquence la plus

1. Sainctelette, *loc. cit.*, p. 15, n. 2. — Sourdat, n. 662, *sexiès*,
II, p. 679, *loc. cit.* — Demangeat, *Rev. prat.* 1884, p. 558.
2. C. civ. fr., art. 3, 1°.

5

grave, qu'une convention ne saurait y porter atteinte, pour restreindre ou pour supprimer cette obligation et la responsabilité qui peut en résulter. Il est facile en effet d'apercevoir qu'une « convention dont le seul objet serait d'établir l'irresponsabilité pour un certain degré de négligence, serait l'autorisation anticipée d'être imprudent et d'omettre la diligence d'un bon père de famille : comme c'est l'ordre public, qui est supérieur à la volonté des parties, qui a dicté la disposition, il défend de même que celles-ci puissent venir la modifier [1]. »

On verra qu'il en est tout autrement de l'obligation conventionnelle. Comme ce sont les parties qui la créent et en fixent les limites, elles sont naturellement libres de se promettre mutuellement ce qui leur convient sur l'exécution du contrat, et de déclarer, si bon leur semble, que leurs fautes seront, vis à vis d'elles, réciproquement sans conséquences juridiques.

La vie en communauté est basée, au contraire, sur la restriction réciproque d'une partie de la liberté absolue de chacun, l'obligation de ne léser personne est l'expression de cet équilibre entre les droits individuels, et c'est au principe, éminemment d'ordre public, à savoir, la protection des droits violés, qu'obéit la loi, lorsqu'elle exige, que, quelle que soit la façon dont a eu lieu la violation, l'agent doit répondre de sa faute : on conçoit alors pourquoi il ne peut être permis à la volonté privée de modifier ce qui est la base même de l'ordre public, en annulant par avance la responsabilité résultant des fautes [2].

---

1. Chironi, *loc. cit.*, n. 54, I, p. 104.
2. Cf. dans ce sens, Sainctelette, n. 4, p. 16 et s. — Sourdat, n. 662, *sexiès*, I, p. 679. — Chironi, n. 54, I, p. 104. — Laurent, XVI, n. 230. — Demolombe, XXIV, n. 406.

On voit par là, ainsi que cela a déjà été mentionné, combien sur ce point il pourra être intéressant de savoir si l'obligation à laquelle il a été manqué était née de la loi ou du contrat : toute stipulation d'irresponsabilité étant nulle dans le premier cas et valable [1] dans l'autre [2].

Il faut cependant observer que même au sujet des conventions qui se réfèrent aux fautes non-contractuelles, une distinction est nécessaire. Car si ces conventions doivent être déclarées nulles, cela doit s'entendre de celles qui sont directement et immédiatement relatives aux éléments constitutifs de la faute [3]. Et il faudrait se garder de confondre avec les éléments constitutifs, les simples conséquences, et avec les restrictions à la responsabilité les restrictions à l'obligation de réparer.

La loi en offre elle-même une application en droit maritime, lorsqu'elle permet au propriétaire du navire de se libérer d'une partie de l'obligation de réparer le dommage causé par le capitaine, en abandonnant le navire et le fret [4] : on s'aperçoit, effet, que ce n'est pas la responsabilité du propriétaire qui est restreinte mais seulement l'exécution de son obligation de réparer ; car, pour restreindre la première, il eût fallu dire qu'il n'y aurait pas responsabilité du propriétaire pour toutes les fautes, ou pour la faute entière du capitaine : ce qui n'est pas ; la responsabilité du propriétaire de navire restant adéquate aux fautes du capitaine.

Une autre application s'en trouve dans le Code civil,

---

1. On verra plus loin que ce n'est pas cependant absolu.
2. V. sur ce point, cass., 1er juillet 1885, *J. du P.*, 85, p. 1009 et note de M. Lyon-Caen, *Rev. Crit.*, 1886, p. 352.
3. Chironi, n. 54 *bis*, I, p. 105.
4. C. Co. fr., art. 216.

où il est dit, à propos des transactions, qu'on peut transi-
ger sur l'intérêt civil qui résulte d'un délit [1].

Enfin l'application la plus importante des principes
posés ci-dessus se rencontre dans le contrat d'assurance,
qui a précisément pour but de venir en aide soit aux victimes d'accidents pour les indemniser du préjudice causé,
soit aux auteurs d'accidents pour les aider à réparer le
dommage qu'ils ont produit : *assurance-accidents* dans
le premier cas, *assurance-responsabilité* dans le second [2].
Or l'assurance ne saurait être regardée comme constituant
une convention d'irresponsabilité ou comme produisant
l'irresponsabilité ; comme l'a dit un auteur souvent cité
ici, ce n'est qu'une *causa apparente di irresponsabilità* [3].

Cependant comme la clause d'exonération de responsabilité et le contrat d'assurance ont été parfois con-
fondus [4], il ne sera pas sans intérêt d'en bien marquer les
différences afin de se garder de tomber dans la même
erreur.

Prenons en premier lieu l'assurance-responsabilité. Il
n'en résulte pas au profit de l'assuré, auteur du dommage,
l'irresponsabilité à l'égard de la victime : le contrat d'assurance est pour cette dernière, *res inter alios acta* [5] ;
c'est toujours à l'assuré qu'elle viendra demander de répondre du préjudice causé, sans qu'elle ait à s'inquiéter
de savoir si l'indemnité qu'elle réclame doit lui être payée
par l'assureur ou par l'assuré. Il n'est pas inutile de remarquer que cela a son intérêt, car on sait qu'en pratique

1. C. civ. fr., art. 2046.
2. Voir sur ces expressions Sauzet, *Rev. Crit.*, 1886, p. 367.
3. Chironi, n. 348, II, p. 414. — Dans le même sens, Sainctelette, p. 244 et s. — Sourdat, n. 642-6, I, p. 681.
4. De Courcy, *Rev. Crit.*, 1885, p. 677.
5. Sourdat, I, p. 682, n. 642-6.

les assureurs se gardent bien de paraître, ils ont le soin de rester dans l'ombre, d'insérer même dans les polices, et de faire en sorte que l'action en dommages-intérêts soit bien intentée contre l'assuré et non contre eux : en effet, les tribunaux pourraient être dans la fixation de l'indemnité moins indulgents pour une compagnie que pour un particulier.

Non seulement l'assureur n'enlève pas à l'assuré sa responsabilité, mais il ne la partage même pas, et l'obligation de répondre reste pleine et entière à la charge de l'assuré seul ; l'assurance ne vise que l'exécution de l'obligation de réparer, qui en découle. Ce serait donc à tort qu'on voudrait assimiler ce contrat à celui du cautionnement[1], qui a pour objet une sorte de responsabilité contractuelle pour faits d'autrui. La subrogation légale de l'assureur aux lieu et place de l'assuré, admise depuis très longtemps en droit maritime, encore discutée, il est vrai, pour les assurances terrestres, ne saurait faire disparaître les différences fondamentales qui existent entre l'assurance et le cautionnement ; la première est, en effet, un contrat indépendant, le second un contrat accessoire ; la première un contrat à titre onéreux, le second le plus souvent un contrat de bienfaisance[2].

On remarquera enfin que l'indemnité payée par l'assureur à la place de l'assuré responsable, n'est, en somme, que la représentation des primes payées par ce dernier ; or la prime sera d'autant moins élevée que l'assuré sera plus diligent, car il y aura moins de probabilités qu'il

1. Cass., 2 mars 1886 ; Sir., 87, 1, 17 ; *J. du P.*, 87, 1, 24.
2. Cf. Lyon-Caen, *Rev. Crit.*, 87, p. 628 et s. — De Courcy, *Dissert. Rev. Crit.*, 87, p. 315.

causera d'accidents, et qu'il fera payer l'assureur[1]. Grâce
à cela, et grâce aussi à ce qu'en fait rarement l'assurance
couvre la totalité des risques, l'assuré conserve non seulement sa responsabilité, mais même encore un intérêt
à être diligent, afin de payer une prime légère[2].

Au point de vue de l'assurance-accidents, il serait également inexact de voir dans ses résultats l'irresponsabilité de l'auteur du dommage ; la raison de douter est que
la victime, qui a agi contre son assureur, ne peut plus
agir contre le responsable, pour ce que lui garantissait
l'assurance[3], et on pourrait se demander si le responsable ne va pas se trouver ainsi libéré. Mais il faut bien
remarquer qu'il n'en sera rien ; car si l'auteur du dommage n'a pas à répondre vis-à-vis de la victime, il n'en
reste pas moins tenu de répondre de sa faute vis-à-vis de

---

1. Dans les polices d'assurances terrestres, on ne voit pas de trace,
il est vrai, que l'assureur, pour fixer la prime, prenne en considération la diligence de l'assuré ; mais cela provient de la difficulté de
pouvoir se renseigner à ce sujet : le plus souvent, en effet, il se
passe des années sans qu'aucun sinistre mette à l'épreuve et révèle
la prudence de l'assuré. Il en est, au contraire, tout autrement, en
matière d'assurances maritimes. Le soin apporté à l'emballage des
marchandises, les précautions dont les armateurs font preuve, les
qualités personnelles des capitaines sont des faits dont les assureurs
se rendent facilement compte et à l'égard desquels ils se montrent
très circonspects. Ils diminuent ou augmentent le montant de leurs
primes d'après ces données : parfois même, ils refusent d'assurer,
ou, tout au moins, ils se hâtent de se réassurer pour leur compte,
sitôt qu'ils en ont connaissance.

2. Cf. la note précédente. On peut ajouter ici que le résultat se re-
marque particulièrement lorsque l'assurance est une assurance mutuelle. Car, dans ce cas plus les co-assurés sont diligents. moins il
y a de sinistres, moins il y a d'indemnités à payer, moins, par conséquent la prime annuelle est élevée.

3. Chironi, n. 548, II, p. 414.

l'assureur, auquel passent, comme nous venons de le
voir, tous les droits de la victime assurée. Cette subrogation légale soulève, il est vrai, quelques difficultés en
droit maritime; comme les réclamations de la victime
contre le responsable doivent être faites dans un certain
délai[1], on s'est demandé s'il était vrai absolument de
dire que, passé ce délai, toute action était éteinte pour la
victime, et par conséquent pour l'assureur subrogé à ses
droits, qui ici ne peut agir en son nom propre[2]. C'est la
solution admise par la jurisprudence française. Mais les
principes posés, d'après lesquels l'assurance ne peut être
une cause d'irresponsabilité, semblent autoriser une opinion contraire. Si, en effet, la solution est équitable lorsque c'est par sa propre faute que la victime a laissé
éteindre ses droits, il semble qu'il n'en est plus de même
s'il lui a été en fait matériellement impossible de les
exercer[3], ainsi que paraît le dire le texte de la loi[4]; en
effet, dans ce cas, sans qu'on puisse rien reprocher à la
victime, elle se trouverait privée de son droit de demander
raison au responsable du dommage qu'il a causé; ce
dernier se trouverait libéré de sa responsabilité, ce qui
est contraire à l'ordre public et ce qui ne peut résulter
non plus du contrat d'assurance.

Par ce qui précède nous arrivons donc à ce résultat,
que les conventions d'irresponsabilité sont nulles, que
les conventions sur les conséquences de la responsabilité

1. C. Co. fr., art. 435 et 436.
2. Lyon-Caen, *Rev. Crit.*, 87, p. 631.
3. V. dans ce sens De Courcy, *Rev. Crit.*, 87, p. 318 et s. — *Contra*, Lyon-Caen, *loc. cit*.
4. Arg. C. Co., 435, *in fine*, « ...toutes actions en indemnité pour
dommages causés par l'abordage dans un lieu où le capitaine *a pu
agir*, s'il n'a point fait de réclamation. »

sont valables. On ne peut s'affranchir de sa responsabilité, mais on peut contracter une assurance pour se garantir contre les suites de cette dernière. La jurisprudence a fait souvent application de cette distinction en
la marquant par les mêmes solutions que celles auxquelles on est arrivé ici [1].

L'assurance devra d'ailleurs être regardée comme valable quel que soit le caractère de gravité de la faute d'où
sera résultée la responsabilité, mais il faudrait, bien en-

1. Cass., 1er juill. 85, *J. du P.*, 85, p. 1009. — En matière de
louage de services : un patron avait contracté des assurances contre
les accidents pour ses ouvriers, et il payait les primes à l'aide de
retenues opérées sur les salaires. L'une des clauses de la police frap-
pait de déchéance l'ouvrier assuré qui aurait préalablement intenté
contre son patron une action en dommages-intérêts. Cette clause fut
déclarée nulle par la Cour de cassation comme contraire à l'ordre public : car elle avait pour effet, de permettre au patron de s'exonérer de
la responsabilité de sa propre faute, et de contraindre l'ouvrier, ou à
renoncer à un droit qu'il tient de la loi même, ou à perdre avec les
primes acquittées par lui tout le bénéfice de l'assurance. La même
distinction a été faite et les mêmes solutions ont été données,
en ce qui concerne les clauses relatives à la responsabilité nées du
délit de contrefaçon : « Attendu qu'une stipulation de cette nature
est valable en tant qu'elle a pour objet d'indemniser la garantie des
dommages qui pourraient lui être causés, par suite du procès en
contrefaçon, au sujet de la chose vendue, si d'ailleurs il n'est lui-
même ni auteur ni complice du délit poursuivi ; mais qu'elle ne
peut, au contraire, avoir d'effet si elle est invoqué par les garanties
pour s'affranchir des dommages résultant d'un délit de contrefaçon
à lui imputable, et dont la responsabilité lui incombe ; qu'en effet la
loi et l'ordre public ne permettent pas qu'au moyen d'une stipulation
de garantie, on puisse s'exonérer éventuellement des conséquences
d'un délit qu'on commettrait ou ferait commettre. » Cass., 21 fév.
70, Dall., 70, 1, 111 ; 5 mars 72, D., 71, 1, 318, où il est dit que
l'acheteur ne saurait s'affranchir de la responsabilité du délit de
contrefaçon à l'aide d'une clause de garantie à lui consentie par le
vendeur. Cf. cass., 1 juin 74, D., 74, 1, 389 ; 31 juill. 78, D., 78, 1,
374 ; Cas., 22 décembre 80, D., 81, 1, 63.

tendu, ne pas étendre cette solution en cas de dol, *dolus omnia corrumpit*.

Si cette solution a été souvent méconnue, c'est par suite de la confusion entre les deux espèces de devoirs, légaux et conventionnels, partant entre les deux espèces de fautes. On a argumenté de ce qui a lieu [1] pour les devoirs et fautes contractuels, en vue d'une solution à donner en matière de devoirs légaux ; or nous avons vu que ce sont là deux espèces particulières de devoirs, dont la base, l'étendue et la cause sont très différents : s'il est tout naturel que la convention des parties soit souveraine en ce qui touche l'étendue des obligations naissant du contrat de bail, de transport maritime ou terrestre, ou de tout autre, il n'en est plus de même lorsque c'est l'inrêt général de la communauté qui a fixé le devoir auxquels ses membres sont soumis.

C'est par l'application de la solution précédente que le patron ne peut dans le contrat de louage de services stipuler l'irresponsabilité de ses fautes à l'égard de ses ouvriers ; la jurisprudence française a admis cette solution[2] ; et plusieurs lois étrangères l'ont consacrée[3]. On a même reconnu le principe en Angleterre[4], et les vives critiques que son adoption a pu soulever au sein de la Chambre des communes venait de ce que plusieurs députés y voyaient un acheminement vers l'assurance obligatoire et la limitation du principe de la responsabilité[5].

1. De Courcy, *Rev. Crit.*, 85, p. 675 et s.
2. Cass., 1er juill, 1885, *J. du P.*, p. 1009.
3. Cf. loi Suisse du 25 juin 1881 sur les accidents du travail, art. 10.
4. Projet du 7 déc. 1888, art. 3.
5. Séance du 7 déc. 1888, *House of Comm.*

CHAPITRE IV

DE LA FAUTE RELATIVE A L'OBLIGATION LÉGALE, EN DEHORS DE TOUT CONTRAT

a) De la faute commise à l'occasion de l'exercice des droits; *b*)*Id.* en dehors de l'exercice des droits.

Connaissant quelle est l'étendue de l'obligation légale qui incombe à chacun de ne léser personne, il convient maintenant d'examiner la faute qui lui est relative : elle sera envisagée selon les circonstances dans lesquelles elle se produit ; elle peut en effet être commise, soit à l'occasion ou en dehors de l'exercice des droits, soit à l'occasion de l'exécution d'un contrat, encore que dans ce dernier cas il ne faille pas la confondre avec l'inexécution même du contrat, ce qui est la faute contractuelle.

a) *De la faute commise à l'occasion de l'exercice des droits.*

En principe l'exercice licite et de bonne foi d'un droit reconnu par la loi ne saurait constituer une faute, quel que soit le dommage qui puisse en résulter [1]. Le droit français, sans exprimer la règle, se borne à en faire l'ap-

1. Domat, II, 8, 3, n. 9. — Proudhon, *Usufr.* n. 1485, 1486. — Toullier, XI, 119. — Sourdat, I, n. 425, p. 465.

plication : le droit romain[1], au contraire, et aujourd'hui la loi autrichienne[2], la loi saxonne[3] et prussienne la posent formellement[4].

Les applications qu'en fait le Code civil se rencontrent notamment en matière de voisinage : le propriétaire d'un fonds ne saurait être rendu responsable du préjudice qu'il peut causer au propriétaire d'un fonds inférieur, en usant de telle ou telle façon d'une source située chez lui[5] ; de même s'il faisait creuser un puits sur son terrain, et que par suite de la pente des terres il mît ainsi à sec le puits de son voisin, il n'en devrait pas réparation[6] « *cum eo, qui in suo fodiens, vicini fontem avertit, nihil posse agi*[7] ».

C'est encore ainsi qu'en matière de mitoyenneté le propriétaire n'est pas responsable du préjudice causé à son voisin lorsqu'il use de son droit en construisant[8] sur son propre terrain un mur de clôture enlevant le jour et l'air à la maison de ce dernier ; de même en exhaussant le mur mitoyen[9], il n'est pas responsable du préjudice que pourrait causer l'exercice du droit d'achat de la mi-

---

1. Paul, lib. 65, *ad Ed.* (Dig., 1. 155. §4, 50.17. *De reg. jur.*) et lib. 64, *ad Ed.* (Dig. 1. 151 *eod. titul.*)

2. *OEsterreich. Priv. G. B.*, § 1305.

3. *Sächs. G. B.*, § 118 « Wer von seinem Rechte Gebrauch macht,... begeht keine Rechtsverletzung. » Il y aurait cependant une restriction à faire en matière de mines ; Cf. § 139 de l'*Allg. Berggesetz* du 16 juin 1866.

4. *Preuss. L. R.* I, VI, § 39.

5. C. civ., art. 644.

6. Décis. Cons. d'Et., 16 mars 1870. Sir., 1871, II, 62 ; id. du 14 décembre 1877. Sir., 1879, II, 305.

7. Ulpien, lib. 43. *ad Edict.* (Dig. 1. 1, § 12. *De aq. arc.*, 39, 3).

8. C. civ., art. 657.

9. C. civ., art. 658. Cf. cass., 11 avril 1864.

toyenneté[1] ; de même pour le remplacement d'une haie
ou d'un fossé mitoyens, jusqu'à la limite du fonds, par
un mur[2] ; de même pour l'arrachage d'arbres mitoyens[3],
la coupe ou l'arrachage des branches et racines venant sur
son fonds[4] ; il n'y a pas même à rechercher dans quel
but le droit était exercé[5].

Il faut remarquer que cependant il n'en serait plus de
même si le voisin avait acquis des vues ou d'autres droits
soit par titre, soit par prescription, car il y aurait ici atteinte portée au droit d'un tiers[6].

Il en est de même du droit commun à tous les individus de saisir les tribunaux de leurs contestations, et on
ne saurait regarder comme en faute le plaideur qui, se
trompant sur l'existence de son droit, a intenté un procès qu'il a perdu ; il n'a manqué là à aucun devoir et
l'homme le plus diligent eût agi comme il l'a fait[7]. Il
faut en dire autant de l'exercice du droit de se défendre
en justice[8] ou de porter plainte à l'autorité judiciaire[9].
C'est encore ainsi que l'exercice du droit pour un créancier de faire saisie-arrêt ne saurait engager sa responsa-

1. C. civ., art. 661. Cass , 1er déc. 1813. Cass., 3 mai 1838. Cass.,
18 juillet 1859. Cass., 3 juin 1850.

2. C. civ., art. 668, 2o et 3o.

3. C. civ., art. 670.

4. C. civ., art. 672.

5. Voir les arrêts cités aux notes précédentes.

6. Arg., art. 641. C. civ.

7. C'est ainsi que le C. pr. civ., art. 130, déclare que la partie qui
succombe n'est en principe tenue que de payer les dépens. — Cf.
cass., 7 décemb. 1885. Dall., 1885, I, 207. — Cass., 31 mars 1874.
Sir., 1874, I, 275. — Cass., 6 mars 1889. Dall., 1889, I, 284.

8. Cass., 14 août 1882. Dall., 1883, I, 255. — Cass., 24 oct. 1888.
Dall., 1889, I, 52. — Cass., 20 nov. 1888. Dall., 1889, I, 443.

9. Cass., 17 avril 1878. Dall., 1879, I, 72.

bilité au sujet de l'insolvabilité postérieure du tiers saisi[1].

Le principe comporte cependant des limites qu'il est nécessaire d'établir.

Il faut remarquer en premier lieu que s'il n'y avait pas à proprement parler de faute *stricto sensu,* c'est-à-dire non intentionnelle, s'il y avait eu intention de nuire de la part de celui qui a causé le préjudice, il y aurait lieu de le rendre responsable de sa malice. Cette solution admise déjà dans le droit romain[2], étant très équitable, a passé dans le droit moderne de la plupart des pays, notamment en France[3] et en Allemagne[4].

C'est ainsi que, si le plaideur qui a succombé, avait intenté l'action[5] ou y avait défendu[6], avec l'intention de nuire à son adversaire, il est tenu de réparer le préjudice causé ainsi par son dol. Et il faut en dire autant du droit de porter plainte[7] ou d'opérer une saisie-arrêt[8].

Si l'auteur du dommage avait cru exercer un droit, il y

1. Grenoble, 12 mai 1837. Dall. v⁰ Resp. n. 105; en note.
2. Ulpien, lib. 43, *ad Edict.* (Dig. 1. 1§ 12, 39, 3. *De aq. arc*).
3. Cf. Domat, II, 8, 3, n. 9. — Proudhon, n. 1486. — Toullier, XI, n. 119. — Larombière, *Oblig.,* V, p. 693. — Sourdat, 1, p. 482, n. 439. — Laurent, XX, n. 410. — Voir cependant Demolombe, *Servit.,* II, 648.
4. *Preuss. All. L. R.,* I, VI, art. 36 et s).
5. Cass., 7 déc. 1885. Dall. 1886. I, 207. — Cass., 31 mars 1874. Sir., 1875, 1, 275. — Cf. en droit romain la répression de l'esprit de chicane : *Institut,* IV, 16. *De pœna temere litigantium* et édit de François I⁰ʳ de 1530 article 88.
6. Cass., 14 août 1882. Dall., 1883, I, 255. — Cass., 20 nov. 1888. Dall., 1889, I, 413.
7. Cass., 17 avril 1878. Dall., 1879, I, 72.
8. Cass., 27 novembre 1888. Dall., 1889, I, 406. — Cass., 28 mai 1888, Dalloz, 1889, I, 187.

aurait lieu de rechercher dans les circonstances de la
cause si son erreur est ou non excusable ; il semble juste
de ne le déclarer en faute et responsable que dans ce dernier cas. C'était le système du droit romain[1], c'est le
système qui paraît suivi en Allemagne[2], c'est celui du
projet de Code civil pour cet empire[3], on ne voit pas de
bonne raison pour le rejeter en France[4].

S'il n'y a pas de faute commise lorsque le dommage
résulte de l'exercice d'un droit absolu, il n'en est plus
de même lorsque l'auteur du dommage a dépassé son
droit et porté atteinte à celui du plaignant, lorsqu'il aura
empiété sur sa sphère juridique, qu'il aura commis « *ein
Eingriff in die Rechtssphäre des Beschädigten*[5]. »

Une semblable atteinte peut être purement morale :
par exemple celui qui établit dans sa maison un lieu de
débauche, est responsable vis-à-vis de ses voisins du
préjudice qu'il leur cause[6] ; chaque citoyen a droit, en
effet, pour lui et ses biens, de jouir des avantages qui
résultent du respect de la morale et des bonnes mœurs.

1. Windscheid. *Pandekt.*, II, § 455, n. 3. « Durch einem ents-
chuldbaren Irrthum, kraft dessen der Beschadigende sich in dem
Glauben befand, er dürfe die Beschädigung vornehmen, wird die
Schuld ausgeschlossen. » — et *ibid.*, note 13, « namentlich also da-
durch, dass der Beschädigende sich, kraft eines solchen Irrthums, für
den Eigenthümer hielt oder eine entgegenstehende Berechtigung
eines andern an der Sache nicht kannte. »

2. Cf. Pernice. *Zur Lehre von den Sachbesch.*, p.194 et s. — Stöl-
zel. *Arch. f. civ. Prax.* XXXIX, p. 67, 79.

3. *Entw*, § 707 et *Motiv*. II, p. 731.

4. Cf. Toullier, XI, 119. — Cass., 7 avril 1879. Dall., 1880, I, 8.

5. *Motiv. z, Entw. e. B. G. B.* etc..., II, p. 725.

6. Cass., 5 juin 1882. Dall., 1883, I, 291. — Cass., 8 juillet
1884. Dall., 1885, I, 231. Peu importe que les tribunaux n'aient
pas le droit d'en ordonner la fermeture. Aix, 19 nov. 1868. Dall.,
1879, II, 219 et s. — Voir cependant, *Contrà*, Demolombe *loc.cit.*

L'atteinte peut être simplement matérielle : c'est ainsi que celui qui exploite sur son fonds une industrie insalubre commet une faute et est responsable du dommage, qui en résulte s'il ne prend pas des dispositions telles que ses voisins ne soient pas lésés. Il ne saurait opposer qu'il n'a fait qu'user de son droit de propriété, ou qu'il s'est conformé aux prescriptions ou autorisations spéciales exigées par la loi[1].

Il en serait de même de celui qui arguerait de son droit de propriété et de l'inviolabilité de son domicile, pour entraver l'exercice par un tiers d'un droit reconnu par la loi, comme est par exemple le droit de suivre les essaims d'abeilles[2].

Enfin, bien que le seul exercice d'un droit ne puisse constituer une faute, cependant si la prudence commande certaines précautions pour éviter le danger, l'absence de ces précautions constituera alors une faute donnant lieu à responsabilité.

Il en serait ainsi par exemple de celui qui usant de son droit de propriété, placerait chez lui des substances dangereuses, sans prendre à cet égard les mesures convenables, et qu'il en fût résulté un sinistre ; bien que

---

1. Cf. pour les établissements insalubres ou incommodes. Cass., 11 juin 1877. Dall., 1878, I, 409, Dijon, 6 mars 1877. Dall., 1878, II, 250. — Cass., 18 nov. 1884. Dall., 1885, I, 71. — Pour les dépotoirs, Lyon, 10 mars 1886. Dall., 1887, II, 23. — Pour les chemins de fer, les usines à gaz, Orléans, 25 fév. 1885. Dall., 1886, II, 227, et même affaire Cass. rejet, 3 janv. 1887. Dall., 1888, I, 39. — Pour la corruption des cours d'eau par les usines. Cass., 21 juill. 1887. Dall., 1887, I. 391. — Pour le bruit ou l'odeur. Cass., 21 juill. 1887. Dall., 1887, I, 391.

2. Cf. cass., 24 janv. 1877. Dall. 1877, I, 164. — Amiens, 16 août 1878. Dall., 1880, II, 47.

le sinistre ait pris naissance chez lui, s'il s'est propagé chez ses voisins, il répondra vis-à-vis d'eux de la faute qu'il a commise [1]. Il en serait de même d'un propriétaire qui, tolérant ordinairement le passage du public sur son terrain, y ferait faire des ouvrages dangereux, sans barrer ledit chemin et sans donner avis du danger [2].

L'exercice du droit d'intenter une action [3] ou d'opérer une saisie [4] peuvent également, dans certains cas, requérir une prudence particulière, si, par exemple, le procès intenté à la légère, la saisie pratiquée inutilement, étaient de nature à porter préjudice à l'autre partie, eu égard à sa situation ou à sa profession. Ainsi l'exercice du droit de saisie immobilière demande un soin particulier de la part du saisissant, qui doit prendre tous les renseignements nécessaires pour s'assurer de la valeur et de la situation des immeubles de son débiteur; il y aura donc faute pour le créancier à confondre dans une saisie le droit d'un tiers; il sera responsable vis-à-vis de lui [5].

Ce seront là d'ailleurs des questions de fait que les tribunaux apprécieront selon les circonstances [6].

b) De la faute commise en dehors de l'exercice particulier d'un droit.

L'application et l'exercice de la diligence commune

---

1. Cass., 17 déc. 1878. Dall., 1879, I, 125.
2. Cass., 1 juill. 1878. Dall., 1879, I, 254.
3. Cass., 23 nov. 1857. Dall. 1858, I. p. 173.
4. Cass., 16 fév. 1858. Dall., 1858, I, 128. — Cass., 1 fév. 1864. Dall., 1864, I, 135. — Cass., 17 mars 1873. Sir., 1873, I, 257.
5. Jugement du trib. de Montpellier, 26 mai 1882. Dall. 1883, III, 87.
6. Cass., 23 juin 1857. Dall., 1858, I, 106.

doivent encore présider à la conduite générale de tous les individus, alors, comme on le suppose maintenant, qu'ils n'exercent pas un droit : lorsqu'ils y auront manqué, ils seront en faute.

Il en serait ainsi par exemple de ceux qui imprudemment jetteraient un objet enflammé près de substances inflammables, ou qui, sans savoir conduire des chevaux, voudraient monter ou conduire un cheval difficile dans un endroit public ou fréquenté, ou encore de ceux qui, conduisant une voiture dans un lieu encombré d'autres véhicules, n'y observeraient pas la prudence nécessaire pour éviter tout accident [1].

Lorsque la faute consiste dans une omission ou dans une abstention *(culpa in omittendo)*, il n'y a guère de difficulté si l'obligation d'agir était fixée soit par la loi, ainsi que cela a lieu par exemple en matière de voisinage ou de servitude, soit par des règlements de police en vue de maintenir l'ordre public. C'est ainsi que l'on commettrait une faute si on ne se conformait pas aux prescriptions [2] sur la distance et les ouvrages intermédiaires requis pour certaines constructions [3].

Il se peut encore que ce soit le simple raisonnement qui commande d'agir avec prudence et les soins à prendre peuvent n'être pas formellement prévus par la loi.

Ainsi l'usage du feu demande des précautions particulières, et l'individu qui n'a point commis de faute en allumant du feu pour les besoins de son travail ou pour toute autre cause, en commet une lorsqu'en quittant la

---

1. Rouen, 20 avril 1880. Dall., 1881, II, 92.
2. C. civ., art. 674.
3. Sur la distance prohibée pour allumer du feu. Cf. Cod. pén., art. 458 et loi du 6 oct. 1791, II, sect. 10.

place,il néglige d'éteindre les cendres ou de prendre des
mesures pour éviter la propagation du feu [1]. De même
en cas d'incendie, celui qui omet de prendre des mesures de sûreté commet une faute qui engage sa respon-
· sabilité [2].

Mais la question est bien plus douteuse de savoir s'il y
a faute en droit, lorsque le devoir qui a été omis était
prescrit par la morale. Si, en effet, la loi tient parfois
compte des devoirs purement moraux (comme au sujet
de la cause [3] ou des conditions [4] des conventions), peut-
on cependant soutenir qu'elle fasse de tout devoir moral d'agir, un devoir juridique ; de toute faute morale
d'omission, une faute juridique ?

En raison, il semble qu'on puisse en admettre le principe ; mais la pratique exigerait alors que la plus grande
prudence en tempérât les effets, et qu'un large pouvoir
d'appréciation fût accordé aux juges.

La jurisprudence américaine paraît être entrée dans
cette voie, en déclarant en faute et responsable celui qui
n'a pas secouru son semblable, alors qu'il le pouvait sans
grand danger [5].

---

1. Paul lib. 22, ad Edict. (Dig. l. 30, § 3, 9. 2. Ad leg. aq.) Cass.,
15 janv. 1889, Dall., 1889, I, 49.

2. Besançon, 18 janvier 1888. Dall., 1888, II, 230.

3. C. civ., art. 6 et 1133.

4. C. civ., art. 1172.

5. Linneham v. Sampson, 126 Massachussetts Rep. p. 506 (en
1879). « Where the life of a fellow-creature is in extreme danger,
the law does not require cowardice or absolute inaction. Neither
does it require in such an emergency that the plaintiff should have
acted with entire self-possession, or that he should have taken the
wisest and most prudent course, with a view to his own self-preser-
vation that could have been taken. He certainly may take some risk

C'est la solution inverse qui prévaut dans le droit européen : c'était déjà, malgré Cicéron [1], celle du droit romain [2] ; c'est celle de la doctrine [3] et de la jurisprudence française [4] aujourd'hui, malgré le droit canonique [5] et malgré Loisel [6].

C'est ainsi qu'il a été jugé qu'un aubergiste qui avait refusé de recevoir un individu abandonné sur la voie publique et en danger de mort, n'était pas, en droit, coupable d'une faute [7].

On ne saurait en droit français soutenir le contraire, en s'appuyant sur quelques dispositions du Code pénal [8], qui prononcent une peine contre ceux qui auront refusé de prêter secours, en étant requis, lors de certains sinistres ; ce sont là, en effet, des dispositions *pénales* qui, par conséquent, doivent s'entendre restrictivement.

---

upon himself, short of mere rahness and recklessness. » — V. cependant *contrà*, Wharton, *neglig.* § 82.

1. Cicéron, *De offic.*, I, 7 et 9.

2. Cf. Ulpien, lib. 42, *ad Sab.* (Dig. 1. 44, 7, 2. Ad. leg. aq.) — Paul lib. 10, *ad Sab.* (Dig. 1. 45, eod. tit.) — Paul lib. 13, *ad Edict.* (Dig. 1. 121, 50, 17. Reg. Jur.) — Accarias. *Préc. de droit romain*, II, p. 663.

3. Cf. Proudhon, n. 1489. — Sourdat, n. 442, I, p. 496. *Contrà*, Toullier, IX, 117.

4. Cass., 19 déc. 1817. S., 1818, I, 33 ; Poitiers, 6 mai 1856. Dall., 185, II, 182.

5. *Sexti Decret. Greg. lib. V, tit. XI, cap. 6. De sentent. Excommunicat. « Et quidem cum liceat cuilibet suo vicino vel proximo pro repellenda ipsius injuria suum impertiri auxilium : imo si potest et negligit, videatur injuriantem fovere, ac esse particeps ejus culpæ. »*

6. Loisel, *Instit. Coustum*, VI, 1, 5. — Cpr. Ferrière, *Instit. de Just.*, § ult. III. 1.

7. Cass., 17 juin 1853. Dall., 1853, V. 414. — Cass., 7 janv. 1859. Dall., 1859, I, 47.

8. C. pén., art. 465 § 12.

Les seules omissions qui peuvent, donc dans la pratique française, constituer une faute juridique, sont les omissions des obligations formellement imposées par la loi.

CHAPITRE V

DE LA FAUTE RELATIVE A L'OBLIGATION LÉGALE ET COMMISE A L'OCCASION D'UN CONTRAT

Accidents du travail. — Théories diverses. — Du mouvement des idées juridiques sur ce sujet en France et à l'étranger.

Dans le chapitre précédent nous avons envisagé le manquement à l'obligation de ne léser personne, lorsqu'il avait lieu soit à l'occasion de l'exercice de droits, soit en dehors. La même faute peut encore être commise à l'occasion de l'exécution d'un contrat, sans pour cela qu'elle cesse d'être extra-contractuelle.

On a vu dans la partie générale de ce livre qu'il fallait se garder de confondre le manquement aux obligations légales avec le manquement aux obligations conventionnelles, le quasi-délit et la non-exécution d'un contrat. Cela n'empêche pas que le contrat lui-même puisse, de même que l'exercice d'un droit, servir d'occasion à un quasi-délit ; une personne, tout en exécutant ce qu'elle a promis par la convention, peut commettre un manquement, non pas à cette obligation contractuelle qu'elle s'est créée, mais à l'obligation légale générale de ne léser personne. Il en sera ainsi, par exemple, si je conviens avec un ar-

murier qu'il me nettoiera une arme à feu, et si, par mé-
garde, l'ayant laissée chargée lorsque je la lui livre, le
coup part et le blesse.

C'est ce qui a lieu notamment dans le contrat de
louage, et particulièrement dans le louage de services.

Ces sortes de fautes doivent d'ailleurs être examinées
avec d'autant plus de soin, qu'on peut parfois douter de
leur véritable caractère, et se demander si l'on est bien
en présence de quasi-délits, et non pas de fautes contractuelles, si la personne qui les a commises a manqué
à l'obligation légale ou à une obligation issue du contrat.

L'intérêt de la question se fait sentir notamment au
sujet de la preuve ; on verra en effet par la suite que c'est
à la victime d'un dommage quasi-délictuel qu'incombe
la preuve de la faute de celui qui l'a commis, tandis que
le créancier d'une obligation conventionnelle n'ayant à
prouver que l'existence de cette obligation, c'est au débiteur qui y a manqué à prouver que son inexécution ne
lui est pas imputable.

Le louage de services (*locatio operarum*) est un contrat
par lequel l'une des parties s'engage à fournir à l'autre
temporairement ses services, moyennant un prix que
cette dernière s'oblige réciproquement à lui payer[1].

On sait que ce contrat est d'autant plus usité que la division du travail est plus répandue, ce qui a lieu aujour-
d'hui : c'est le contrat qui lie les patrons et les ouvriers,
les armateurs et les marins, les maîtres et les serviteurs,
etc... ; le développement incessant de l'industrie moderne

---

1. C. civ., art. 1710 et 1779-1º.

contribue de même puissamment, à en faire un des contrats les plus importants.

On a parfois voulu remplacer l'expression de louage de services par celle de contrat de travail ; mais comme cette manière de s'exprimer ne répond ni au caractère particulier du contrat ni aux obligations qui en naissent, elle ne laisse pas que d'être obscure, et ne mérite pas d'abroger celle que l'usage a consacrée.

Le patron et l'ouvrier, l'employeur et l'employé, sont en dehors de tout contrat, et, comme tous autres membres de la communauté, tenus de ne point commettre de dommages ; c'est là certainement une obligation légale et non contractuelle, imposée par la loi et non par la convention. C'est à cette obligation que par leur propre volonté ils viennent en ajouter une autre, qui, elle, est contractuelle, et qui consiste pour l'un à payer un salaire, pour l'autre à prester ses services. Quant à l'exécution de l'obligation de payer les salaires promis et de prester les services convenus, il n'y a encore guère de difficulté, c'est certainement une matière contractuelle, soumise aux principes généraux des contrats.

Mais depuis l'essor considérable de l'industrie, le travail des usines et des fabriques notamment, est devenu, l'occasion d'accidents affreux dont la victime immédiate est le plus souvent l'ouvrier.

Le règlement de la situation de droit qui a lieu alors soit pour l'ouvrier, soit pour le patron, le caractère de leurs rapports juridiques sur ce qui touche aux accidents du travail a donné naissance à plusieurs théories ou systèmes qu'il convient d'examiner successivement.

1° *Théorie du droit commun ou de la jurisprudence française.* — On fait remarquer, d'après cette théorie,

que les seules obligations contractuelles qui naissent du
louage de services sont celles de payer les salaires et de
prester les services promis : par là, que les seules fautes
contractuelles imputables au patron ou à l'ouvrier consistent soit à ne pas payer les salaires, soit à ne pas
prester les services dans les conditions déterminées par
la convention.

Si maintenant l'ouvrier qui loue ses services est la
victime de quelque accident dans son travail, on fait remarquer avec raison que cet accident peut provenir de
trois causes : la faute de l'ouvrier, la faute du patron, le
cas fortuit. Dans le premier cas, l'ouvrier dont la faute a
causé l'accident ne peut s'en prendre qu'à lui-même et
n'a aucune action contre personne, chacun devant supporter les conséquences de ses propres actes[1]. Dans le
second cas l'accident est la faute du patron, comme ce
dernier par le contrat n'était obligé qu'à payer les salaires, l'obligation à laquelle il a manqué est celle que la
loi lui impose de conduire sa personne et ses affaires de
façon à ne léser personne. Le patron est responsable de
sa faute comme le serait toute autre personne : c'est le
droit commun[2]. D'où ici, comme ailleurs, c'est au
demandeur à prouver ce qu'il avance, c'est à l'ouvrier
à prouver que l'accident a eu pour cause la faute du patron[3]. Enfin dans le troisième cas, s'il y a eu cas fortuit,
l'ouvrier doit en supporter les conséquences, car chacun
doit supporter les risques du hasard, rien ne peut, en
droit, indépendamment d'une convention, charger une

---

1. Cass., 9 mars 1880. Dall., 1880, I, 296. — Cass., 15 nov. 1881.
Dall., 1883, I, 159.

2. C. civ., art. 1382.

3. Cf. Larombière, V, p. 605, sur l'art. 1384, n. 11.

personne des accidents fortuits qui arrivent à une autre [1].

D'ailleurs il convient d'ajouter que si la théorie des quasi-délits est appliquée ici, elle doit l'être et l'est complètement : c'est ainsi que, lorsque l'accident est dû à la faute d'un autre ouvrier, comme le patron est responsable de ses préposés, c'est-à-dire du choix qu'il en fait et de la surveillance qu'il exerce sur eux, il pourra être soumis à une action de ce chef [2], ainsi qu'on le verra plus loin. De même, si le sinistre est arrivé par suite du défaut d'entretien ou du vice de construction d'un immeuble, ou d'un engin immeuble par destination (particulièrement les machines à vapeur, par exemple [3]), il y aurait lieu d'appliquer le principe d'après lequel le propriétaire en est responsable [4], et les conséquences qui en seront données plus loin.

Il faut remarquer enfin que dans ce système, on suit exactement les principes généraux d'après lesquels il ne peut y avoir de responsabilité sans une faute, et à moins d'une présomption légale en faveur du demandeur, c'est lui qui doit prouver les faits qui servent de base à sa demande.

Cette théorie est celle que jusqu'à nos jours la jurisprudence française a suivie ; elle ressort très clairement des nombreuses décisions rendues sur ce sujet. Un des derniers arrêts l'affirme particulièrement : « Attendu

1. Cass., 26 nov. 1877. — Dall., 1878, I, 118. — Cass., 14 avril 1885. — Dall., 1886, I, 168.

2. C. civ., art. 1384.

3. Cf. Laurent, XX, n° 639. — Sourdat, II, n. 1453 ter. Voir cependant en France : Cass., 19 juillet 1870. Dall., 1870, I, 364.

4. C. civ., art. 1386.

que l'existence d'une faute légalement imputable, constitue l'une des conditions essentielles de l'action en responsabilité ; que celui qui se prétend lésé par un délit
ou un quasi-délit est, en conséquence, et en sa qualité
de demandeur, tenu d'en justifier ; que faute par lui d'en
rapporter la preuve, sa demande n'est pas établie et doit
être être rejetée sans que le défendeur ait à prouver le
fait sur lequel il fonde une exception de libération [1]. »

C'est aussi la théorie traditionnelle présentée comme
celle du Code civil français [2].

Il faut ajouter d'ailleurs que dans l'appréciation de la
conduite du patron ou de l'ouvrier, on tient compte ici
de leur caractère de spécialistes : la conduite du patron
en tant que chef d'industrie doit être appréciée en prenant comme critérium la conduite ordinaire d'un patron
soigneux et attentif, la conduite de l'ouvrier d'après celle
d'un bon ouvrier soigneux de la même catégorie : dans
le cercle de leur profession, ils doivent apporter à leur
obligation légale de ne léser personne la diligence ordinaire d'hommes de leur métier.

C'est ainsi que le patron doit prévoir les causes, non
pas seulement habituelles, mais même simplement possibles des accidents qui peuvent être pour ses ouvriers
la conséquence des travaux auxquels il les emploie, et
prendre les mesures propres à les écarter [3]. Il doit pren-

---

1. Cass., 19 juillet 1870. Dall., 1870, I, 361. — Cf. Bourges, 15
juill. 1840. Dall., 1840, II, 151. — Cass., 31 mai 1886. Sir., 1887,
I, 209. — Moulins, 8 janv. 1887, Sir., 1887, II, 173. — Orléans, 20
déc. 1888. Sir., 1890, II, 14.

2. Cf. Aubry et Rau, § 447, IV, p. 760. — Larombière, VII, p.
605 (s/art. 1384, n. 9). — Sourdat, n. 912, II, p. 156 et s.

3. Dijon, 27 avril 1877. Dall., 1878, I, 297. — Cass., 7 janvier
1878. Dall., 1878, I, 297, qui confirme l'arrêt précité de Dijon.

dre d'autant plus de soins que les ouvriers sont plus jeunes et plus inexpérimentés[1], afin de les prémunir contre leurs propres imprudences[2].

Il convient, d'autre part, d'ajouter qu'indépendamment de la diligence et des soins qui incombent aux patrons en général, les chefs de certaines industries particulièrement dangereuses ont été soumis par la loi à des obligations et à des mesures de prudence, qui, en leur fixant plus particulièrement l'étendue des précautions qu'ils sont tenus de prendre, facilitent beaucoup la recherche de la responsabilité: il est plus aisé, en effet, de savoir si l'on a manqué à un devoir, lorsque ce devoir est nettement établi, que lorsqu'il demeure vague et indéterminé.

C'est ainsi qu'en France l'exploitation des mines, des minières, des carrières et tourbières est réglementée par une série de dispositions législatives ou de décrets[3], ayant pour but non seulement la conservation de la mine ou la protection de la surface, mais encore la protection du personnel ouvrier, et astreignant ces industries à un régime particulier de surveillance de la part de l'autorité administrative. C'est encore ainsi qu'en matière de chemins de fer, l'ordonnance du 15 novembre

---

1. Orléans, 13 déc. 1884. Dall.. 1886, II, 12.

2. Aix, 10 janv. 1877. Dall., 1877, II, 204. — Nancy, 9 déc. 1876. Dall., 1879, II, 47.

3. Cf. Loi du 21 avril 1810, titre V. — Loi du 27 avril 1838. — Loi du 17 juin 1840. — Loi du 9 mai 1866. — Loi du 27 juillet 1880. Cette législation a été étendue à la Guyane française en 1858 (décret du 22 avril) ; — à la Nouvelle-Calédonie en 1883 (décret du 22 juill,) ; — aux Indes françaises en 1884 (décret du 25 nov.); — à l'Annam et au Tonkin en 1888 (décret du 16 oct.).

1846 et un grand nombre de décrets, arrêtés, circulaires, ont prescrit les mesures les plus propres à prévenir les accidents ; il en est de même pour l'usage des machines à vapeur, soit sur terre[1], soit sur l'eau[2].

On conçoit aisément que des mesures telles que des réglementations d'exploitation, des prescriptions d'entretien, l'obligation de déclarer les accidents, les enquêtes nécessaires, sont autant de moyens propres, sinon à diminuer les chances de fautes ou de négligences, du moins à en faciliter la recherche, ainsi qu'on l'observait précédemment.

On ne saurait du reste, à ce point de vue, passer sous silence la loi qui, au regard des hommes les plus compétents, paraît être la meilleure actuellement pour la sauvegarde de la santé et de la vie des ouvriers, le « factories act of Quebec, 1885 », au Canada[3].

Il ne sera pas non plus inutile de rappeler la formation d'associations de propriétaires de certains engins dangereux, dans le but de prendre les mesures les plus propres à prévenir ou à réparer les accidents dont ils sont causes[4].

---

1. Décret du 30 avril 1880.

2. Ordonnance du 17 janvier 1846 pour la navigation maritime ; — décret du 9 avril 1883 pour la navigation fluviale.

3. Cf. Dejace, *Rapport présenté au Congrès des accidents du travail, à Paris en 1889* (*Rapports*, tome I, p. 283). — Cf. sur le même sujet la loi hongroise du 18 mai 1872 ; en Belgique l'arrêté royal du 27 déc. 1886 et la loi du 5 mai 1888.

4. La première fut « the Manchester steam users association » fondée le 23 janvier 1855 et en 1859 modifiée sous l'influence de « the Boiller Insurance and Steam Power Co. » Cf. sur ces associations en France et à l'étranger : Aguillon, *Ann. des Mines*, 1880 ; et

Néanmoins, la théorie traditionnelle qui pouvait mener autrefois à des solutions très équitables, est devenue aujourd'hui particulièrement rigoureuse. « S'il arrivait des accidents atteignant des personnes, la simplicité des faits et des choses qui les produisaient, ne donnaient que rarement une importance décisive à la preuve. — Il en est tout autrement depuis les changements qu'ont produits les grandes inventions modernes dans les transports, dans l'exploitation des mines, dans les usines. Non seulement les accidents sont devenus plus fréquents, à raison des très nombreuses personnes qui ont été appelées à se réunir, mais les causes et surtout l'imputabilité de ces accidents, sont devenues plus difficiles et parfois impossibles à établir [1]. »

Le fardeau de la preuve est ainsi devenu lourd pour l'ouvrier. Sa situation est devenue difficile vis-à-vis du patron, qui, n'ayant pas à supporter les cas fortuits, profite de toute l'obscurité pouvant régner et régnant le plus souvent sur la cause des accidents [2]. Aussi dans les pays régis par la législation du Code Napoléon, la doctrine a-t-elle cherché à modifier l'interprétation traditionnelle des textes, et proposé des théories qu'il importe d'examiner.

le rapport de M. C. Compère au Congrès des accidents du travail de 1889 (t. I, p. 315).

1. E. Pirmez, *De la responsabilité*, § 2, n. 5, p. 5.

2. D'après les documents qu'elle a eus sous les yeux, une commission du Conseil des Etats de la Confédération helvétique constata que la preuve de la faute ne pouvait être fournie que dans 75 cas sur 100 pour les fabriques et 90 0/0 pour les mines ; et M. Félix Faure apprécie les cas fortuits d'accidents à 68 0/0. — Cf. le rapport de M. C. Dejace au Congrès de 1889 (*ibid.*, p. 361). — Vavasseur, journal *Le Droit*, 20 mai 1880. — Pirmez, *op. cit.*

2° *Théorie dite de la responsabilité contractuelle du patron.*[1] — Cette théorie souvent appelée du nom d'un de ses principaux auteurs et partisans « théorie Saincte-lette », a pour base un déplacement de la cause juridique de la responsabilité. Le contrat de louage, dit-on, ne comporte pas seulement pour le patron l'obligation de payer les salaires convenus, mais il comprend en outre l'obligation de garantir la sécurité à l'ouvrier : il a, en vertu du contrat, un droit d'autorité et de commandement, qui le rend responsable vis-à-vis de son subordonné, de même qu'il est responsable de son subordonné à l'égard des tiers[2] ; la loi, dans l'art. 1135 du Code civil, dit que les contrats obligent à toutes les conséquences que l'équité, l'usage ou la loi donnent à l'obligation d'après sa nature, or, ajoute-t-on[3], « la bonne foi veut que le maître qui engage les services d'un ouvrier, s'oblige à le guider, à le protéger, à le défendre contre les risques de tout genre, y compris les témérités de l'inex-

---

3. Présentée et soutenue *en France* par MM. : Vavasseur, De la responsabilité des accidents de fabriques. *Le Droit*, 20 mai 1880, et *Bullet. soc. protect. apprentis*, 1881. — *La Loi*, 2 juill. 1885. — Sauzet, De la resp. des patr. envers les ouvriers, *Rev. crit.*, 1883. — Labbé, Journ. du Pal., 1885, *Jurispr. étr.*, p. 33. — Glasson, *Le Code civil et la question ouvrière*. — Lyon-Caen, Sir., 1885. 1, 129.

Présentée et soutenue *en Belgique* par M. Saincteiette dans les ouvrages suivants : *De la respons. et de la garantie*, 1884. — *Le louage de services à l'Acad. des sc. mor. et polit.*, mai 1886. — *Accidents du travail. Projet d'une proposit. de loi*, 1886. — Accidents du trav. *La jurisprud. qui s'éloigne et la jurisprud. qui s'approche*, avril 1888. — Pourvoi en cass. *Mémoire pour Mad. Vve de Sitter*, 1888. — Accidents du trav.; *Indépendance Belge* des 24, 27, 29 avril 1889.

1. Saincteiette, *op. cit.*, p. 130, n. 10 *bis*.

2. Saincteiette, *op. cit.*, p. 133.

périence, les entraînements du travail et les affolements
du dévouement. » — Il en résulte que si le patron manque à cette obligation, c'est une faute contractuelle qu'il
commet. Et alors, font observer les partisans de ce système, la question fondamentale, celle de la preuve de la
faute, est résolue conformément à ce que veulent la justice
et l'équité. En effet, si un ouvrier est blessé dans son travail, qu'aura-t-il à prouver ? Son contrat et sa blessure
pendant l'exécution du contrat : il établit par son contrat
que sa sureté personnelle lui a été garantie, et par la
blessure qui l'a atteint dans son travail, qu'il a été manqué à ce qui lui est garanti. D'où, conformément au droit
commun des contrats [1], ce sera au patron de prouver que
l'accident provient d'une cause qui lui est étrangère et
qui ne peut lui être imputée [2].

Cette théorie, conduisant ainsi par une spécieuse analyse du contrat de louage de services, à l'interversion de
la preuve, fut assez séduisante pour se faire jour dans la
jurisprudence belge [3] et pour être proposée et soutenue
devant le Sénat français par l'honorable M. Bardoux. [4]

La même théorie quoique modifiée a été présentée en
France par M. Labbé qui va beaucoup moins loin que M.
Sainctelette : l'étendue de la garantie contractuelle dûe
par le patron ne va pas, selon lui, jusqu'à devoir la sécurité à l'ouvrier, mais l'oblige seulement à prendre toutes les mesures propres à le préserver des dangers.

---

1. C. civ., art. 1147 et 1148.
2. Sainctelette, *op. cit.*, p. 158.
3. V. plus loin les décisions, p. 117, note 1.
4. *Journ. off.*, Sénat, séance du 21 mars 1889.
5. Labbé, Sir., 1885, IV, p. 25.

On verra plus loin que c'est ce qu'a admis la Cour de cassation de Belgique.

Cette théorie se heurte cependant à des difficultés et à des objections qui paraissent devoir la faire écarter.

En premier lieu, la base en paraît mauvaise, car la supposition dans le contrat de louage de services d'un engagement relatif à la sécurité personnelle de l'ouvrier, semble bien difficile à expliquer.

Des personnes compétentes ont fait observer que « en fait, on ne voit nulle trace de stipulation de cette nature ; — que l'on consulte ceux qui font des contrats de louage de services, ni patrons ou ouvriers, ni maîtres ou domestiques n'affirmeront avoir jamais pensé à faire de la sûreté personnelle une prévision de garantie contractuelle »[1].

De plus, dans les contrats cités comme exemples par les partisans de la doctrine proposée, par exemple le contrat de transport, on remarquera que la garantie dûe, résulte de l'obligation même d'exécuter le contrat, qui ne saurait s'accomplir sans cette garantie ; ainsi qu'on le fera remarquer plus loin, le voiturier ne peut pas exécuter son obligation de transporter une chose à un lieu déterminé et de la livrer à destination, s'il la laisse périr. Dans le louage de services il n'en est plus ainsi, c'est un agent humain qui intervient, et si on admettait la garantie contractuelle proposée, il se trouverait que la convention synallagmatique de louage, qui suppose deux parties également obligées et un objet, n'aurait plus qu'une seule partie et un objet ; car l'ouvrier deviendrait en réalité l'objet même du contrat[2].

---

1. Pirmez, *op. cit.*, n. 13, p. 13.
2. Cf. Sourdat, n° 913 *bis*.

On a fait encore observer, avec raison, semble-t-il, que c'est de son plein gré, que l'ouvrier se soumet aux dangers de son travail [1], qu'il est par conséquent injuste de faire supporter au patron les accidents fortuits, ou sans cause connue, en le considérant comme un débiteur contractuel de la sécurité de l'ouvrier. « Le patron offre et l'ouvrier accepte l'insécurité, le danger, la possibilité d'un accident »[2].

On a cité l'exemple de l'embauchage du charpentier, de l'artificier, du mineur, qui tous connaissent bien le danger auquel ils s'exposent et qui met leur vie constamment en péril : ils consentent cependant, à moins de clause spéciale, à se soumettre aux chances d'accidents résultant de leur métier[3]. Bien plus, l'ouvrier qui offre son travail ne doit pas, s'il est diligent, ignorer les conditions dans lesquelles il va l'exercer[4], et le plus souvent il exige d'ailleurs un salaire d'autant plus élevé, que les risques qu'il doit courir sont plus grands.

Il semble, d'autre part, que la clause de garantie sous entendue, serait sans portée, car l'obligation de ne pas préjudicier à autrui existe de par la loi, en dehors de toute convention. « Chacun est obligé de faire que ses actes, ses choses, les personnes dont il répond, ne lèsent pas autrui »[5].

La supposition d'une telle clause a surtout pour but

---

1. Bruxelles, 2 novembre 1885. *Journ. des Trib.*, n. 287. — Bruxelles, 1er juin 1887. — Chironi, *Colpa extra-contratt*, I, n. 72, p. 132.
2. Lefebvre. *Rev. crit.*, 1886, p. 514.
3. Lefebvre, *loc. cit.*
4. Chironi, *loc. cit.*
5. Pirmez, p. 13.

d'arriver à intervertir l'ordre des preuves. Mais si c'était
là une de ces suites que l'usage donnent à l'obligation
d'après sa nature, on en trouverait la trace dans les contrats entre patrons et ouvriers ; sans doute ces derniers
auraient fait quelque convention « pour résoudre, con-
trairement à la jurisprudence, la subtile question du fardeau de la preuve, qu'ils ne soupçonnaient même pas »[1].

Enfin, si c'était par l'effet du contrat que le patron est
astreint à veiller à la sécurité de l'ouvrier, d'où viendrait
pour lui l'obligation de veiller à la sécurité de ses voisins, des tiers, des étrangers à l'usine ? N'est-ce pas la
même obligation que vis-à-vis de ses ouvriers ? Si un
accident se produit dans le travail et s'il blesse un passant, c'est bien pour avoir commis une faute quasi-dé-
lectuelle que le patron peut être actionné ; or, si dans le
même accident un ouvrier est atteint, n'est-ce pas la
même faute qui lui a causé un dommage ? Il semble alors
bien curieux que, dans les mêmes circonstances, le même
fait ne produise pas les mêmes effets.

Devant toutes ces objections[2], la théorie proposée

---

1. Pirmez, *loc. cit.*, p. 14.

2. D'autres objections ont été soulevées ; nous les avons omises
à dessein dans le texte ci-dessus, car elles supposent admis des
systèmes repoussés précédemment : c'est ainsi qu'on a opposé
l'absence de différence entre le manquement à une obligation légale et le manquement à une obligation contractuelle (Lefebvre,
op. cit.) ; on a vu plus haut qu'une telle confusion doit être soigneusement évitée. C'est encore ainsi qu'on a opposé que, d'après
la théorie Sainctelette, le patron ne serait tenu envers l'ouvrier que
de sa faute légère, tandis qu'il serait tenu de sa faute très légère
envers un inconnu (Pirmez, *loc. cit.*) : on a également vu qu'il n'y
a pas à s'occuper d'une graduation des fautes en matière de quasi-
délits, et on aura l'occasion de voir par la suite que la même graduation n'existe plus en matière de contrat, la prestation seule des
soins à apporter, pouvant varier.

semble bien difficile à admettre, malgré la grande autorité de ses partisans.

3° *Théorie dite « du fait des choses »*. — La position
défavorable et inégale de l'ouvrier, à qui incombe, d'après
la théorie traditionnelle, le fardeau d'une preuve parfois
difficile, a conduit à rechercher encore une autre interprétation de la loi, qui permît de l'en décharger. Certains auteurs et juristes ont cru la trouver dans l'article
1384-1° du Code civil, d'après lequel « on est responsable... des choses que l'on a sous sa garde. »

Assimilant le *fait* des choses à celui des personnes à
surveiller ou des préposés, les partisans de ce système
argumentent de ce que, à l'égard de ces derniers, les
surveillants ou les mandants sont *ipso jure* responsables de leurs méfaits ; ils expliquent ainsi par une présomption légale de faute une interversion de preuve
qu'ils ne peuvent obtenir autrement.

Un tel système ne peut cependant être admis. Le premier alinéa de l'article 1384 du Code civil n'établit pas,
en effet, une disposition absolue et particulière se suffisant à elle-même ; il ne fait que poser un intitulé des
principes qui sont précisés dans les alinéas suivants
pour les personnes dont on doit répondre, dans l'article
1385 pour les choses animées et dans l'article 1386 pour
les choses inanimées. Or, en ce qui concerne les choses
inanimées, la loi ne parle que des immeubles, et encore
faut-il que le demandeur ici prouve le vice d'entretien
ou de construction pour que le propriétaire soit responsable du dommage qu'ils causent par leur ruine.

Si on considérait d'ailleurs le premier alinéa de l'article précité comme posant une règle applicable en elle-
même, on se trouverait prescrire pour toute espèce de

choses, et par conséquent pour les meubles une présomption de responsabilité qui ne nécessiterait aucune autre
preuve que celle de l'existence du dommage ; la preuve
contraire ne serait même pas possible, n'étant pas réservée par la loi, tandis que pour les immeubles une
preuve est exigée touchant de bien près à celle de la
faute, la preuve du vice de construction ou d'entretien.
Il en résulterait que les meubles seraient soumis à un
régime plus sévère et plus rigoureux que les immeubles,
ce qui est contraire à l'ancienne idée du Code civil *res
mobilis res vilis*.

Cette théorie doit donc être écartée comme la précédente[1].

4° Théorie de M. Pirmez[2]. — D'après la théorie proposée en Belgique par M. E. Pirmez, à l'occasion des
travaux législatifs sur la matière qui nous occupe, c'est
l'interprétation traditionnelle de l'article 1382 du Code
civil qui a conduit aux résultats dont l'opinion publique
se plaint aujourd'hui.

Lorsqu'un dommage est causé par la faute du patron,
à un ouvrier qui loue ses services, la théorie proposée,
reconnaissant comme essentielle la distinction entre la

---

1. Une autre objection à la théorie du fait des choses a été à
dessein passée sous silence dans le texte ci-dessus : elle consiste à
montrer ce qu'aurait d'injuste une présomption de faute pour le
dommage causé par une chose (Sainctelette, *op. cit.*, p. 145) ; il est
en effet aisé d'apercevoir que c'est en somme ce qui existe pour le
dommage causé par les personnes ou les animaux dont nous avons
la surveillance (art. 1384 et s. du C. civ.), il ne serait donc pas
exact de considérer une telle présomption comme contraire au
droit établi.

2. E. Pirmez. *De la responsabilité. Proj. de révis. des art. 1382 à
à 1386 du C. civ.* (Bruxelles, 1888).

faute quasi-délictuelle et contractuelle [1], déclare, avec la théorie traditionnelle, qu'on se trouve en dehors des stipulations du contrat, que l'obligation auquelle il a été manqué n'est pas issue de la convention, et qu'on se trouve en présence d'un manquement à l'obligation légale générale de conduire sa personne et ses biens de façon à ne léser personne [2]. « Le maître de l'usine doit agir de manière à ne pas causer d'accidents à ses ouvriers, comme il le doit à l'usage des passants et des voisins [3]. »

La faute du patron est donc une faute extra-contractuelle et la responsabilité qui en résulte doit « incomber à tous et au profit de tous, dans toutes les circonstances, et que l'accident se produise à l'occasion d'un contrat ou de tout autre fait. »

On voit que jusqu'ici la base du système et la même que celle du système traditionnel ; mais où la présente théorie devient original et prend son véritable caractère, c'est au sujet de la preuve qu'elle cherche à intervertir.

Ses partisans font observer que l'obligation de réparer le dommage causé (article 1382 du Code civil), n'est pas une obligation *originaire, première, principale*, mais seulement la sanction du devoir « *neminem lædere* » imposé par la loi. Or, disent-ils, « l'origine de l'obligation est indifférente... bien que le Code n'ait pas expressément disposé sur les obligations légales, il est certain qu'elles sont en général régies par les mêmes principes que les obligations conventionnelles. » Donc, ajoutent-ils, de même qu'en matière contractuelle, une fois l'obligation

1. Pirmez, *op. cit.*, n. 15, p. 16.
2. Pirmez, p. 17 et s.
3. Pirmez, p. 18.

prouvée par le demandeur, c'est au défendeur, et ici au patron, à établir le cas fortuit et à se disculper, par application du droit commun des contrats [1].

« Le demandeur a d'abord à prouver l'existence de l'obligation pour l'infraction à laquelle il réclame une indemnité. Cette obligation existe en vertu de la loi, la preuve de son existence est donc acquise. — Que lui reste-t-il à prouver ? — Que le défendeur a enfreint cette obligation, c'est-à-dire qu'il a porté atteinte à ses droits et que cette atteinte lui a causé un dommage. — Comment le défendeur pourra-t-il se défendre? — Evidemment, en combattant la preuve que le défendeur doit faire ; en établissant qu'il n'est pas l'auteur du fait ou que ce fait n'a pas porté atteinte au droit du demandeur, ou enfin qu'il n'y a pas eu dommage. — Mais supposons qu'il reconnaisse et la lésion du droit et le dommage, sera-t-il nécessairement condamné ? — Point ; il a le droit d'invoquer les articles 1147 et 1148 du Code civil : « *il peut justifier que par suite d'une force majeure ou d'un cas fortuit, il a fait ce qui lui était interdit* », ou plus spécialement que c'est une force majeure ou un cas fortuit qui est la vraie cause de la lésion dommageable qui se discute. Voilà incontestablement ce qu'enseignent le droit et la raison. »

Mais là ne se borne pas la théorie, car si le demandeur n'a à prouver que la lésion de son droit par le défendeur, encore faut-il qu'il fasse cette preuve complète, c'est-à-dire qu'il montre « que c'est bien par le défendeur qu'il a été lésé dans son droit. » Et ici, dit-on, il faut distinguer.

Il faut distinguer selon que la lésion procède directe-

1. C. civ., art. 1147 et 1148.

ment du fait ou de la faute du défendeur, ou que les actes du défendeur n'ayant lésé par eux-mêmes aucun droit, sont prétendus avoir été la cause d'autres faits qui, eux, ont produit le dommage. Dans le premier cas (par exemple, un ouvrier brûlé par l'explosion d'une chaudière) la lésion a été faite par celui ou par les choses de celui à qui on demande réparation. « Il est clair qu'il a enfreint l'obligation de gouverner ses actes et ses choses de manière à ne pas porter atteinte au droit d'autrui. La preuve incombant au demandeur est faite, elle l'est complètement. » Dans le second cas (par exemple, un ouvrier est saisi par l'engrenage d'une machine qui le broie), la preuve de l'acte du défendeur (c'est-à-dire ici le mouvement de l'engrenage) et de l'accident arrivé n'entraîne pas que ce soit le défendeur qui ait ait causé l'accident, « en prouvant le fait et l'accident, on n'a donc pas prouvé que le défendeur n'a pas agi de manière à éviter de nuire à autrui... Le lien qui manque entre ces faits et cette lésion ne sera établi que par la preuve de la faute, c'est-à-dire l'imprudence ou la négligence du défendeur. » Ce sera donc ici au demandeur (c'est-à-dire à l'ouvrier) à prouver la faute du défendeur [1].

Telle est la théorie proposée par M. Pirmez en 1888 devant la commission de révision du Code civil, et soutenue en 1889 par M. Hermann [2].

Quel qu'ait été le talent avec lequel elle a été présentée, elle soulève des objections trop graves pour ne pas être écartée.

Il est vrai, ainsi que cela a été établi précédemment,

1. Pirmez, *op. cit.*, n. 21, p. 23 et s.
2. Hermann, *De la responsabilité du fait des animaux et des choses.* — Bruxelles, 1889, *Journ. des Trib.*, n. 616 et s.

que l'obligation originaire dont l'article 1382 du Code civil ne fait que donner la sanction, est l'obligation de ne
léser personne et que c'est là une obligation imposée par
la loi, dont la cause est le fait de vivre en communauté.
Mais toute la suite du système doit être écartée.

En premier lieu, en effet, il n'est pas exact de dire
que « l'origine de l'obligation est indifférente » [1] ; car
nous avons vu précédemment l'influence qu'a cette origine sur l'étendue de l'obligation et par là comment varie la faute selon qu'elle est ou non contractuelle.

Il ne paraît pas non plus exact de dire qu'il est certain que les obligations légales sont régies par les mêmes
principes que les obligations conventionnelles : en effet,
ce qui doit guider dans l'appréciation d'une obligation
contractuelle, c'est la recherche de la volonté des parties ;
les règles que la loi énonce à ce sujet, ne font guère
qu'indiquer les conséquences que la raison, la logique,
la science du droit, permettent de tirer de telle ou telle
convention, et ce ne sont pas, en général, des règles im-
pératives auxquels les individus sont toujours soumis.
Le principe générateur de l'obligation légale, en dehors
de tout contrat, est la recherche du bien-être général de
la communauté et la volonté des particuliers y est étrangère. L'obligation contractuelle est privée, c'est-à-dire
qu'elle n'existe, comme rapport de droit, qu'entre des
personnes déterminées et que le public y est étranger ;
l'obligation légale, au contraire, existe pour tous et à l'é-
gard de tous en général. Il n'est donc pas juste, semble-
t-il, d'assimiler l'une à l'autre.

De plus, l'application à une obligation légale des dis-

1. Pirmez, *op. cit.*, n. 18, p. 20.

positions des articles 1147 et 1148 du Code civil, relatifs aux obligations conventionnelles, amènerait, en la poussant jusqu'à ses limites, à la négation de la règle « *actori incumbit probatio.* » Il est universellement reconnu que toute action en justice doit reposer sur la violation d'un droit, or on pourrait, avec le système précédent, arriver jusqu'à dire que l'obligation de ne léser personne existant de par la loi, le seul fait du droit violé suffit pour pouvoir actionner le défendeur, et que ce n'est pas au demandeur à prouver contre le défendeur, mais ce dernier à se disculper. On voit par là jusqu'où entraînerait une pareille doctrine.

D'autre part il est facile d'apercevoir combien la distinction que l'on fait entre les dommages causés directement et indirectement peut soulever de difficultés pratiques. Pourquoi le fait d'avoir établi une chaudière qui fait explosion et brûle un ouvrier est-il moins licite en soit que le fait d'avoir établi un appareil dont l'engrenage saisit et mutile tel autre ouvrier? Il est bien difficile de l'apercevoir [1].

Enfin, si on se place au point de vue du but recherché, à savoir une solution équitable de la question des accidents du travail, on se trouve, avec la précédente théorie, en présence de conséquences de fait qui rendent la situation des patrons encore plus rigoureuse qu'avec la théorie Sainctelette. Comme on l'a fait remarquer [2] au Congrès de Paris sur les accidents du travail, « celui-ci (M. Sainctelette) n'oblige en effet le patron à supporter le risque des causes inconnues qu'à l'égard des ouvriers

1. Dejace, *loc. cit.*, p. 387.
2. Dejace, *loc. cit.*

employés par lui. M. Pirmez étend ce risque et contraint
le patron à indemniser tous ceux qui ont eu à en souffrir,
qu'ils soient employés dans l'usine ou qu'ils soient complètement étrangers au travail [1]. »

Telles sont les théories juridiques, qui, prenant comme
base le droit positif établi par le Code Napoléon, ont
cherché à résoudre la question de la faute, de la responsabilité et de l'ordre des preuves dans la matière des accidents du travail.

Avant d'examiner la solution des mêmes questions
dans les législations indépendantes du Code Napoléon, il
ne sera pas sans intérêt de voir quel est aujourd'hui le
mouvement juridique des idées dans les divers pays qui
ont suivi la législation française de 1804.

France. — *Rappel de la jurisprudence.* — Nous avons
eu l'occasion de remarquer que la théorie actuellement
suivie en France par la jurisprudence était la théorie dite
traditionnelle : responsabilité quasi-délictuelle du patron
ou de l'ouvrier pour leurs fautes ; les cas fortuits suppor-
tés par ceux qui en sont les victimes : application des
articles 1382 et suivants du Code civil ; application de
la règle *actori incumbit probatio*, le demandeur en indemnité est obligé de prouver la faute du défendeur,
parfois de ne prouver que le vice de construction ou d'entretien de l'engin qui a causé l'accident.

1. C'est à tort, semble-t-il, qu'on a opposé une autre objection à
la théorie de M. Pirmez (Dejace, *loc. cit.*) en disant, qu'appliquer
les articles 1147 et 1148 aux obligations légales, c'est étendre une
présomption légale de faute, qui n'était écrite que pour les contrats; ces articles en effet ne posent pas de présomption, ils ne
font qu'appliquer la règle « *actori incumbit probatio sed in exceptione reus fit actor* » ainsi qu'on le verra plus loin. V. page 206,
infrà.

Mouvement législatif. — Le Parlement français s'est ému de la situation défavorable de l'ouvrier ; de nombreux projets ont été présentés, de longues discussions ont eu lieu, en vue de porter remède à cet état de choses. Ce mouvement législatif date de 1880, et à l'heure actuelle le travail n'est pas achevé. A la Chambre des députés, trois projets principaux ont été déposés, ceux de M. Martin Nadaud en 1880, de M. F. Faure en 1882, de la commission parlementaire en 1887[1].

1° *Proposition Martin Nadaud* (29 mai 1880 ; 4 nov. 1881 ; 20 janv. 1882). — La proposition de M. Nadaud était contenue dans un article unique[2] portant : *a*) que l'employeur est responsable de plein droit de tout accident arrivé à l'employé dans son travail ; il ne peut se libérer qu'en prouvant la faute de l'ouvrier ; il supporte les cas fortuits. — *b*) Il n'y a pas à distinguer entre les divers travaux, en vue desquels est conclu le contrat de louage de services.

1. L'ensemble des projets principaux présentés au Parlement français est le suivant :

Projets Martin Nadaud, 29 mai 1880 ; 4 nov. 1881 ; 20 janvier 1882.

Premier projet Peulevey, 14 janv. 1882.

Projet F. Faure, 11 fév. 1882.

Projet March, 7 mars 1882.

Deuxième projet Peulevey, 26 nov. 1883.

Projet de Mun, etc., 2 févr. 1886.

Projet Rouvier, 24 mars 1885.

Projet Rouvier, Lockroy, 2 févr. 1886.

Projet de la Commission parlementaire, 29 nov. 1887.

2. Voici le texte : « Lorsqu'un homme louant son travail à un autre homme, s'est blessé ou tué à son service, l'employeur sera de plein droit responsable à moins qu'il ne prouve que l'accident a été le résultat d'une faute commise par la victime. » (Cf. Dejace, *loc. cit.*).

En premier lieu, en rendant le patron responsable des cas fortuits, ce projet viole la règle de droit naturel que nous avons vue précédemment[1], d'après laquelle on ne peut répondre que de faits qu'il était en notre pouvoir de produire ou d'empêcher ; les cas fortuits sont par définition exclus de cette catégorie.

Il viole ainsi également cette autre règle d'après laquelle chacun doit supporter en principe, à moins d'une convention particulière, le sort qui lui échoit.

Enfin, au point de vue du but à atteindre, on remarquera aisément, combien la situation du patron, maître ou employeur, est rigoureuse, quel danger elle peut présenter, avec le précédent projet, pour le développement de l'industrie en France, en engageant les chefs d'industrie à fuir une législation si ruineuse et à chercher ailleurs le calme nécessaire à leurs entreprises.

Mais, d'autre part, il est juste de constater que le projet était logique en étendant sa disposition à toute convention de louage de services[2],

2° *Projet F. Faure* (11 février 1882)[3]. — Ce projet repose tout entier sur la notion du risque professionnel, qui a été précédemment étudiée[4]. Il part de cette idée que dans la plupart des accidents du travail, il n'y a pas de faute commise, soit par l'ouvrier, soit par le patron, et il peut être ramené aux propositions suivantes :

a) Le chef de *toute* entreprise industrielle, commerciale ou agricole est responsable du dommage causé à

---

1. V. *suprà*, p. 30.
2. Cf. la discussion du 13 mai 1883, Ch. des dép., *Journ. off.*
3. Cf. *Journ. offic.*, fév. 1882, documents, Chambres. p. 357 et p. 2410.
4. V. *suprà*. p. 34.

tout ouvrier ou employé tué ou blessé dans le travail, soit que l'accident qui a amené la mort ou les blessures proviennent du bâtiment, de l'installation, de l'entreprise ou de l'outil employé, soit qu'il provienne du travail même[1].

b) Il n'est fait d'exception à cette règle que pour les faits criminels ou délictueux dont l'auteur reste responsable suivant les principes du droit commun.

c) Le chiffre des indemnités est limité.

d) Il est créé une caisse d'assurances sous la garantie de l'Etat, auprès de laquelle les patrons pourraient s'assurer.

Le patron est déclaré toujours et de plein droit responsable, sans distinguer si l'accident a pour cause une faute par lui commise, ou une faute de l'ouvrier ou un cas fortuit.

On voit par là que ce système viole les mêmes principes de droit naturel que le projet de M. M. Nadaud : il est difficile d'admettre que nous puissions être responsables de ce qu'il n'a pas été en notre pouvoir de faire ou d'empêcher, d'un cas fortuit et *à fortiori* de la faute d'une personne vis-à-vis d'elle-même.

Les partisans de cette manière de voir répondent bien que, ici, ce n'est pas le patron à proprement parler qui est tenu, que « c'est le travail » ; il y a, dit-on, un risque inhérent au travail et « ce que le travail a fait, le travail doit le réparer. »[2] Nous avons vu précédemment que cette proposition ne peut guère être admise, faute d'un sens juridique précis.

L'indemnité, ajoute-t-on, n'est pas une compensation

1. Art. 1 du projet.
2. Art. 2 du projet.

ou une réparation du dommage causé, mais c'est une
dette alimentaire due par le travail. L'ouvrier procure
des bénéfices au patron, ces bénéfices ne sont acquis que
grevés de l'obligation alimentaire ci-dessus.

Ce point de vue paraît être également très inexact;
car, si l'on ne peut considérer le « travail » comme pouvant former une entité juridique[1], il est d'autre part aisé
d'apercevoir que ce n'est pas à proprement parler l'ouvrier qui procure au patron des bénéfices. Les bénéfices
sont le résultat général de l'entreprise; l'ouvrier ne fait
que prester ses services et recevoir un salaire qui en est
la compensation : l'ouvrier ne consent pas à diminuer sa
paie pour produire des bénéfices à l'avantage du patron.
Il n'en serait ainsi qu'au cas où, entre le patron et l'ouvrier, interviendrait un rapport d'associés, et si le contrat de travail était un contrat de société où serait stipu-
lée une clause d'assurance mutuelle entre les coassociés. Or il n'en est pas ainsi ; rien ne peut donc justifier
ce droit de l'ouvrier sur un bénéfice dont il n'est pas l'auteur et sur lequel le contrat, qui le lie au patron, ne lui
donne aucun droit.

De plus, si les bénéfices devaient réellement former
une masse au profit des accidents du travail et si le patron, personnellement, n'était pas tenu, il devrait en résulter que s'il n'y avait pas de bénéfices, il n'y aurait aucune indemnité à réclamer, et que dans tous les cas le
patron ne pourrait pas être tenu sur ses biens personnels et au-delà des bénéfices réalisés : or rien de semblable n'est proposé.

3° *Projet du gouvernement du* **29** *novembre* 1887. —

---

1. V. *suprà*, p. 36.

Le dernier projet qui fut proposé, fut présenté le 29 novembre 1887, au nom du Président de la République,
par M. P. Legrand, alors ministre du commerce ; il fut
adopté le 10 juillet 1888, à la Chambre des députés, par
351 voix contre 78. Il vient d'être l'objet d'une seconde
délibération au Sénat.

Le projet met de plein droit, dans tous les cas, à la
charge du patron les conséquences des accidents, quels
qu'ils soient, sauf lorsque ces accidents auront été intentionnellement provoqués par les victimes. L'indemnité est
fixée d'avance et ne varie que d'après les conséquences
de l'accident, la situation de famille de la victime, son salaire annuel. Pour l'établir, on ne tient compte de la
part de responsabilité incombant au patron que dans le
cas où celui-ci aurait subi pour l'accident une condamnation pénale (correctionnelle) à plus de huit jours d'emprisonnement. Enfin des dispositions sont prises pour
faciliter l'assurance, soit au moyen de la caisse créée
par l'Etat, soit à l'aide de syndicats professionnels.

La question de principe est seule à être étudiée ici,
car il ne rentre pas dans le cadre de ce livre d'envisager ce qui concerne l'étendue de l'indemnité ou la
question des assurances.

On a fait remarquer, tout d'abord, que le système devant s'appliquer à « tout accident », les conséquences
d'une semblable généralité dans les termes allaient au
delà du but poursuivi, puisque ainsi, les accidents absolument étrangers au travail (la congestion cérébrale, par
exemple), se trouvaient compris dans ceux que le patron
doit réparer.

Mais la raison la plus sérieuse, semble-t-il, pour rejeter le projet, est dans le principe même : s'il est juste

que le patron soit déclaré responsable du dommage
causé par sa faute, il ne l'est pas de lui faire supporter
la faute de l'ouvrier et les cas fortuits qui lui arrivent.
Il serait inutile de rappeler ici ce qui a été dit précédemment sur ce sujet.

S'il est contraire au droit de rendre le patron responsable des fautes de l'ouvrier, il l'est également d'en décharger ainsi l'ouvrier, et on doit appliquer la règle d'a-
près laquelle les cas fortuits ne sauraient être considé-
rés, à moins de conventions spéciales, comme principes
d'obligations.

De plus, le projet se met en contradiction avec la loi
pénale actuelle[1], puisqu'il déclare l'ouvrier irrespon-
sable, alors que la loi pénale le déclare responsable, et
qu'il lui donne ainsi le droit de réclamer une indemnité
pour une faute qui l'envoie lui-même en prison. On
pose, il est vrai, une exception au cas de dol de la victime, mais, comme on l'a fait remarquer au Sénat, il sera
bien rarement possible au patron de prouver, pour se
libérer, l'intention de la victime de se donner la mort
ou de se rendre impotent[2].

Enfin cette irresponsabilité de l'ouvrier ne va-t-elle
pas conduire aux conséquences les plus fâcheuses, dans
son intérêt même? l'absence de toute sanction ne le
mènera-t-elle pas à ne plus guère observer les mesures
et les ordres qu'on lui prescrit?

D'autre part le projet ne se contredit-il pas lui-même
lorsqu'après avoir placé hors du droit commun de l'ar-

---

1. M. Bardoux, *Journ. off.*, séance du Sénat, 21 mars 1889,
p. 308.

2. *Journ. off.*, 1889, séances du Sénat, p. 197.

ticle 1382 du Code civil, les accidents du travail, il déclare cependant ce dernier article applicable au patron seul, si sa faute tombe sous le coup de la loi pénale?

A un autre point de vue on a montré, dans les longues discussions qui viennent d'avoir lieu au Sénat, comment en énumérant les industries devant bénéficier de la loi nouvelle, le projet crée des privilèges et viole le principe de l'égalité devant la loi et comment la situation est différente pour la grande et pour la petite industrie : on a fait remarquer que des mesures de prévoyance de toutes sortes existent déjà dans les premières, que, pour les secondes, la responsabilité écrasante du projet les compromettrait gravement, qu'enfin le principal résultat des caisses d'assurances serait d'arriver à un socialisme d'État incompatible avec le droit public français.

Telles sont les principales critiques auxquelles s'est heurté le projet voté à la Chambre des députés en 1888. Un certain nombre d'entre elles ont été écoutées favorablement du Sénat lors de la première délibération, et plus récemment lors de la seconde.

Comme dans le projet voté par la Chambre, toute la question de principe repose dans les différents paragraphes de l'article 1[1].

1. Texte de l'art. 1, tel qu'il a été adopté par le Sénat en 2e délibération :

« Dans toute industrie où le travail sera reconnu dangereux, le chef d'entreprise est responsable de tout accident survenu par le fait du travail ou à l'occasion du travail, à ses ouvriers ou employés, à moins qu'il ne prouve que cet accident est survenu par la faute lourde de l'ouvrier ou employé victimes de l'accident (séance 24 mars 1890, J. off., p. 333, 334).

« Si l'accident est dû à une imprudence ou à une négligence lé-

Le Sénat s'est conformé aux principes généraux sur la responsabilité ; il ne l'a pas fait cependant d'une façon absolue.

Le projet distingue en effet les fautes lourdes des fautes légères. Pour les fautes lourdes, les principes ordinaires de la responsabilité sont appliqués. Pour les fautes légères, au contraire, on les a fait rentrer dans la notion du risque professionnel ; il semble qu'il y ait là quelque confusion. On a vu en effet précédemment que s'il est juste de comprendre dans cette notion les cas fortuits et les accidents que l'homme eût pu prévoir ou empêcher, mais que l'habitude du danger lui rend humainement impossibles à éviter, il n'est pas juste d'y faire rentrer les actes ou omissions qui présentent tous les caractères de la faute, quelque légère qu'elle soit. On conçoit que la question de savoir si l'accident arrivé était ou non, dans les circonstances données, humainement possible

gère du patron ou de ses préposés, ou de l'ouvrier, à un cas fortuit ou de force majeure, ou si la cause est inconnue, l'indemnité est à la charge du chef de l'entreprise dans les conditions et conformément aux distinctions qui seront déterminées ci-après (*ibid.*, p. 334).

« Si l'accident est dû à la faute lourde du chef de l'entreprise ou de ceux qu'il a préposés à la direction ou à la surveillance des travaux, les articles 1382 et suivants du Code civil continueront à être appliqués (séance 25 mars 1890, *J. off.*, p. 341).

« Ces principes sont applicables aux exploitations gérées pour le compte de l'Etat, des départements, des communes et des établissements publics (*ibid.*).

« Un règlement d'administration publique déterminera les industries dans lesquelles le travail, soit dans son ensemble, soit dans certains points sera reconnu dangereux (*ibid*).

« Le bénéfice de l'assistance judiciaire sera acquis à l'ouvrier ou employé victime de l'accident ou à ses ayants droit, dans les conditions qui seront déterminées ultérieurement » (*ibid.*).

à empêcher, soit une question de fait abandonnée au juge ; mais, une fois cette question tranchée, il semble qu'on blesse l'équité et qu'on viole les principes généraux en confondant une faute même légère, productive de responsabilité, avec un événement au-dessus des forces humaines, « *impossibilium nulla obligatio est* ».

Comme les trois autres parties du projet ne rentrent pas précisément dans le cadre du présent livre, il n'en sera pas traité ici : elles visent, en effet, la fixation de l'indemnité, et tout ce qui s'y rattache ; l'organisation de la procédure et de l'assistance judiciaire ; enfin les assurances privées [1].

En résumé, on peut ainsi, à l'aide de tout ce qui précède, ramener le mouvement des idées juridiques en France sur les accidents du travail, aux quelques propositions suivantes ; elles seront peut-être utilement comparées à celles qui ont cours à l'étranger.

En droit positif actuel — droit écrit, jurisprudence — le patron et l'ouvrier sont réciproquement responsables de leurs fautes ; les cas fortuits restent à la charge de ceux sur qui ils tombent ; l'ordre des preuves est celui de la règle « *actori...* ». D'autre part, un ensemble de prescriptions préventives et de règlements facilite aux uns comme aux autres la connaissance de leurs devoirs respectifs, et par là la preuve de leurs fautes à cet égard. L'usage devenu plus fréquent du contrat d'assurance et surtout des institutions de prévoyance vient souvent remédier aux dangers des professions.

En législation [2], des projets nombreux ont été élabo-

---

1. Cf. *Journ. off.*, séance 21 mars 1890, p. 310, Sénat.
1. Dejace, *op. cit.*, p. 372.

rés, ayant pour base l'existence d'une situation nouvelle : 1° la notion du risque professionnel est admise
comme principe dominant ; 2° le risque professionnel est
celui que certains ouvriers courent, non-seulement en
raison de force majeure ou sans cause déterminable,
dont ils peuvent être les victimes au cours du travail,
mais encore en raison des accidents que peut provoquer
leur imprudence légère ou celle du patron qui les emploie ; 3° en vertu de ce principe, le patron doit, *à priori*,
payer une indemnité pour tout accident, à moins qu'il ne
prouve la faute lourde de l'ouvrier ou de l'employé victime de l'accident ; 4° le Sénat maintient la nécessité de
limiter l'application du principe nouveau à certaines industries ; 5° l'accident doit résulter du fait même du travail ou à son occasion ; 6° « la responsabilité du patron
reste donc entière si l'accident est dû à sa faute lourde
ou à celle de ses préposés ; elle est réduite à une réparation partielle à déterminer législativement si l'accident
provient du risque professionnel ; elle disparaît si le
patron établit là faute lourde de la victime [1] ».

Connaissant le droit français sur les accidents du travail, il ne sera pas sans utilité d'envisager à présent le
droit des pays à législation similaire au Code français.

Système du droit belge. — Le droit écrit belge est le
même qu'en France et n'a point varié depuis 1804 [2].
Dans la doctrine, deux théories opposées ont été proposées, celle de M. Sainctelette et celle de M. Pirmez ; elles
ont été étudiées précédemment. Quant à la jurisprudence,
elle diffère de la jurisprudence française. Elle reconnaît

1. Dejace, *loc. cit.*
2. C. civ. belg., art. 1382 et s.

bien, comme cette dernière, l'obligation pour le patron
de veiller à la sûreté des ouvriers, mais elle n'admet pas
que ce soit là seulement une des formes du devoir légal
de ne léser personne : c'est la théorie de M. Sainctelette
qui s'est fait jour devant les tribunaux. Plusieurs d'entre
eux admirent d'abord en entier cette doctrine nouvelle
avec toutes ses conséquences, quant à la preuve[1]. Mais
la Cour de cassation belge n'alla pas aussi loin, et sa manière de voir ressort assez clairement d'un arrêt[2] de rejet
rendu sur un pourvoi formé contre un arrêt de la cour
de Bruxelles qui n'avait pas adopté la théorie contractuelle[3]. La Cour de cassation reconnaît bien que tout dé-
bat ayant pour objet la responsabilité du patron en cas
d'accident industriel, doit porter uniquement sur l'interprétation d'un contrat de louage, à l'exclusion des articles 1382 et suivants du Code civil. Mais elle refuse
d'admettre ce que proposait la théorie nouvelle et déclare qu'une obligation de garantie de la sécurité des ouvriers ne résulte ni de la convention tacite des parties, ni
de l'équité, ni de l'usage, ni de la loi. Le maître contracte
bien l'engagement de veiller à la sécurité de l'ouvrier
dans le travail auquel il l'emploie, mais il ne peut jamais être tenu de le garantir contre toute espèce de danger inhérent à ce travail, danger que l'ouvrier connaissait en s'engageant, à moins que l'accident en résultant

1. Cf. Cour sup. just. Luxembourg, 27 nov. 1884. Dall., 1886, II,
153. — Trib. civ. de Bruxelles, 25 avril 1885. Rev. des soc., 1885,
p. 625. — Trib. co. de Bruxelles, 28 avril 1885. Rev. des soc.,
1885, p. 626, et Journ. du Pal., 1885, 2 33. — Trib. civ. d'Anvers, 17 juill. 1885. — Journ. La Loi, 9 oct. 1885.

2. Cass. belg., 8 janv. 1886. Dall., 1886, II, 153. Sir., 1886,
IV, 25.

3. Bruxelles, 7 avril 1884. Dall., 1886, II, 153.

n'ait été la suite d'une faute ou d'un manque de surveillance. C'est, comme on le voit, la théorie présentée en
France par M. Labbé[1].

Quant au travail législatif, aucune proposition n'a été
encore discutée au parlement belge[2]. Seulement, d'après
les paroles prononcées par le ministre de l'agriculture
et des travaux publics, M. de Bruyn[3], il y aurait une tendance à introduire une clause d'assurance dans le contrat de louage de services. D'autre part, les systèmes de

1. Sir., 1885, IV, p. 25. — V. dans ce sens, Gand, 18 juin 1887.
Belg. jud., 8 déc. 1887, et Sir., 1889, IV, 1. — Cf. cependant
dans le sens de la théorie traditionnelle de l'art. 1382, Bruxelles,
1er juin 1887. — *Belg. jud.*, 7 juill. 1887.

2. Sur la réforme en Belgique, Cf. les *Travaux parlementaires*.
— Commission du travail, vol. III. Rapports. Propositions des
sections et conclusions (Bruxelles, 1887). Sainctelette, *Projet d'une
proposition de loi relative aux accidents du trav.*, p. 253. — Dejace,
Rapp. sur les assur. ouvrières contre les accidents du trav., p. 209.
— Cf. les notes de MM. Morisseaux, Montefiore, Levi et Dauby,
p. 465, 475, 505 ; — vol IV. Comptes-rend. des séances plén.,
p. 174 à 229. — Consulter également Dejace, Rapp. au Congrès
de Paris de 1889 (*loc. cit.*).

3. *Annales parlem.*, Ch. des représentants, séance du 16 mai
1889. « Les accidents du travail peuvent naître de trois causes :
la faute du patron, celle de l'ouvrier, le cas fortuit ou de force
majeure.

Si la faute est imputable soit au patron soit à l'ouvrier, celui
qui l'a commise doit seul, à mon avis, en supporter les conséquences.

S'il s'agit d'accidents par cas fortuits, la responsabilité de personne n'est en jeu. Actuellement c'est l'ouvrier qui en supporte
seul les conséquences et cela n'est point juste. Il ne serait pas, à
mon avis, plus équitable de les faire peser sur le patron exclusivement. Il convient cependant que les accidents soient réparés.

On obtiendrait cette réparation si le contrat de travail renfer-
mait une clause prévoyant les accidents de cette catégorie, et l'on
peut se demander si le législateur n'est point fondé à prescrire

MM. Sainctelette et Pirmez ont été élaborés comme pro-jets, l'un pour la commission du travail, l'autre pour la commission de révision du Code civil.

Devant la commission du travail, le système de l'assu-rance a d'ailleurs prévalu sur le système de l'interver-sion[1].

Système du droit italien. — Le droit écrit italien[2] est le même qu'en France, la jurisprudence est la même[3].

Quant au travail législatif, il n'est pas encore achevé : de nombreux projets de réforme ont été proposés[4]. De-vant la chambre des députés, un projet fut déposé le 19

l'insertion obligatoire de cette clause? On obligerait donc le pa-tron et l'ouvrier contractant à s'assurer contre les accidents dus à des cas fortuits ou de force majeure et, puisque deux personnes in-terviennent au contrat, les charges de l'assurance seraient égale-ment supportées par chacune d'elles.

...... Je ne pense pas qu'il entre dans les idées de cette assem-blée d'adopter comme règle générale le principe de l'assurance obligatoire et de l'appliquer, comme on l'a fait en Allemagne, à toutes les éventualités qui menacent l'existence de l'ouvrier.

On doit redouter, me semble-t-il, qu'un excès de prévoyance of-ficielle n'enlève à l'ouvrier, d'une part, toute idée d'initiative, et, d'autre part, le sentiment de la dignité personnelle et l'impulsion qui lui est nécessaire pour chercher à s'assurer une certaine indé-pendance dans son travail. »

1. Cf. Dejace, *loc. cit.*, p. 387.

2. Cod. civ. it., art. 1151 et s. (Cod. civ. fr., art. 1382 et s.).

3. Chironi, *Colpa extra-contratt*, n. 75, I, p. 135 et n. 564, II, p. 435.

4. Cf. Cesari, *La responsabilita dei padroni sui danni prodotti dal lavoro. Ascoli-Piceno*, 1882. — Chironi, *loc. cit.*, et *La responsabilita dei padroni*, Sienne, 1884 (*Studi Senesi*, I, 3 et 4). — Amar, *Studi di dir. industriale*, Turin, 1885. Cet auteur admet la théorie Sainc-telette. — Caro, *Gli infortuni del lavoro*, Milan, 1886. — Lavollée, *Projets de réforme de la législation ouvrière en Italie (La Réforme so-ciale* du 1er nov. 1886).

février 1883, par M. Berti, ministre de l'agriculture, de l'industrie et du commerce[1], il fut voté, avec 3 voix de majorité, le 15 juin 1885. Le système en est le suivant : le patron est déclaré responsable pour tout accident dans le travail, mais il peut se libérer en prouvant, soit la faute de l'ouvrier, soit le cas fortuit ou de force majeure. D'autre part, les patrons ont la faculté de s'assurer pour tous les accidents du travail, et cette assurance leur est facilitée par la caisse d'assurances contre les accidents organisés par la loi du 8 juillet 1883[2].

Ce projet, porté devant le Sénat, y a été modifiée par la section centrale de la façon suivante : la responsabilité du patron doit être prouvée par celui qui l'invoque et ce n'est que par exception que sa faute est présumée, lorsqu'il est établi que dans le travail, cause du malheur, toutes les prescriptions réglementaires n'ont pas été observées. Lorsque le sinistre est dû à la faute exclusive de l'ouvrier, au cas fortuit ou de force majeure, cette responsabilité ne peut avoir lieu. Mais le Sénat ne s'est pas encore prononcé sur ces modifications.

Pour les autres pays où le Code Napoléon a servi de base à la législation moderne, il suffira de mentionner que la théorie traditionnelle de l'article 1382 du Code français est actuellement celle en vigueur dans le Luxembourg[3] (qui suit le droit belge), ainsi qu'aux Pays-Bas[4].

---

1. *Atti parlamentari*, Legislatura, XV. Cam. dei Dep. — Doc., n. 73. — Cf. la discussion dans les *Atti parlam.*, 1ª sess., Discussioni, Leg. XV, n. 450-452 (p. 13641-13736). — Cf. Mazzola, *Il progetto di legge sulla respons. civ. dei padroni*. Naples, 1885.

2. Cf. *Atti per l'Istituzione della cassa Nazionale di assicurazione per gli operai contro gl'infortuni del lavoro.* — Rome, 1884. — Cassa Nazionale (*Legge, Regolamenti, Circolari*). Rome, 1885.

3. C. civ. belg., art. 1382 et s.

4. C. civ., art. 1401 et 1403.

C'est également le droit en vigueur en Danemark[1], en Espagne[2], en Suède[3], en Norwège[4], en Russie[5], en Hongrie[6], en Roumanie[7], au Chili[8]. En Portugal, le code de 1867 le déclare expressément[9].

Des projets de lois ont été proposés d'autre part, soit relativement à la responsabilité civile comme au Brésil[10], soit relativement aux assurances obligatoires comme en Espagne[11], ou en Norwège[12].

Système du droit allemand. — Si on considère maintenant les législations indépendantes du Code civil français, soit en général, soit particulièrement, sur le point qui nous occupe, on se trouve en présence, en premier lieu, du système allemand[13], consacré par plusieurs lois d'Empire mises récemment en vigueur[14]. On y a demandé

1. D'après M. Numa Droz, Rapp. congrès int. accid. trav., Paris. 1889, I, p. 1 et s.

2. C. civ. (1889), art. 1902, 1908.

3. N. Droz, *loc. cit.*

4. *Ibid.*

5. Loi du 12 juin 1886 (*Ann. lég. étr.*, 1887, p. 648) relative au louage des ouvriers pour travaux agricoles, titre VII. *De l'exécution des contrats et de la responsabilité des maîtres et ouvriers*, art. 46.

6. N. Droz, *loc. cit.*

7. *Ibid.*

8. C. civ., art. 2314 et s.

9. Cod. civ., art. 2372 et 2398.

10. Proposition de loi de M. le baron de Canindé du 8 juill. 1838 (*Ann. lég. étr.*, 1888, p. 973).

11. Projet du 7 juin 1887 relativement aux invalides du travail.

12. Projets du 21 déc. 1887 et de 1888.

13. Cf. Dejace, *loc. cit.* — Le *Journ. des Débats* des 6, 8, 10 mars 1889. — R. Merlin, Les lois d'assur. oblig. des ouvriers en Allemagne, *Bull. soc. lég. comp.*, 1884-85, p. 582.

14. V. notamment : Loi du 6 juillet 1884, *sur l'assurance contre les accidents* (*Ann. lég. étrang.*, 1885, p. 124) ; — Loi du 28 mai 1885, *concernant l'extension de l'assurance contre les accidents et les maladies* (*ibid.*, 1886, p. 97) ; — Loi du 5 mai 1886, *concernant l'as-*

la solution de la question non pas au droit privé, mais à l'assistance sociale ; la liberté individuelle et la responsabilité personnelle ont été répudiées pour faire place à un système d'assurances obligatoires, ou pour mieux dire, à un système d'assistance des victimes des accidents de travail par les patrons, assistance organisée d'après la méthode corporative. La dérogation aux règles du droit naturel est expliquée par ce fait qu'on se trouve ici en présence d'un intérêt social majeur nécessitant un principe nouveau, placé sous la protection du droit public, primant le droit privé.

On voit que l'esprit de la législation allemande est empreint d'un caractère très net de socialisme d'État ; cela la place hors du cadre du présent ouvrage, il suffisait de la signaler.

Il en est de même en Autriche où, jusqu'en 1887[1], le Code civil ne rendait le patron responsable que de sa faute personnelle [2], et était ainsi particulièrement défavorable aux ouvriers.

Système du droit suisse. — La législation suisse est ici fédérale et de date récente [3]; établie pour la première fois

---

surance contre les accidents et contre les maladies des personnes employées dans les exploitations agricoles et forestières (ibid., 1887, p. 110); — Loi du 11 juillet 1887, *concernant l'assurance contre les accidents des personnes employées dans les travaux de construction (ibid., 1888, p. 207);* — Loi du 13 juillet 1887, *sur l'assurance contre les accidents des gens de mer et des autres personnes qui sont occupées dans l'industrie de la navigation maritime (ibid., 1888, p. 232).*

1. Loi du 28 déc. 1887 (Ges. betreff. die Unfallversicherung der Arbeiter).

2. Oesterr G. B., §§ 1315, 1010, 1161.

3. Cf. loi 1er juill. 1875, spéciale aux chemins de fer ; — loi 23 mars 1877 (*Ann. soc. lég. comp.*, 1878, p. 581); — loi du 25 juin 1881 (*Ann. soc. lég. comp.*, 1882, p. 592) étendue par la loi du 26

réellement en 1877, elle consacra l'interversion de la preuve à l'aide d'une présomption de faute contre le patron. Le système adopté peut se ramener aux quelques propositions suivantes : distinction du cas fortuit et de la force majeure [1] ; échelonnement de la responsabilité : *a*. faute du patron ou de son préposé : responsabilité absolue ; *b*. faute commune, cas fortuit : responsabilité réduite selon les circonstances de fait ; *c*. force majeure, acte d'un tiers, faute uniquement imputable à la victime : pas de responsabilité.

Système du droit anglais [2]. — En Angleterre, le développement du droit a été également considérable. Depuis Charles II [3], le régime du *common employment* rendait bien le maître responsable du dommage causé par ses subordonnés, mais la jurisprudence en avait excepté le dommage causé à un compagnon de travail. Aussi, tout ouvrier ou employé blessé devait-il prouver le fait personnel et propre du maître pour que ce dernier fût obligé de l'indemniser.

Depuis 1880, par l'*Employer's liability act, 1880* [4], le système du droit anglais est le suivant : le patron répond vis-à-vis de tous de son fait personnel et de celui de ses employés, mais la preuve en incombe à la victime. En 1886, on présenta un projet pour frapper de nullité les

avril 1887 (*Ann. soc. lég. comp.*, 1888, p. 648) et le postulat présenté en 1887 (*Ann.*, *id.*, 1888, p. 654). — Cf. Dejace, *loc. cit.*, p. 395 et s. — et *Das Bundesges. betreff. die Arbeit in den Fabrik. vom 23 marz 1877*, etc. Berne, 1888.

1. V. plus haut, p. 32.

2. Cf. Dejace, *op. cit.*, p. 394.

3. Cf. *London Law Times*, 23 juin, 28 juillet 1879, et Dejace, *loc. cit.*

4. *Ann. lég. Etr.* 1881, p. 37. — Cf. Notice de M. Hubert-Valleroux, *eod. loc.*; Dejace, *loc. cit.*

clauses de non-responsabilité, valables jusqu'alors et que beaucoup de patrons inséraient; le 26 février de la même année, ce projet fut renvoyé à un *select committee* qui proposa de confirmer simplement l'act de 1880.

Enfin, un autre projet fut pris en considération le 7 décembre[1] 1888, mais il fut retiré par le gouvernement et n'est pas en vigueur.

D'après ce projet, le patron, responsable de sa faute et de celle de ses employés, ne l'est pas du cas fortuit; il ne doit également aucune indemnité s'il n'a pu découvrir ou réparer les défauts provenant du mode de travail ou de l'outillage, si la victime avait eu connaissance du danger et n'en avait pas averti le patron ou s'y était exposé malgré lui (*volenti non fit injuria*), enfin si les règlements ont été approuvés[2]. D'autre part, la clause de non-responsabilité était déclarée nulle, à moins qu'elle ne contînt un forfait[3].

La législation américaine[4] est analogue à la législation anglaise depuis 1880. L'ouvrier est réputé assumer librement les risques inhérents à son travail[5]. Le maître ne saurait être garant de la sûreté de ses employés, mais il doit répondre vis-à-vis d'eux de ses fautes et de ses négligences.

Examen d'une question analogue en droit maritime. — La question des accidents du travail ne se pose pas seulement au sujet du louage de services, tel qu'il a lieu en droit civil, mais encore à propos de la forme particulière

1. Ch. des comm., séance du 7 décembre 1888, prise en considération par 202 c. 141 voix, retiré par le ministère le 14 décembre 1888.
2. Art. 1 et 12.
3. Art. 3.
4. Cf. Wharton, §§ 199 et s.
5. Wharton, *loc. cit.*; voir particulièrement la note 3 du § 199.

qu'il revêt, en droit maritime, dans l'engagement des gens de mer. Cependant elle a reçu ici une solution particulière qu'il convient de mentionner.

Indépendamment, en effet, de l'obligation générale de ne léser personne qui incombe à l'armateur ou au capitaine à l'égard des gens de l'équipage comme à l'égard des tiers, la loi leur impose dans leur contrat d'engagement des obligations spéciales en faveur des gens de l'équipage : au cas de dommage éprouvé au service du navire, spécialement au cas de maladies ou blessures reçues à bord en cours de voyage, et au cas de blessures reçues en combattant contre les pirates ou les ennemis, les gens de l'équipage ont droit aux frais de traitement, de pansement, ils ont droit à leurs loyers[1].

Ils jouissent de plein droit de cette situation exceptionnelle, en ce sens qu'ils n'ont pas besoin de prouver que le préjudice éprouvé résulte d'une faute du capitaine ou de l'armateur. Il faut et il suffit que l'accident soit arrivé au service du navire.

Mais il est facile d'apercevoir que tout en étant pansés, traités aux frais du navire, et tout en recevant leurs loyers, les matelots peuvent ne pas être indemnisés complètement du dommage que leur a causé leur blessure ou leur maladie : ils peuvent, par exemple, rester incapables de travailler. Ils n'ont de recours alors que d'après le droit commun, comme les autres personnes qui louent leurs services d'après le droit civil et auxquelles arrive un accident. Aussi devront-ils, conformément à l'article 1382 du Code civil, prouver que le préjudice dont ils souffrent provient d'une faute de l'armateur ou du capitaine ; ils auront le droit d'en obtenir la réparation[2].

1. C. co., art. 262 et 263, modifiés par la loi du 12 août 1885,
2. Cass., 31 mai 1886. Sir., 1887, I, 209, et la note.

CHAPITRE VI.

DE LA PREUVE DES FAUTES NON CONTRACTUELLES

A qui en incombe la charge. — Modes possibles de preuve.

En dehors des contrats, dans toute action basée sur un dommage causé par une faute, on doit, comme ailleurs, appliquer les principes généraux du droit en matière de preuve.

Pour savoir qui doit prouver la faute, il suffit d'appliquer la règle d'après laquelle c'est à celui qui invoque un fait nouveau, qu'incombe le fardeau de la preuve [1] *actori incumbit probatio, sed in exceptione reus fit actor*. Comme ici aucun rapport de droit préexistant n'a créé une obligation en faveur du demandeur à la charge du défendeur, c'est au plaignant à établir que la faute de son adversaire a précisément fait naître un tel lien ; ce sera à lui de prouver cette faute, et le préjudice qui en résulte, pour prouver par là que le défendeur ayant failli à son égard à l'obligation de ne léser personne, doit en subir la sanction et réparer son méfait.

C'est là un principe admis universellement [2] et l'on a

---

1. Bonnier, *Tr. des preuves*, n. 36 p. 21.
2. Windscheid. *Pand.* II, p. 51, § 455 note 12. — Pernice, *op. cit.*, 230 et s. — Sourdat, n. 333, 604, 741. — Busch. *Arch. f. civ. Prax.*

vu précédemment comment et pourquoi la théorie proposée en Belgique par M. Pirmez en vue d'intervertir le
fardeau de la preuve, devait être écartée. D'ailleurs,
comme on l'a dit souvent [1], tous les individus sont, en
général, réputés agir comme ils le doivent, à moins que
quelques circonstances particulières ne fassent naître
contre eux une présomption de faute, ainsi qu'on le verra
par la suite.

Quant aux modes de preuves que le plaignant peut employer, il n'est pas douteux que ce dernier puisse user de
tous ceux qu'il lui sera possible de se procurer, quel
que soit le montant de la réparation à demander [2].

On n'est cependant pas, en France, d'accord sur la
base de cette solution [3]. D'après les uns, les actes illicites n'ont jamais été compris et ne peuvent être compris dans la règle qui exige la preuve par écrit « de
toutes choses excédant la somme ou la valeur de cent
cinquante francs [4]. » On en donne comme raison que
l'écrit est exigé seulement pour les faits conventionnels
volontaires et que l'article 1341 du Code civil ne peut
s'interpréter qu'à l'aide de l'ancien droit et particulièrement de l'ordonnance de 1566, l'édit de 1611 et l'ordonnance de 1667 sur la justice, textes qui ne com-
prenaient pas les actes illicites dans la règle précédente [5]. C'est ainsi que les partisans de ce système citent

XLV. p. 1483. — Cf. un arrêt de la Cour suprême de l'Empire allemand, de Leipzig (*Entsch, d. RG.*, X. p. 140).

1. Wharton, *On Evidence*. 255. — Proudhon, *Usuf.*, III, n. 1536.
— Sourdat, n. 333.

2. C. civ., art. 1348.

3. Cf. Bonnier, *op. cit.*, n. 154 p. 134.

4. C. civ., art. 1341.

5. Ainsi que le fait remarquer M. Bonnier, (n. 153, p. 132) l'or-

Boiceau [1], le commentateur de l'ordonnance de 1566 : « *Quod autem ad obligationes ex maleficio descendentes satis vulgatum est eas hac lege non comprehendi, quia scriptis delinqui non soleat, imo clam vel noctu ;* » ou encore qu'ils rapportent ces paroles de Joly de Fleury, avocat général au Parlement de Paris, en 1706. « Les choses qui ne peuvent se réduire par écrit, qui ne sont pas susceptibles de convention, n'ont jamais été comprises dans cette disposition [2]. » Les expression du Code civil, dit-on alors, ne peuvent s'entendre que des cas où il peut y avoir lieu de dresser un acte, c'est-à-dire des conventions dans le sens le plus large du mot. « Lorsqu'il s'agit d'un fait autre qu'une convention, les parties dont il n'est pas l'œuvre commune n'ont pu être tenues de le constater de telle ou telle manière : la preuve testimoniale est admissible [3]. »

D'après un second système, les mots « toutes choses » de l'article 1384 du Code civil ont un sens encore plus général que dans l'ordonnance de 1667 et il faut entendre par là tous les faits juridiques qui, de leur nature, ont

donn. de 1566 employait, comme le Code civil de 1804 les expressions « toutes choses ». Les contemporains argumentant de ces mots « il sera passé *contrat* » n'appliquèrent la règle qu'aux contrats. (Pothier, *Tr. des oblig.*, n. 786). Comme cet interprétation était évidemment trop restreinte, l'ordonn. de 1667 (XX. 2.) prit le mot chose sans restriction.

1. Boiceau, livre I, ch. X, n. 5. Comm. lat. sur l'art. 54 de l'ord. de Moulins de fév. 1566 (Edit. Danty, p. 216).

2. Ce qui reste des plaidoyers de Joly de Fleury se trouve dans les tomes VI et VII du *Journal des Audiences*. Cf. également dans le même sens l'expression de l'édit des Archiducs de Flandre de 1611 (art. 19). « Toutes choses dont nos sujets voudraient *traiter* et *disposer*... » On trouvera cet édit dans l'édition de Boiceau par Danty (Paris, 1697).

3. Bonnier, *op. cit.*, n. 148, p. 127.

pour résultat immédiat et nécessaire, soit de créer ou de transférer, soit de confirmer ou de reconnaître, soit de modifier ou d'éteindre des obligations ou des droits[1]. Les actes illicites rentrant dans cette catégorie sont donc compris dans la règle, et la rédaction de l'article 1348 n'est donc pas vicieuse en présentant comme une exception la faculté de prouver par témoins les fautes quasi-délictuelles.

On pourrait encore soutenir comme un troisième système que le seul point à envisager est celui de savoir si, en fait, il a été possible de se procurer un écrit ; dans ce dernier cas, on appliquerait l'article 1341.

Cette discussion n'a guère au surplus d'intérêt pratique aujourd'hui, il suffisait de la mentionner, car il importe peu que ce soit en vertu d'une exception ou d'un principe général que le plaignant ne soit pas soumis à la nécessité de la preuve par écrit et qu'il puisse user de tous les moyens de preuve possibles.

Il convient d'ailleurs de remarquer que cette question ne saurait être soulevée que dans les législations qui exigent en général un écrit au-dessus d'une certaine valeur, comme en France ou en Italie[2] ; et il n'en est naturelle-

---

1. Aubry et Rau, § 762 texte et note 1, VIII, p. 299. Argument tiré du caractère d'exception que l'art. 1348 donne à ses dispositions et de la suppression, lors des travaux préparatoires des mots « conventions sur... » (Cf. Locré, XII, p. 127, art. 130).

2. C. civ., it. art. 1341 et 1348. Les expressions de l'article 1348 du Code italien, qui reproduit l'art. 1348 du Code français, sont évidemment vicieuses : l'article 1341 commence par prohiber la preuve testimoniale « *d'une convention* » si elle est au-dessus d'une certaine somme (500 l.) : l'acte illicite n'étant pas une convention, il est clair qu'il est tout à fait en dehors de la règle et par conséquent qu'il n'y fait pas exception comme le dit l'art. 1348.

ment pas de même dans le très grand nombre de législations qui admettent en principe sans restrictions, la preuve par témoins comme en Portugal [1], en Allemagne [2], en Autriche [3], en Angleterre [4], aux États-Unis d'Amérique [5], en Danemark, en Suède ou en Norwège [6].

1. Cod. proc. civ., du Portugal, de 1876. *Ann. lég. comp.*, 1887, p: 434.

2. Civ. proc. Ordn. (1877). § 338 et s. Cf. Lederlin, *Rev. crit.*, 1885, p. 493. — Spécialement en matière de dommage et d'indemnité, le lecteur pourra se reporter utilement au § 260 de la *Civilprocessordung* ; « Ist unter den Parteien streitig, ob ein Schaden enstanden sei und wie hoch sich der Schaden oder ein zu ersetzendes Interesse belaufe, so entscheidet hierüber das Gericht unter Würdigung aller Umstände nach freier Ueberzeugung. Ob und wie weit eine beantragte Beweisaufnahme oder von Amtswegen die Begutachtung durch Sachwerständige anzuordnen sei, bleibt dem Ermessen des Gerichts überlassen. Das Gericht kann anordnen, dass der Beweisführer den Schaden oder das Interesse eidlich schätze. In diesen Falle hat das Gericht zugleich den Betrag zu bestimmen, welchen die eidliche Schätzung nicht übersteigen. » — Lorsque le tribunal ne parvient pas à se former une conviction sur le montant du dommage ou de la réparation, il peut ordonner au demandeur de les évaluer sous serment. Le serment est alors une sorte de serment judiciaire supplétoire (C. P. O. § 437) auquel, par conséquent, les restrictions du § 410 C. P. O. sont inapplicables ; le serment porte que le dommage ou l'indemnité, d'après la conviction de celui qui jure, s'élève à la somme fixée par lui. — Il faut enfin remarquer que la liberté d'appréciation de la preuve (C. P. O. § 250) étant d'ordre public, une convention ne saurait valablement la restreindre. C'est ainsi, par exemple, que les statuts des compagnies d'assurance, aux termes desquels certains modes de preuve du dommage sont déterminés, ne peuvent etre obligatoires pour le juge.

3. Osterr. G. B., § 883.

4. Stephen, Comm. III, p. 568 et s. Il n'en est pas de même en Ecosse. Cf. Erskine, *Pples. of Law of Scotl,* p. 631.

5. Wharton, *loc. cit.*

6. D'après Bonnier, *op. cit.*, p. 131.

a. Preuve par écrit. — La preuve par écrit que pourra fournir le demandeur sera soit un écrit émané du défendeur lui-même, ce qui se produirait si, par exemple, l'action était intentée contre ses héritiers. Le plus souvent, ce sera le procès-verbal dressé par un officier public ou agent de l'autorité.

Sur le point de savoir de quoi ils font preuve, plusieurs textes [1] montrent bien qu'ils ne font preuve que des faits qu'ils constatent. Et quant à leur force probante, la loi seule la détermine ici [2]. Ils seront donc crus tantôt jusqu'à inscription de faux, tantôt jusqu'à preuve contraire, tantôt enfin ils ne vaudront que comme simples renseignement [3]. Il est vrai que c'est la loi pénale qui traite de cette matière, mais la jurisprudence française admet avec raison que l'autorité attachée aux procès-verbaux produit des effets aussi bien dans l'intérêt de l'action civile que dans l'intérêt de l'action publique [4].

b. Preuve par témoins. — Il suffira de mentionner que, à la différence de ce qui a lieu dans l'action pénale, les dépositions du plaignant ne sauraient ici être admises comme preuves testimoniales. Tout ce qu'allègue le demandeur ne constitue qu'une prétention intéressée et nullement un témoignage [5].

c. Présomptions de l'homme. — Il n'y a qu'à appliquer ici les principes généraux posés par le Code civil. Les présomptions « sont abandonnées aux lumières et à la prudence du magistrat, qui ne doit admettre que des

---

1. C. For., art. 176. — Loi du 15 avril 1829, art. 53.
2. Sourdat. *op. cit.*, n. 338, I, p. 349.
3. C. Instr. Crim., art. 154 et 189.
4. Cass., 26 mai 1864. Dall., 1864, I, 266.
5. Sourdat, *op. cit.*, n. 347, I, p. 354.

présomptions précises et concordantes [1]. » Les indices qui leur serviront de base seront le plus souvent des documents fournis par la justice criminelle, si une action pénale a été précédemment intentée, sinon des expertises ou des descentes sur les lieux [2].

d. Présomptions légales. — On a vu précédemment que c'est à celui qui invoque la faute à la prouver; celle-ci n'est donc pas présumée en principe ; par exception, on verra qu'elle l'est en ce qui concerne la responsabilité pour le dommage causé par autrui. C'est une présomption semblable qui a été introduite en Suisse, par exemple, par la loi du 25 juin 1881 en matière d'accidents du travail, et c'est par une semblable présomption que s'expliqueraient les différents systèmes d'interversion de la preuve, proposés en France sur le même sujet, en dehors de la théorie de la faute contractuelle.

Il y a une certaine difficulté d'application, dans le cas où la présomption légale naît de l'autorité de la chose jugée [3] ; cela a lieu lorsque la faute a revêtu un caractère tel, que, constituant une menace pour la sécurité publique, elle est rentrée dans l'un des cas prévus par la loi pénale (l'homicide par imprudence, par exemple), et a donné lieu à une action publique. Dans une semblable hypothèse, la question se pose de savoir quelle force aura au civil la chose jugée au criminel.

Un point certain est que, si le plaignant s'est porté partie civile dans un procès criminel, le jugement criminel intervenu aura pleine autorité désormais entre les parties pour tout ce qui aura été jugé.

1. C. civ., art. 1353.
2. Cass., 2 juin 1840. Sir., 1840, I, 638.
3. Cf. Bonnier, *op. cit.*, n. 909 et s., p. 749. — Chironi, n. 534, II, p. 424 et s.

Le doute se présente lorsque le plaignant intente son action civile en réparation après un jugement rendu sur l'action publique. Ainsi que la majorité des auteurs l'admettent aujourd'hui, on doit résoudre cette difficulté par l'examen attentif de la mission réciproque des tribunaux de répression et des tribunaux civils, et décider, en s'appuyant sur la base même de l'autorité de la chose jugée, c'est-à-dire sur l'ordre public, qu'il ne doit jamais y avoir contradiction entre les deux espèces de tribunaux, quant aux points qui leur sont communs, mais seulement quant à ces points. C'est en ce sens qu'il faut admettre l'autorité au civil de la chose jugée au criminel, en faisant grande attention à ne pas transporter dans le domaine civil des considérations purement pénales.

Il convient, par conséquent, d'observer que, comme les tribunaux de répression ont pour mission de constater l'existence du fait et son rapport avec l'acte de l'individu, les solutions données sur ce point, en tant qu'elles intéresseront la justice civile, devront avoir vis-à-vis d'elle l'autorité de la chose jugée. Mais sur la question de de savoir si le fait reproché constitue une infraction à la loi pénale, si dans les circonstances données, l'agent doit être ou non regardé comme responsable à ce point de vue, les solutions données par la justice répressive n'intéressant pas la justice civile, cette dernière restera libre de juger à son propre point de vue si le préjudice causé peut, ou non, donner lieu à une réparation. Si donc la justice civile doit tenir compte de ce qui a été jugé au criminel sur les points qu'elle aurait eus à juger elle-même, il faut ajouter qu'il n'en est plus de même pour ce qui est de sa mission propre, et qu'elle pourra ainsi juger qu'il y a responsabilité au point de vue civil là où il n'y en avait pas au point de vue pénal [1].

Ce système paraît conforme à la raison et au texte de la loi : plusieurs articles le supposent et l'appliquent [2]. C'est celui de la jurisprudence [3].

Telle n'est cependant pas l'opinion unanime, en doctrine ; quelques auteurs se sont, en effet, placés à un point de vue tout différent de celui qui a été adopté ici et sans remonter à l'examen de la nature et du but de la justice civile ou criminelle, ils ont cherché à résoudre la question par la simple interprétation du texte de la loi [4]. C'est ce qui les a conduit à des conséquences bien difficiles à admettre. Car si on adopte le système proposé par Merlin [5], on va trop loin en admettant d'une façon absolue l'autorité au civil de la chose jugée au criminel ; et, d'autre part, on arrive à mettre le trouble et le désaccord entre les diverses juridictions si on la nie absolument avec le système proposé par Toullier [6].

1. Aubry et Rau.§ 769 *bis*, note 2, VIII, p. 405. — Larombière, *op. cit.*, sur l'art. 1351, n. 168 et s. V. p. 593. — Marcadé sur le même art. 1351, n. 5 et s. V. p. 192, note 15. — Bonnier, *op. cit.*, *loc. cit.* — Beudant, *Rev. Crit.*, 1864, p. 492.— Demolombe. *Contr.*, VII, n. 410.

2. Cf. C. civ., art. 198. C. Inst. cr., 359.

3. Cf. Cass. 10 janvier 1877, Dall. 1877, I, 197 ; Cass. 28 juill. 1880, I, 223 ; Besançon, 30 décembre 1879, Dall. 1880, II, 207 ; Cass. 27 janvier 1875, Dall. 1877, V, 76 ; Orléans, 4 juillet 1884, Dall. 1886, II, p. 94.

4. C. civ., art. 1351.

5. Merlin, *Quest.*, 6, v° *Faux*, § 6. *Rép.*, v° *Ch. jug.* § 15 ; v° *non bis in id.* n. 15 et 16. On sait que la base du système de Merlin est de considérer le ministère public comme agissant en tant que contradicteur légitime, au nom de la société et par conséquent ainsi de la victime même. — V. dans ce sens Giorgi. *Teoria delle obbligazioni*. V. n. 220, p. 308. — Cf. également; Mangin, *Act. publ.*, II, n. 415 et s. — Dalloz, *Rép.*, v° *Chose jugée*, n. 544 et s., 531 et s. — Valette sur Proudhon, *Tr. des pers.*, II, p. 106, note 2.

6. Toullier, VIII, 30 et s., X, 240 et s.— F. Hélie. *Instr. cr.*, II, p. 734.

SECTION II

Manquement aux obligations légales particuliéres.

Ayant envisagé la faute relative à l'obligation légale générale de ne léser personne, il convient maintenant d'étudier le manquement à certaines obligations légales particulières à quelques-uns et non plus communes à tous : c'est ainsi que certaines personnes doivent veiller sur la conduite de certaines autres qui leur sont subordonnées, qu'en second lieu certaines personnes se trouvent indépendamment de tout contrat ou quasi-contrat avoir à gérer la fortune d'autrui.

A. — CHAPITRE I.

DE LA FAUTE RELATIVE A L'OBLIGATION DE SURVEILLER ET DE LA RESPONSABILITÉ QUI EN RÉSULTE.

§ 1. Développement du droit relatif à la responsabilité civile. — § 2. Droit moderne. Systèmes divers. Théorie proposée.

On a vu dans la partie générale de ce livre que lorsqu'un rapport de droit existait entre deux ou plusieurs personnes, créant entre elles un rapport de supériorité et soumission, il se pouvait que le supérieur répondît du méfait commis par son subordonné, à raison de la négligence qu'il a mise à le surveiller. On a appelé cette responsabilité, *responsabilité pour faits d'autrui* ou encore *responsabilité civile*, parce que l'action dont elle est la base est généralement une action civile, par opposition à une action pénale.

Comme il est loin d'être universellement reconnu que la seule base de cette responsabilité est un manquement à une obligation et particulièrement à l'obligation de surveiller, il semble utile, pour résoudre les difficultés qui peuvent se présenter, de connaître quel a été ici le développement du droit.

§ 1. — *Développement du droit relatif à la responsabilité pour faits d'autrui.*

Dans le droit romain, la responsabilité pour faits d'autrui, ayant comme base une faute du supérieur, fut et resta, sauf quelques exceptions, un point de vue inconnu. Le système juridique romain était, en ce qui concerne les méfaits commis par les subordonnés, celui des actions noxales, par lesquelles le supérieur (père de famille ou maître), était tenu de réparer le préjudice causé ou d'abandonner en noxe le subordonné (enfant ou esclave).

Jusqu'au commencement de ce siècle, il est vrai, les juristes [1] ne tenant compte que des données rationnelles, et se préoccupant peu du développement historique, donnaient comme base à l'action noxale une faute du maî-

---

1. Cf. Fabre. *Rationalia. Ad tit. Dig. Si quadrup.* 1, 2. — Glück, X, p. 289 et s. — Thibaut. *Versuch. üb einz. Theile der Theorie de R.*, III, p. 197 et s. (1817). — Hasse, *op. cit.*, p. 18 et s.

tre; en 1818, Zimmern[1] démontra qu'il en avait été tout autrement.

Aujourd'hui[2], malgré bien des divergences[3], on admet généralement que la base de cette action fut l'exercice du droit de vengeance, ainsi qu'on le retrouve dans d'autres législations anciennes : droit de vengeance qui fut peu à peu limité par l'institution de compensations, d'abord volontaires, plus tard légales[4]. Quand un esclave avait commis quelque méfait, la victime pouvait se venger sur lui; puis peu à peu les maîtres cherchèrent à indemniser la victime, pour reprendre leur esclave, tout en gardant la faculté de les abandonner en noxe s'ils préféraient ne pas les racheter ainsi.

Si tel est en principe le système romain, il faut cependant remarquer que la notion d'une véritable responsabilité du supérieur, basée sur une faute, se fit jour au moins sous l'Empire dans quelques cas exceptionnels. On en a une preuve dans l'action *in solidum* donnée contre le maître complice, ou contre les publicains pour le dommage causé par leurs esclaves « *quia debent bonos servos ad hoc ministerium eligere*[5] » ; ou en-

1. Zimmern. *Das system der romischen Noxalklagen*, Heidelberg, 1818. Cf. p. 21 et s.

2. Cf. Girard, *Nouv. rev. historique*, 1888, p. 37.

3. C'est ainsi que d'après Zimmern, *op. cit.*, p. 36, le maître ou le père, dans l'action noxale ne ferait que représenter son esclave ou son fils incapables d'ester en justice. Cf. dans ce sens : Vangerow, *Lehrb. der Pandekt.*, III, p. 597. — A. von Brinz, *Krit. Viert.-jahr. z. schr.*, 1873, p. 18, et les auteurs cités par Girard, *loc. cit.*

4. Girard, *loc. cit.* — Cf. Dirksen, *Civilist. Abhandl.*, I, p. 104. — Von Ihering, *Geist d. r. R.*, I., pp. 132, 138, 176 ; — et *De la faute en droit privé*, p. 14. — Von Wyss, *Haftung für fremde Culpa*, p. 22. — Holmes, *op. cit.*, p. 5 et 10.

5. Ulpien, lib. 55, *ad Ed.* (Dig. l. 3 pr. 39, 4, *De public. et vectig.* — et l. 1 pr., *eod. tit.*)

core dans l'action utile donnée contre l'armateur pour les dommages causés par les matelots, par ce motif que « *culpâ et dolo carere eos curare debet*[1]. » Mais si ces quelques mots d'Ulpien montrent bien la notion de la faute et de la vraie responsabilité, la persistance simultanée de l'abandon noxal en fait ressortir le caractère exceptionnel, et jamais le droit romain n'eut « la pensée de mettre un principe à la place de l'autre [2]. »

Ce système, d'après lequel c'est au corps même qui a causé le dommage que la victime s'attache, fut d'ailleurs celui de la législation des Hébreux [3], des Grecs [4], ou encore des peuples primitifs de l'Asie [5] ; mais ce qu'il importe de constater, c'est que, cette obligation du maître de réparer le dommage causé par son subordonné se retrouve presqu'universellement [6], que parfois même la notion de la faute en est la base [7].

---

1. Ulpien, lib. 28, *ad Ed.* (Dig. 1. 1 § 2, 14, 1, *De exercit. act.*) ; lib. 18, *ad Ed.* (1. 7 § 4. Dig. 4, 9. *Mantæ. caupones...*)

2. Girard, *loc. cit.*

3. Exode, XXI, 28.

4. Plutarque, *Solon*, 49, 9, 15, 14, 12.

5. Cf. Tylor, *Primitive culture*, p. 286, (édition améric.)

6. Cf. Lex salic. cap. 36. — Lex Burg. c. 18. — Lex Libuar. cap. 46. (Voir Wilda, *Strafrecht der Germanen*, 660, no. 1). — Lex Angliorum et Werinorum. XVI. « Omne damnum quod servus facit, dominus emendet. » — Kentish laws, Hlothœre et Eadric (en 680), c. 3, c. 74, c. 24, c. 13. (Thorpe. *Anc. laws*. I, pp. 27 et 29, 118 et 139, 79, 71).

7. Laws of K. Inc., c. 42. (Thorpe, *op. cit.*, p. 129 et 45) « because, it was found that this (le maître) was for default of guarding them » (responsabilité du maître pour des bêtes qui ont franchi une clôture). — Cpr. Beaumanoir, *Coustumes de Beauvoisis*, XXX, p. 154 (édit. de Th. de la Thaumassière, Paris, 1690) : « ... car le negligence d'aucun ou la mauvese garde ne sescuse pas contre autrui damage. »

§ 2. — *Droit moderne.*

Dans le droit moderne, le principe primitif du droit de
vengeance est considérablement obscurci ; ce n'est pas
au corps même qui a causé le dommage que s'en prend
la victime, c'est à celui qui en est le gardien et qui non
seulement ne peut l'abandonner en noxe, mais qui, en
principe, est tenu comme de son propre fait et sur tous
ses biens [1]. Si le maître doit réparer le dommage que son
subordonné ou sa chose ont causé, c'est en raison du
rapport de droit qui existe entre lui et eux.

Une autre difficulté reste pourtant à écarter, car il faut
rechercher d'où vient cette obligation du maître : dans
l'ancien droit, le maître était tenu d'abandonner, mais il
avait la faculté de réparer le méfait et d'en garder l'auteur ; dans le droit moderne, au contraire, le maître est
toujours obligé de réparer, il n'a pas en principe la faculté
d'abandon : il faut voir pourquoi, car de nombreuses
théories ont cherché par des voies diverses à l'expliquer.

1º *Théorie de l'imputation* [2]. — D'après une première
théorie, on considère l'acte du subordonné comme étant
par fiction réputé être celui du maître lui-même : le subordonné est assimilé à une machine que le supérieur
met en mouvement. Si le premier commet un dommage,
le second en est responsable ; « *qui facit per alium, facit
per se,* » on impute au supérieur l'acte du subordonné.

On remarquera en premier lieu que ce système n'est

1. On verra plus loin la raison de l'exception apportée à ce principe en droit maritime par l'article 216 du C. co. relatif à l'abandon du navire et du fret.

2. Wharton, *op. cit.*, § 157.

applicable qu'au rapport de préposant à préposé, et qu'il est donc impuissant à expliquer la responsabilité du père pour les actes de ses enfants ou celle du propriétaire pour les faits de ses animaux.

De plus, il semble contraire à la façon dont, au moins, la loi pénale est codifiée. En effet, supposons que A, incite B à voler : si A est condamné c'est comme complice d'un vol et pour avoir manqué au devoir d'après lequel il ne faut pas conseiller de voler ; la loi pénale punit le vol et la provocation au vol[1]. Si, au contraire, on appliquait rigoureusement la théorie de l'imputation, on devrait seulement condamner A comme voleur, puisqu'il est, en somme, l'auteur de l'acte, B n'étant que son préposé : il n'eut pas été nécessaire que la loi s'occupât de la provocation au vol[2].

2° *Théorie du cautionnement légal et forcé*[3]. — D'après cette théorie, la responsabilité civile du supérieur « n'est pas autre chose qu'un cautionnement légal et forcé[4]. » Elle n'est, dit-on, que le cautionnement indéfini par lequel la personne civilement responsable est tenue de réparer le dommage causé par le fait de celui dont elle répond « l'obligation de l'un doit toujours cadrer, comme engagement accessoire, avec l'obligation principale de l'autre[5]. »

Les conséquences qui résultent de ce système, et la différence entre le cautionnement et la responsabilité

---

1. C. Pén., art. 60.
2. Terry, *Some leading pples. of anglo-am. law*, § 88.
3. Pothier, *Tr. des oblig.*, n. 453 et s. — Toullier, XI, 271, p. 224. — Larombière, sur l'art. 1384, n. 35, VII, p. 638.
4. Toullier, *loc. cit.*
5. Larombière, *loc. cit.*

conduisent cependant à écarter l'assimilation proposée.

Si on admettait, en effet, que la responsabilité civile du supérieur pour les actes de son subordonné n'est qu'un cautionnement légal, il en résulterait en premier lieu que, pour que le supérieur fût obligé, le subordonné devrait l'être, puisque l'obligation de la caution n'existe que si l'obligation principale existe elle-même.

D'où cette conséquence, à l'égard du père, que, si l'enfant, par suite de son manque de discernement ou de son bas âge, n'a pu avoir conscience de son acte, et par suite n'a pas pu s'obliger, le père n'est pas obligé davantage[1]. Or, il est permis de faire observer : 1° que cette distinction entre le discernement et le non-discernement de l'enfant, ne se trouve pas dans la loi, au regard de la responsabilité du père ; 2° que l'on se contredit, lorsqu'on ajoute[2] que le cautionnement est ici « une garantie que la loi exige pour rendre le père plus attentif à veiller sur la conduite et les actions de ses enfants », car, s'il en est ainsi, peu importe le discernement de ces derniers, ce qui importe, c'est l'attention à veiller sur eux ; » 3° on remarquera de plus que le devoir de surveillance ; corollaire difficilement contestable du droit de puissance paternelle[3], est d'autant plus rigoureux que l'enfant est plus jeune : avec le système proposé, ce serait précisément alors que ce devoir resterait sans sanction ; or, c'est parce que l'enfant ne peut le plus souvent répondre de ses actes que la loi déclare que le père en répondra pour lui[4] ; 4° la théorie proposée soutient que le père

1. V. dans ce sens : Toullier, XI, n. 270, p. 224.
2. Toullier, *loc. cit.*
3. Argument. C. civ., art. 371.
4. C civ., art. 1384.

ne serait plus excusable si l'acte inconscient de l'enfant avait été précédé d'une faute propre à lui-même [1] : mais c'est encore se contredire, car on reconnaît par là que c'est de sa propre faute et non de celle de l'enfant que le père répond ; 5° enfin, si on admet que le père, pour se libérer, peut prouver le non discernement de l'enfant [2], on va contre la disposition même de la loi [3], qui ne décharge les père et mère qu'autant qu'ils prouvent qu'ils n'ont pu empêcher le fait dommageable.

Une autre conséquence résulterait de l'admission de la théorie du cautionnement, en supposant même que l'auteur du dommage eût pu valablement s'obliger. Si, en effet, la victime avait porté sa demande séparément contre ce dernier, devant les tribunaux criminels ou civils, et si elle avait obtenu gain de cause devant les tribunaux criminels, les juges civils, saisis postérieurement de la demande formée contre le supérieur, civilement responsable, seraient liés par l'évaluation du dommage faite par le précédent tribunal [4]. Or, pour que l'article 1384 soit applicable, il faut qu'il soit légalement prouvé contre la personne civilement responsable, qu'il y a eu dommage causé par le subordonné dans les conditions requises à cet effet ; et d'un jugement rendu contre un tiers on ne saurait faire résulter une preuve légale ; il ne semble donc pas exact de regarder la personne civilement responsable comme liée par le premier jugement [5].

---

1. Toullier, *loc. cit.*
2. Toullier, *ibid*, n. 272.
3. C. civ., art. 1384, *in fine*.
4. Voir dans ce sens: Larombière. VIII, p. 637.
5. Sourdat. n. 797, II, p. 45.

C'est ce qu'a reconnu la Cour de Paris dans un arrêt déjà ancien [1].

Si l'on poussait enfin jusqu'au bout la théorie du cautionnement, il faudrait reconnaître l'exercice du bénéfice de discussion [2] au profit de la personne civilement responsable ; or, il est admis par tous que ce bénéfice n'est pas applicable à la responsabilité civile [3].

L'inexactitude de ces conséquences permettrait peut-être ainsi le rejet de la théorie proposée, si le caractère même du cautionnement n'y suffisait déjà. On a vu, en effet, précédemment, qu'en principe on ne peut être tenu par les faits d'autrui, à moins qu'on ne s'y soit personnellement engagé par une convention : l'obligation dont est tenue la caution est une application de cette restriction ; aussi est-il de son caractère essentiel d'être toujours limité par le principe lui-même. C'est de là que résulte la nécessité d'une convention pour que le cautionnement prenne naissance ; la loi reconnaît qu'il ne se présume pas [4] et que la caution n'est engagée que dans les limites fixées à l'avance [5]. Or, on ne trouve aucun de ces caractères dans la responsabilité civile, car elle n'est pas le fruit d'un contrat, elle est en principe illimitée, enfin la personne civilement responsable peut être tenue à une réparation plus forte que l'auteur même du fait qui, lui, peut n'être tenu à rien du tout.

3° *Théorie de la faute présumée* [6]. — Si les deux théo-

1. Paris, 15 mai 1851. Sir., 1851, II, 359.
2. Cf. C. civ., art. 2021.
3. Pothier, *Tr. des oblig.*, n. 453. — Toullier, *loc. cit.* — Larombière, *loc. cit.* — Sourdat, n. 759, II, p. 9.
4. C. civ., art. 2015.
5. C. civ., art. 2013.
6. V. dans ce sens : Sourdat, n. 751, II, pp. 3 et 4. — Baudry-

ries précédentes n'ont pu être admises, c'est que la base
de la responsabilité spéciale qui nous occupe n'a pas été
cherchée dans le seul fait qui peut donner lieu à une responsabilité, c'est-à-dire dans une faute [1]. Quel que soit
le moyen de preuve de la faute, preuve directe ou présomption légale, c'est en elle que réside le fondement de
toute responsabilité. Aussi doit-on, semble-t-il, expliquer la responsabilité civile en regardant les méfaits du
subordonné comme les conséquences d'une faute propre
du supérieur, relativement au devoir de surveillance qui
lui incombe. Comme l'existence de cette obligation n'est
contestée par personne, il paraît tout naturel de faire résulter de la faute qui lui est relative la responsabilité de
celui qui la commet.

Cette solution est conforme à la raison, aux principes généraux posés précédemment et notamment à celui de la personnalité des fautes. D'ailleurs, il semble
bien que ce soit là le système du Code civil, car si la
faute du supérieur est le fondement de sa responsabilité,
il est juste qu'il soit libéré s'il n'a pas pu empêcher le fait
dommageable ; or, c'est ce que, en principe, la loi lui
permet de prouver [2].

S'il est vrai, en effet, que la faute est présumée, d'une
part cette présomption s'explique par les difficultés que
rencontrerait la preuve directe, et par l'intérêt général
en vue duquel l'obligation est imposée par la loi [3], et,

Lacantinerie, *Préc de droit civil*, II, p. 921, n. 1351. — Marcadé,
sur 1384, n. 1. — Aubry et Rau, IV. § 446. — Colmet de Santerre,
V. 365. — Thompson, *Neglig.*, I, 884, note. — Terry, *op. cit.*, § 87.

1. Cf. plus haut, p. 28.
2. C. civ., art. 1384-5°.
3. Cf. Bonnier, *Tr. des preuves*, n. 836, p. 673. — Greenleaf, *Law
of Evid.*, I. p. 41.

d'autre part, elle n'est pas absolue, elle admet la preuve adverse. Il eût été, en effet, contraire au droit qu'on nous rendît responsables de faits qui ne nous sont pas imputables.

Une exception à la faculté de la preuve contraire semble cependant être faite à l'égard des maîtres et des commettants, à qui cette possibilité n'est pas réservée ; mais on verra plus loin que cela s'explique autrement, car ces personnes non-seulement sont astreintes à l'obligation de surveiller leurs subordonnés, mais encore doivent exercer une certaine diligence dans le choix qu'elles font de ces derniers. C'est pourquoi la loi ne les considère pas comme libérées lorsqu'elles prouvent qu'elles n'ont pu empêcher le dommage, car elles restent encore responsables d'avoir mal choisi leurs subordonnés ou leurs préposés, c'est-à-dire responsables de leur *culpa in eligendo*.

CHAPITRE II.

Sachant que la responsabilité civile a pour fondement une faute relative à une obligation personnelle, il faut rechercher maintenant à quelles personnes une semblable obligation incombe.

On trouve en premier lieu que les parents y sont soumis ; ils doivent veiller sur la conduite de leurs enfants mineurs. Si l'enfant mineur commet un méfait, le père est présumé ne pas l'avoir surveillé, et en est rendu responsable [1] ; il n'y pas ici à distinguer selon que le père est légitime ou naturel [2]. Après le décès du père. pendant son absence déclarée ou présumée [4], pendant

1. C. civ., art. 1384-2o.
2. Aubry et Rau, IV, § 447.
3. C. civ., art. 1384-2o.
4. C. civ., art. 141. — Cf. Marcadé, sur l'art. 1384, n. 2. — Larombière, *id.*, n. 3. — Aubry et Rau, *loc. cit.*, note 1. — Sur le cas de voyage du mari, Cf. Toullier, XI, 279, 281. — Larombière, sur l'art. 1384, n. 3 (VII, p. 597). — *Contrà*, Aubry et Rau, *loc. cit.*

son interdiction légale ou judiciaire [1], l'obligation et la responsabilité passent à la mère, en cas de séparation de corps ou de divorce, à la personne qui est constituée gardienne.

Cette obligation de surveillance cesse toutes les fois que, sans qu'il puisse y avoir rien à reprocher aux parents, ces derniers se trouvent dans l'impossibilité de la remplir ; il en est ainsi notamment au cas où l'enfant a été mis dans un internat [2], ou est entré au service militaire, ou a été émancipé, soit expressément [3], soit tacitement, par le mariage [4].

La loi permet d'ailleurs, ainsi qu'on la vu, aux parents de se libérer en prouvant l'impossibilité où ils ont été d'empêcher le fait dommageable ; mais il faudra toujours, pour les excuser, qu'on ne puisse rattacher la conduite de l'enfant à aucune négligence de leur part, soit dans l'éducation soit dans la surveillance.

Le devoir de surveillance qui incombe aux parents incombe également aux tuteurs ou aux curateurs ; ils doivent par conséquent répondre comme eux des suites de leur négligence à cet égard [5]. Mais comme la loi ne

1. Voir les autorités citées à la note précédente.

2. Aubry et Rau, *loc. cit.*, texte et note 6. — Larombière, *loc. cit.*, n° 4.

3. A moins que l'enfant émancipé continue à résider avec ses parents, et reste ainsi placé sous leur autorité morale, ou que les parents l'aient émancipé dans le but de s'affranchir de l'obligation et de la responsabilité que la loi leur impose. — Aubry et Rau, *loc. cit.*, texte et note 4. — *Contrà*, Toullier, *loc. cit.*

4. Aubry et Rau, *loc. cit.*, texte et note 3.

5. Cf. loi du 28 septembre-6 octobre 1791 (*Code rural*), II, art. 7. — Décret du 15 novembre 1811 *Sur le régime de l'Université*, art. 79. — C. Forest., art. 206. — Loi du 15 avril 1829 *Sur la pêche fluviale*, art. 74. — Loi du 3 mai 1844 *Sur la police de la chasse*,

les nomme pas parmi les personnes sur lesquels elle fait
peser une présomption de faute [1], il ne paraît pas juste de
leur étendre une telle présomption ; c'est donc au demandeur en indemnité à faire la preuve de leur négligence.

Il en est cependant autrement lorsque la loi s'est ex-
primée formellement à leur égard, comme en matière
rurale [2], forestière [3], de pêche fluviale [4] ou de chasse [5].

Mais il faut décider que la responsabilité civile ne
peut incomber au mari à raison des méfaits commis par
sa femme [6]. Il y a bien une autorité légale établie sur
cette dernière au profit du mari ; mais son objet est particulier : elle est établie bien plutôt pour régler les
rapports des époux entre eux que leurs rapports vis-à-vis
des tiers [7]. Aussi est-ce avec raison que la loi ne regarde
pas le mari comme tenu à l'égard des tiers de l'obligation
de surveiller la conduite de sa femme et que, par conséquent, elle ne le range pas parmi les personnes civilement
responsables de la conduite d'autrui. Il semble d'ailleurs
que ce fut déjà la solution admise dans le dernier état de
l'ancienne jurisprudence française [8].

art. 28. — Pothier, *Oblig.*, n. 121. — Aubry et Rau, *loc. cit.*,
texte et note 11. — Larombière, VII, p. 599. — Sourdat, n. 843,
p. 90. — Voir dans un sens opposé, Laurent, XX, n. 555.

1. Cf. Demolombe, XXXI, n. 588.
2. Cf. loi 28 sept., 6 oct. 1791, II, art. 7.
3. Cf. C. Forest, art. 206.
4. Cf. loi sur la pêche fluv. du 15 avril 1829, art. 74.
5. Cf. loi sur la chasse du 3 mai 1844, art. 28.
6. Sourdat, n. 847, II, p. 93 et s. — Larombière, VII, p. 600.
— Demolombe, *loc. cit.*, n. 598. — *Contrà* : Delvincourt, III, 454.
7. Sourdat, *loc. cit.*, p. 94
8. Cf. Denisart, *op. cit.*, vº Communauté, § 9, n. 16 et 17. D'a-
près Beaumanoir cette responsabilité civile existait dans l'ancien
droit français au XIIIᵉ siècle : « Se la fame dun houme fet le res-
cousse... li Hons respont dou Meffet, car il doit avoir tele fame...
quil ne facent pas tele vilenie au Seigneur. » (ch. XXXI, p. 153).

Alors même que la victime prouverait que le mari a connu l'acte de la femme et son dessein de le commettre, qu'il avait alors la possibilité de l'empêcher et ne l'a pas fait, il ne faudrait pas néanmoins le regarder, avec Pothier [1], comme responsable, car si, en raison, il a commis une faute, en droit il n'en a pas commis : aucune obligation formelle ne lui commandait d'agir et l'on a vu plus haut qu'il n'y a une faute d'omission qu'en présence d'un devoir exprès [2].

Il convient cependant de mentionner que dans certains cas un tel devoir incombe au mari ; c'est notamment ce qui a lieu en matière rurale [3], forestière [4], ou de pêche fluviale [5].

§ 2. — *Responsabilité civile des instituteurs et artisans.*

D'autres personnes que les parents ou tuteurs sont astreints à l'obligation de surveiller la conduite des enfants, ce sont les instituteurs et les artisans à l'égard de leurs élèves ou apprentis. Cette obligation qui naît de la charge qu'ils ont assumée de les instruire, n'a lieu que si l'enfant habite chez eux et que si leurs relations avec lui offrent un certain caractère de permanence.

D'ailleurs il n'y a guère qu'à leur appliquer ce qui a été dit pour les parents.

---

1. Pothier, *Oblig.*, n. 454. — *Sic*, Sourdat. n. 851, II, p. 97.
2. Voir dans ce sens : Aubry et Rau, § 447, IV, p. 567.
3. Loi 28 sept., 6 oct. 1791, *loc. cit.*, art. 7.
4. C. for., art. 206.
5. Loi sur la pêche fluv. du 15 avril 1829, art. 74. — Cf. sur la pêche cotière la loi du 9 janvier 1852, art. 12.

§ 3. *Responsabilité civile du commettant.*

L'obligation de surveillance, imposée par la loi, résulte encore du fait de commettre une personne à une fonction qu'elle exerce en notre nom : dans ce cas, le commettant doit veiller sur la conduite de son préposé dans l'affaire dont il le charge, et si, dans l'exercice de ses fonctions, ce dernier commet quelque dommage, lui, commettant, est présumé avoir manqué à son obligation de surveillance.

Il convient de remarquer, ainsi qu'on a déjà eu l'occasion de le faire précédemment, qu'à l'obligation de surveillance vient s'ajouter celle de faire un bon choix de son préposé. Il en résulte qu'il n'est pas seulement responsable civilement à raison d'une faute de surveillance « *culpa in vigilando* », mais encore à raison d'une faute de choix « *culpa in eligendo* ». Aussi ne peut-il se libérer de sa responsabilité en prouvant qu'il n'a pu empêcher le fait dommageable, car s'il peut excuser ainsi sa faute *in vigilando*, il n'en reste pas moins tenu de sa faute *in eligendo* [1].

Il importe peu d'ailleurs que la relation de supérieur à subordonné soit la conséquence d'un mandat, d'un louage de services ou de tout autre rapport de droit ; il faut et il suffit que l'acte qui a causé le dommage ait été commis par lui dans l'exercice ou à l'occasion de l'exercice de la fonction dont il est chargé [2].

C'est ainsi notamment que le mandant est responsable

---

1. C. civ., art. 1384-5°.
2. Cass., 3 mars 1884. Dall., 1885, I, 63.

de la conduite de son mandataire, le maître de celle de ses serviteurs, les conservateurs des registres des hypothèques de celle de leurs commis, les avoués, notaires, huissiers, agents de change de celle de leurs clercs, les propriétaires de navires de la conduite des gens de mer au service de leurs navires, les préposants de la conduite de leurs préposés, les patrons de la conduite de leurs employés, agents, commis, ou ouvriers.

La règle « *respondeat superior* » s'applique, dans toutes ces hypothèses, sans qu'il y ait lieu de distinguer selon que le dommage a été causé à un tiers ou à un autre préposé du même maître dans un travail commun[1].

Il importe peu également que le maître soit une personne physique ou une personne morale[2], qu'il ait un caractère public ou un caractère privé.

C'est ainsi que les sociétés de commerce, les compagnies de chemins de fer, les administrations diverses sont responsables de la conduite de leurs préposés, employés ou serviteurs dans l'exercice de leurs fonctions.

Il en est de même de l'Etat et de ses divers ministères ou régies : en droit il devrait être traité d'après la règle commune[3], mais en fait il n'en est rien. En France, en

---

1. Cf. Aubry et Rau, § 447, IV, p. 760. — Larombière, art. 1384, n. 9. — Sourdat, II, 911.

2. Dans quelques codes étrangers cela est dit expressément. — Cf. C. féd. suisse des oblig., art. 62. Mais le silence de la loi française ne saurait permettre un doute sur ce point. — Cf. Chironi, *Colpa extra-contratt.*, n. 231, I, p. 353. — Douai, 14 mars 1879. Dall.. 1880, II, 43. — Alger, 29 mai 1879. Dall., 1881, II, 63.

3. V. dans ce sens : Aubry et Rau, § 447, texte et note 16. — Meucci, *Istit. di Diritto amministrativo*, I, p. 320 et s., 346 et s. — Windscheid, § 470 et § 765. — Stobbe, *Handbuch des deutsch. Privatr.*, III, 399. — Dernburg, *Preuss. Privatr.*, I, § 53, adop-

effet, on sait que le tribunal des conflits[1] a mis jusqu'ici l'État hors des dispositions de l'article 1384 du Code civil, en laissant à l'administration la faculté de se reconnaître elle-même responsable ou non du fait de ses employés.

Il est hors du cadre de ce livre d'entrer dans l'analyse minutieuse du caractère de l'État, de sa nature propre, double ou simple, afin de déterminer par là de quelle responsabilité il est susceptible[2]. Il suffira de signaler que la jurisprudence administrative signalée ci-dessus est soutenue en France[3] et à l'étranger[4] par une partie de la doctrine, que des décisions semblables ont été rendues chez nos voisins[5], qu'enfin un système analogue a été expressément consacré dans quelques constitutions modernes[6].

Il convient, du reste, de remarquer que sur certains points spéciaux, la responsabilité civile de l'État a été fixée par des lois particulières : c'est ce qui a lieu no-

tent la même solution mais en faisant l'application d'une théorie précédemment écartée, celle de l'imputation « *qui facit per alium, facit per se.*»

1. Trib. des conflits : 8 fév. 1873. Dall., 1873, III, 20 ; — 17 janvier 1874. Dall., 1875, III, 2 ; — 20 mai 1882. Dall., 1883, III, 115. — Cf. Cons. d'État, 5 mars 1880. Sir., 1881, III, 64.

2. Cf. Chironi, *Colpa contratt.* cap. IX, n. 210 et s., p. 207 et s. ; *Colpa extra-conttr.* capit., VII, n. 233 et s., t. I, p. 354, et tome II, pp. 1 à 24.

3. Cf. Larombière, art. 1384, n. 15.

4. Cf. les auteurs cités et critiqués par Chironi, *loc. cit.*

5. Cass. Rome, 27 juin 1883, *Foro ital.*, X, I, 852 (cité par Chironi, *loc. cit.*). — Trib. féd. Suisse, 25 mars 1882. *J. du Pal.*, 1883, II, 67.

6. Dans la République Argentine, Cf. Constit. de la province de Cordoba, art. 40 ; — id. de la province de Entre-Rios, art. 43 : — *id.* de la province de Santiago del Estero, art. 44.

tamment en matière de douanes [1], de contributions in-
directes [2], de rentes sur l'Etat [3], ou en ce qui concerne le
service des postes et télégraphes [4], la surveillance de l'exploitation des services maritimes [5] ou des voies ferrées [6].

Mais il faut, d'autre part, mentionner qu'en ce qui
touche l'administration de la justice, l'Etat n'est pas considéré, en France, comme responsable des poursuites
erronées exercées par ses magistrats, ni obligé à des
dommages-intérêts vis-à-vis des personnes faussement
prévenues ou accusées d'avoir commis une infraction à
la loi pénale, quel que soit le dommage qu'elles en aient
pu éprouver. Un semblable système ne paraît guère, cependant, conforme à l'équité. La prise à partie existe, il
est vrai ; mais elle est, et avec raison, soumise à une
autorisation difficile à obtenir et à des risques d'amende
facilement encourus [7]. Depuis longtemps en France [8], on
réclame, d'une part, la responsabilité de l'Etat ; un pro-

---

1. Loi sur les douanes des 6-22 août 1791, XIII, art. 19. — Cf.
également loi du 9 flor. an VII, IV, art. 16 — en cas de saisie il-
légale — Cass., 15 juin 1872. Dall., 1872, I, 205. — Cass., 14
août 1877. Sir., 1878, I, 109.

2. Décret du 1er germinal an XIII, art. 29, sur le cas de saisie.

3. Trib. Seine, 20 juin 1833.

4. Loi du 24 juill. 1793, art. 28 ; L. du 6 messidor an IV ; *id.*
du 5 nivôse an XI ; *id.* du 4 juin 1859 ; *id.* du 25 juin 1873 pour
les objets recommandés.

5. Loi du 16 juill. 1840.

6. Loi du 15 juill. 1845, art. 22-2°, sur la police des chemins
de fer.

7. Cf. C. proc. civ., art. 510 et s. — Décret du 19 sept. 1870,
abrogeant l'art. 75 de la constitution de l'an VIII.

8. Cf. Voltaire, *Siècle de Louis XIV*, ch. 41. — Merlin, *Rép.*, v°
Rép. civ., § 4. — Cf. sur ce sujet, Giacobbi, *Note sur la réparation
des erreurs judiciaires (Bull. lég. comp.,* 1890, p. 614).

jet[1] a été déposé, d'autre part, sur la responsabilité
même du magistrat. Il suffira de mentionner qu'en Angleterre[2] la législation est plus large et que dans plusieurs pays un mouvement s'est déjà produit dans ce
sens, notamment en Suisse[3], en Suède[4], en Portugal[5],
en Danemark[6].

La même responsabilité civile pèse encore sur les départements et les communes[7], qui sont spécialement obli-
gés par les actes de leurs agents agissant en tant que
leurs préposés[8].

Les communes sont également responsables du manquement au devoir de surveillance et de police qui leur
incombe à l'égard de tous, et tenues par là de réparer les
dommages causés sur leur territoire[9] par des émeutes,
sauf à elles à prouver qu'elles ont tout fait[10] pour pré-

1. Ch. des dép., séance du 19 nov. 1889, *J. off.* — Cf. *ibid.*,
1889. Ch. Doc. parl. Annexe 24.

2. On verra des exemples d'action en réparation pour « *mali-
cious prosecution* » dans T. Raymond (ses reports sont de 1660 à
1682), I, p. 549; II, p. 225. — Cf. au surplus Stephen, *op. cit.*,
III, p. 406.

3. Cf. *Gaz. des Trib.*, 8 novembre 1864. — Loi du 4 janvier
1886 (St-Gall).

4. Loi 12 mars 1886 (*Ann. lég. étrang.*, 1887, p. 521).

5. Congrès juridique de Lisbonne, 5e quest. résolue (17e du
programme). — *Bull. lég. comp.*, 1889, p. 730.

6. Loi du 5 avril 1888 (*Ann. lég. étrang.*, 1889, p. 752).

7. Décret en Cons. d'Et. du 7 mai 1863. Sir., 1864, II, 56.

8. Cass., 19 avril 1836. Sir., 1837, I, 163, pour les maires. —
Cf. C. forest., art. 72, pour les gardiens et bergers des troupeaux
communs. — Cass., 16 mars 1881. Dall., 1881, I, 194, pour les
agents de la police municipale. — Cass., 3 nov. 1885. Sir., 1886,
I, 249, pour les architectes ou inspecteurs des villes.

9. Loi 5 avril 1884, art. 106 et 107 (abrogeant la loi du 10 ven-
démiaire an X).

10. Loi du 5 avril 1884, art. 108.

venir les désordres, ou que la municipalité n'avait pas la disposition de la force armée ou de la police, ou que les dommages sont le résultat d'un fait de guerre.

§ 4. *Responsabilité civile de certains surveillants.*

Une obligation particulière de surveillance existe enfin à la charge de certaines personnes, à raison de leur profession, et la responsabilité qui en résulte peut les rendre tenus de réparer des dommages causés par autrui et qu'ils eussent dû empêcher.

Tels sont les dépositaires des registres de l'Etat civil, responsables des altérations survenues dans ces registres[1].

Tels sont les aubergistes et hôteliers, pour les dommages causés par leurs hôtes de plus de 24 heures, qu'ils n'ont pas inscrits sur leurs registres[2].

Tels sont encore les gardes champêtres[3] pour les dommages commis aux champs, lorsqu'ils n'en ont pas fait le rapport dans les 24 heures.

Il ne sera pas, enfin, inutile de mentionner ici la jurisprudence française qui s'était formée sous l'empire de l'ancienne législation sur les sociétés[4], et d'après laquelle les membres du conseil de surveillance dans les sociétés de commerce, étaient tenus comme responsables civilement des méfaits commis par le gérant[5].

---

1. C. civ., art. 51.
2. C. pén., art. 73.
3. Loi 28 sept., 6 oct. 1791, 1, VII, art. 7.
4. Loi du 17 juillet 1856 (abrogée en 1867).
5. Cf. Cass., 28 déc. 1861, et Paris, 29 août 1861. Dall., 1862, I, 48. — Cass., 2 avril 1859. Dall., 1859, I, 137. — Douai, 21 avril 1862, et Cass., 28 juin 1862. Dall., 1862, I, 305.

Il n'y a plus à discuter cette solution, depuis la loi du 24 juillet 1867 sur les sociétés, dont l'article 15 (*in fine*) a tranché la question en sens inverse.

§ 5. *Responsabilité civile du propriétaire ou de l'usager d'un animal.*

Le propriétaire ou l'usager d'un animal est particulièrement astreint à le garder avec soin : la responsabilité qui en découle se distingue de la responsabilité ordinaire en ce que le dommage à réparer n'est pas immédiatement causé par son fait, mais n'est qu'une conséquence nécessaire d'une faute relative à l'obligation de surveiller.

Le caractère de cette responsabilité s'éclaire, d'ailleurs, singulièrement par le développement du droit sur ce sujet. Il est inutile de revenir ici sur ce qui a été dit précédemment au sujet de l'abandon noxal du droit ancien. Il suffira de rappeler le soin avec lequel, d'après les législations primitives, la victime s'attaque à l'objet même qui lui a causé un dommage, afin de se venger sur lui. Ce qu'il importe surtout de constater ici c'est l'importance particulière que prenait alors pour la cause du préjudice, le fait d'être en mouvement.

On le constate dans l'ancien droit anglais[1] : « *Omne*

---

1. On peut en voir particulièrement un exemple dans les *Year Books* du temps d'Edward I. Un des juges de cette époque, Henry Spirgurnel, donne comme maxime que lorsqu'un homme est tué par une voiture, ou par la ruine d'une maison, ou par toute autre manière si l'objet en mouvement est la cause de la mort, il doit être « *deodand.* » Cf. *Year Books*, 30 et 31, Edw. I, p. 524, 525, — et voir également Bracton, fol. 1366.

illud quod movet cum eo quod occidit homines deodandum domino Regi erit, vel feodo clerici », dit en 1565 Fitz-herbert[1].

On en voit, d'ailleurs, un vestige en droit français moderne, dans l'espèce de personnalité attribuée au navire, dans le très ancien usage de l'abandon du navire et du fret, ou encore dans l'adage si longtemps en vigueur en France et conservé encore dans d'autres pays, « *the freight is the mother of wages* »[2].

On conçoit que si la chose inanimée en mouvement était, en quelque sorte, considérée comme vivante, il était naturel que le droit primitif allât encore plus loin lorsqu'il s'agissait de choses animées, d'animaux.

On a eu l'occasion de remarquer qu'au moins de très bonne heure le sentiment de la culpabilité subjective s'était fait jour dans les idées juridiques. On en a un nouvel exemple en matière de dommages causés par les bêtes, car il semble que dans ces périodes reculées on ait voulu donner aux bêtes mêmes des sentiments humains, et qu'on ait distingué les cas où on devait leur reprocher ou non quelque chose[3]. On a tout au moins des raisons de le supposer, particulièrement si on se réfère à la

---

1. Fitzherbert, *Le graunde Abridgement*, Corone, pl. 403.

2. L'art. 258 du C. co. français qui reproduisait l'Ordonn. de 1681 (III, IV, art. 8) et consacrait la règle ci-dessus, a été modifié seulement par la loi du 12 août 1885. — Il était abrogé en Angle-gleterre depuis 1854 par le « Merchant Shipping Act 1854 », art. 183 ; — aux U. St. A., loi du 7 juin 1872, art. 32 et 33 ; — en Allemagne, Handels GB., art 453, et loi du 27 décembre 1872, § 56 ; — en Belgique, loi 21 août 1879, art. 54 ; — La règle est encore en vigueur en Italie, C. co., art. 535 ; — en Espagne, C. co., art. 643 ; — en Portugal, C. co. (1888), art. 588.

3. Holmes, *op. cit.*, ch. I, p. 22. — *Contrà* : Von Ihering, *op. cit.*, p. 48, 49, et p. 14.

distinction faite entre le dommage causé par l'animal
« *secundum* » ou « *contra naturam sui generis.* » On a
objecté que c'est là une production du droit romain nouveau et non du droit antérieur, mais il n'y en a guère
de preuves, bien plus on trouve des raisons de penser le
contraire, puisque déjà sous la République les jurisconsultes [1] se réfèrent à cette distinction et qu'on retrouve
la même notion dans des législations primitives absolument indépendantes du droit romain, chez les Hébreux [2],
par exemple, dans l'ancien droit de l'Ecosse [3] ou de l'Angleterre [4].

C'est à cette espèce de culpabilité de l'animal que se
rattacha l'exercice du droit de vengeance, base de l'action
noxale, et plus tard l'obligation du propriétaire lui-même
à la place de son animal.

Il paraît, d'ailleurs, ressortir des lois de Ine [5] que l'ancien droit anglais avait conçu de bonne heure l'abandon
de ces notions primitives et que, dès cette époque, la notion d'une véritable responsabilité du maître, basée sur

1. Cf. l'opinion de Quintus Mucius rapportée par Ulpien, lib. 18,
ad Ed. (Dig., 1. 1, IX, 1, *Si quadrup.*), et d'après laquelle il fallait
distinguer au cas de lutte entre deux bêtes « *ut, si quidem is pe-
riisset, qui adgressus erat, cessaret actio : si is, qui non provocaret,
competeret actio.* »

2. Cf. Exode, ch. XXI, 28.

3. Cf. *Quoniam Attachiamenta,* c. 48, pl. 10 et s. et pl. 13 — et :
Forme and Maner of Baron Courts, c. 62, 63 et 64. — Particulièrement ce passage de ce dernier ouvrage, c. 63 : « Gif ane *wylde or
head-strang horse,* carries ane man against his will over an craig,
or hench, or to the water, and the man happin to drowne, the
horse sall perteine to the king as escheit. — Bot it is otherweise of
ane *tame and dantoned horse,* gif any man fulishlie rides,...... and
the horse quha *did na fault,* sould not be escheit. »

4. Cf. *suprà,* p. 156.

5. *Laws of Ine,* c. 42 (Thorpe, *op. cit.,* I, 129).

sa faute propre, s'y était fait jour et l'obligeait à réparer
le dommage causé par ses bestiaux « pour avoir été
trouvé coupable de les avoir mal gardés »[1].

Ce fut là la véritable notion du droit, conforme aux
principes exposés précédemment, et telle qu'elle existe
aujourd'hui. De même que c'est la faute du maître qui
est la base de sa responsabilité pour les méfaits de son
subordonné, de même c'est une faute de sa part qui
l'oblige à répondre des dégâts commis par les choses animées ou inanimées qui lui appartiennent. Et comme c'est
une obligation spéciale de surveillance et de garde qui
lui incombe à l'égard de ses bêtes, et non pas le simple
devoir de les employer de façon à ne léser personne, il
est à remarquer qu'on le considère comme responsable,
non pas de l'usage qu'il fait de sa chose, c'est-à-dire en
le considérant comme l'auteur direct du dommage, mais
bien de tout dommage causé par ses bêtes indépendem-
ment de sa volonté propre.

Cette obligation existe, d'ailleurs, non seulement à la
charge du propriétaire, mais aussi à la charge de toute
personne ayant sur l'animal un droit d'usufruit, d'usage,
de bail ou de commodat.

Elle naît, à proprement parler, du droit établi au profit de la personne sur l'animal. Il en résulte qu'en l'absence d'un tel lien il n'y aura ni obligation ni responsabilité.

C'est ainsi, par exemple, que le gibier étant *res nullius*
on ne saurait considérer le propriétaire du fonds comme
responsable de plein droit du dommage causé par ce dernier. Le propriétaire ou usager n'est tenu ici que de

1. 27 ass., pl. 56, fol. 141 (en l'an 1353), (cité par Holmes, *op.
cit.*, p. 23).

l'obligation générale de ne léser personne dans l'exercice
de son droit de propriété, il n'est obligé que si on prouve
contre lui qu'il y a manqué. Il se trouve que sur son
fonds il y a des causes de préjudice pour les voisins,
c'est à lui de les détruire ou tout au moins d'y opposer
les moyens ordinaires ; le voisin qui se plaint d'un préjudice doit prouver la faute[1].

Il faut cependant rappeler que, comme d'après le Code
civil[2], les lapins dans les garennes[3] sont réputés immeubles par destination, il ne faudrait pas leur appliquer, ce
qui a lieu pour le gibier :

De ce que la responsabilité du maître a pour source
une faute propre, il résulte encore qu'il n'y a pas lieu
de distinguer dans le droit moderne selon que les animaux, objets d'un droit, sont d'une espèce domestique
ou sauvage, ou qu'ils ont agi « *secundum* » ou « *contra
naturam sui generis* » ; de même aussi il en résulte que
la faculté d'abandon n'aurait plus de raison d'être, puisque c'est le maître lui-même qui est tenu et non pas la
bête.

C'est une question de savoir si le propriétaire de l'ani-

---

1. Cass., 19 avril 1875. Dall., 1878, V, 408. — Cass., 3 février
1880. Dall., 1880, I, 304. — Cass., 17 août 1880. Dall., 1881, 1,
176. — Cass., 7 novembre 1881. Dall., 1883, I, 84. — Cass., 1er
mars 1882. Dall., 1883, I, 176. — Cass., 5 décembre 1882. Dall.,
1884, V, 431. — Trib. de Corbeil, 21 mars 1883. Dall., 1884, V, 430.

2. C. civ., art. 524.

3. On sait qu'un terrain ne prend la dénomination de garenne
que par la destination qu'en fait le propriétaire d'y nourrir des lapins ; il ne suffit donc pas que des lapins existent, par hasard, sur
un terrain, pour que ce terrain soit considéré comme une garenne,
et pour que les lapins qui y existent soient réputés appartenir au
propriétaire du fonds. Cf. Cass., 3 février 1880. Dall., 1880, I, 304.

mal ou celui qui s'en sert, pourrait se libérer en prouvant qu'il n'y a pas faute de sa part.

Il est généralement admis [1] qu'il le peut en démontrant le cas fortuit, la force majeure, ou l'imprudence de la victime. Mais suffirait-il qu'il prouvât qu'il n'a pu empêcher l'accident? On en a douté, mais il semble qu'on doive l'admettre [2] : c'est, en effet, la solution conforme aux principes d'après lesquels il ne peut y avoir de responsabilité sans faute.

On a objecté le silence même de la loi pour proposer la présomption comme absolue, et l'on présente comme argument l'analogie avec ce qui a lieu pour les commettants. Il suffirait de répondre que si les commettants ne peuvent se disculper en prouvant qu'ils n'ont pu empêcher l'accident, c'est qu'ils ne sont pas seulement responsables d'une *culpa in vigilando*, mais aussi d'une *culpa in eligendo*.

§ 6. *Responsabilité civile du propriétaire d'un édifice en ruine.*

Le second cas de responsabilité pour un dommage causé par une chose est celui de la ruine d'un édifice arrivée par défaut d'entretien ou vice de construction [3]. On en a vu l'origine dans le paragraphe précédent, au sujet

---

1. Cf. Cass., 23 déc. 1879. Sir., 1880, I, 463. — Cass., 27 oct. 1885. Sir., 1886, I, 33. — Cass., 9 mars 1886. Sir., 1886, I, 244.

2. Colmet de Santerre, V, 366 *bis*, II. — Sourdat, n. 1431, II, p. 593. — Montpellier, 23 juillet 1866. Sir., 1867, II, 220. — *Contrà*, les deux arrêts de cass. de 1885 et 1886 rapportés à la note précédente.

3. C. civ., art. 1386.

des dommages commis par les bêtes. Il convient seulement de constater ici que c'est également sur une faute
que repose cette responsabilité pour les choses inanimées [1].

C'est ce qu'indique la loi en exigeant du demandeur en
dommages-intérêts la preuve du vice de construction ou
du défaut d'entretien. Si la ruine du bâtiment était arrivée par cas fortuit ou force majeure, le propriétaire n'en
serait pas responsable. [2]

La responsabilité dont il s'agit ici pèse sur le propriétaire, sauf le recours de ce dernier contre les architectes
ou entrepreneurs, ou, si l'immeuble était l'objet d'un
droit d'usufruit, contre l'usufruitier s'il y a lieu.

La caution dite *damni infecti* du droit romain, n'existe
plus en droit français [3]. Elle avait pour but de procurer
au voisin d'un édifice menaçant ruine une action en réparation du préjudice qu'aurait pu lui causer la chute du
bâtiment ; c'était un résultat qu'il ne pouvait guère
obtenir autrement : car d'après le droit civil romain le
propriétaire de l'édifice en délabre, une fois le sinistre
arrivé, pouvait se soustraire à l'obligation de réparer le
mal en abandonnant les matériaux. [4] Aujourd'hui il n'en
est plus de même et le voisin n'a rien à craindre à cet
égard, puisque s'il éprouve quelque dommage il a par là
même une action pour s'en faire indemniser [5].

---

1. Cf. Larombière, sur 1386, n. 1, VII, p. 657. — Sourdat, n.
1451, II, p. 611. — Cf. cependant dans Chironi, *Colpa extra-contratt.*, cap. XIII, n. 380 et s., II, p. 176 et s.

2. Larombière, *loc. cit.*, n. 4. — Sourdat, n. 1468, II, p. 628.

3. Voir cependant la loi du 21 avril 1810 *Sur les mines*, art. 15.

4. Ulpien, lib. 53, *Ad Edictum* (Dig. l. 7 § 2, 39, 2. *De damno in-
fecto*). — Cf. Windscheid, § 458, II, p. 762 et s.

5. Aubry et Rau, § 448, note 17, IV, p. 773.

Il faut en dire autant de l'action, qu'autorisait l'ancien droit français, et par laquelle le voisin pouvait agir contre le propriétaire de l'édifice menaçant ruine pour le faire condamner à le réparer ou à le démolir tout à fait[1]. Non seulement, en effet, l'article 1386 du Code civil ne parle pas de cette action, mais encore il semble qu'on l'ait écartée à dessein lors de la rédaction du Code[2]. D'ailleurs, il convient d'observer que les intérêts des voisins se trouvent garantis par la surveillance de la police ou de l'administration, qui ordonnent la réparation ou la démolition des édifices, quand il y a lieu de le faire[3].

Enfin, il faut remarquer que l'on applique communément par analogie l'article 1386 au dommage causé par un arbre qui tombe par suite de la négligence du propriétaire[4]; on a vu précédemment, d'autre part, l'application que la jurisprudence française fait également de cet article en matière d'accidents du travail[5].

---

1. Aubry et Rau, *loc. cit.*, note 18. — *Contrà* : Sourdat, n. 1456, *loc. cit.* — Larombière, *ibid.*, n. 8.

2. Cf. Locré, XIII, n. 16, p. 43, Rapport de Bertrand de Greuille au Tribunat.

3. Aubry et Rau, *loc. cit.*

4. Cf. Larombière, sur l'art. 1386, n. 10, VII, p. 665. — Sourdat, n. 1453 *ter*, II, 614. — Paris, 20 août 1867. *Sir.* 1878, II, 48.

5. V. *suprà*, p. 89.

CHAPITRE III

DES FAUTES COMMISES PAR CERTAINES PERSONNES AUXQUELLES INCOMBENT DES OBLIGATIONS LÉGALES PARTICULIÈRES A L'É-GARD DE LA CHOSE D'AUTRUI.

A côté de l'obligation légale générale de ne léser personne et de l'obligation légale spéciale de surveiller ou de bien choisir ses subordonnés, la loi impose à certaines personnes, à raison de leur situation particulière, des soins à prendre à l'égard de la chose d'autrui : telles sont les obligations des tuteurs et des administrateurs légaux en général, ce sont pour eux autant de causes de responsabilité [1].

§ 1. Responsabilité du tuteur.

Les législations des différents peuples ont toujours cherché à protéger ceux des membres de la communauté, qui, par leur âge peu avancé, se trouvent incapables de diriger leurs personnes ou leurs biens. C'est dans ce but qu'a été instituée la tutelle ; c'est une charge que la loi impose à certaines personnes qui ne la peuvent refuser [2]. Dans les législations anciennes, il est vrai, le tu-

1. Cf. C. civ., art. 1370.
2. Sauf cependant les cas d'excuses énumérés par le Code civil, art. 427 à 442.

teur à qui est confié la garde du mineur exerce un droit,
et l'idée de protection n'y est ordinairement que la ma-
nifestation de l'intérêt des membres de la famille à ne
pas voir le patrimoine familial abandonné à des mains
incapables. Mais, aujourd'hui, ce but intéressé n'existe
plus, et la seule protection des individus incapables est la
raison d'être de la tutelle.

En droit français, notamment, la tutelle est une charge
publique, qui crée pour le tuteur non seulement l'obligation de prendre soin de la fortune du pupille, mais
aussi de sa personne. Bien que cette obligation soit toute
particulière et ne soit à la charge que de ceux à qui la
loi l'impose, comme elle est légale, il en est traité à cette
place, c'est-à-dire parmi les obligations légales, encore
que le plus souvent, dans la doctrine, ce soit à propos des
contrats ou des quasi-contrats qu'il en est parlé.

a) Quant à la personne[1] du pupille, le tuteur est tenu
de veiller à son éducation et à son entretien. Comme
règle de conduite il devra prendre modèle sur celle d'un
bon père ordinaire vis-à-vis de ses enfants, dans les
mêmes circonstances. S'il vient à y manquer, il est responsable de sa faute, soit à l'égard du mineur lui-même,
soit à l'égard de ceux qui sont chargés de contrôler sa
tutelle, c'est-à-dire du conseil de famille.

Cette responsabilité commence pour lui du jour où
commencent ses obligations, c'est-à-dire du jour où il a
eu connaissance de la délation de la tutelle[2] ; elle finit
de même avec elles.

1. C. civ., art. 450. — 1⁰ Cf. Pothier, *Tr. des personnes et des
choses*, Iᵉ P., VI, III § 2, et IV. — Aubry et Rau, § 111, I p. 443.
2. C. civ., art. 418.

b) Quant aux biens[1] du mineur, la loi impose tout d'abord au tuteur, lors de son entrée en fonctions, certaines obligations relatives à la levée des scellés, à l'inventaire, à la vente des meubles et des valeurs mobilières, à la fixation du budget de l'administration du patrimoine[2]. Mais de plus, elle exige de lui, en général, de gérer la fortune en bon père de famille[3] : et il importe de remarquer la différence qui existe entre l'obligation spéciale d'administrer en bon père de famille, imposée au tuteur, et l'obligation de surveiller qui lui incombe en sa qualité de supérieur et qui l'oblige à répondre de méfaits qu'il n'a pas lui-même commis.

En conséquence, le tuteur devra tout d'abord s'attacher à conserver le patrimoine du mineur : il devra entretenir et réparer les meubles et les immeubles, interrompre les prescriptions[4], réclamer les créances en temps utile, payer les dettes, intenter les actions nécessaires de la façon la plus sage et la plus prudente[5], accepter les donations[6], ou encore assurer les immeubles particulièrement exposés à des chances de sinistre, comme une usine ou une manufacture[7]. C'est ainsi qu'il est respon-

---

1. C. civ. art. 450. — 2º et s. — Cf. Pothier, *ibid.* § 1. — Aubry et Rau, § 112, I, p, 435. — Chironi, *Colpa contratt*, p. 43 et s.

2. Cf. C. civ., art. 451, 452, 454, 455 et s. — Loi du 27 février 1880, *Relative à l'aliénation des valeurs mobilières appartenant aux mineurs*, etc...

3. C. civ., art. 450-2º.

4. Pau, 19 août 1850. Dall., 1851, II, 5.

5. Turin, 25 juin 1810. Dall., vº *Minorité*, n. 120, note 1. — Bordeaux, 16 mars 1841. Dall., *ibid.*, n. 729-8º. — Nîmes, 2 juill. 1829, *id.*, vº *Frais et dép.*, n. 70 et s.

6. C. civ., art. 942. — Cass., 9 déc. 1829. Dall., vº *Minorité*, n. 729, p. 248, note 1.

7. Besançon, 1er avril 1863. Dall., 1863, II, 93.

sable d'avoir payé une dette prescrite [1], ou d'avoir né-
gligé d'exercer un reméré [3], ou d'avoir omis d'interjeter
appel dans le délai utile [2].

Il devra, de plus, faire produire aux biens les revenus
qu'ils sont susceptibles de donner, en louant ou en ex-
ploitant les immeubles, en plaçant les capitaux qui rentrent [4].

Il devra enfin, dans la mesure du possible, et avec une
grande prudence, chercher à augmenter le patrimoine en
s'efforçant de réaliser des économies et de les placer.

Les manquements à cette conduite générale en bon
père de famille constitueront le tuteur en faute, il en devra répondre à l'égard soit du mineur lui-même, soit de
ceux qui ont pour mission de surveiller sa gestion [5]. Il
résulte, d'ailleurs, de ce qui précède que, la faute du tuteur, étant constituée par la nature même des actes qu'il
commet, proviendra le plus souvent des circonstances
dans lesquelles il aura agi ; les tribunaux auront, par
conséquent, un large pouvoir d'appréciation des faits [6]
pour décider si le tuteur a ou non manqué à ses obligations. Si dans les circonstances données les tribunaux reconnaissent que le tuteur avait l'obligation d'agir
de telle ou telle façon, et qu'il ne s'y est pas conformé,
ils doivent le déclarer responsable ; et c'est à tort qu'on
rechercherait la base de sa responsabilité en dehors
de l'obligation de se conduire en bon père de famille,

1. C. civ., art. 2278.
2. C. civ., art. 1163.
3. C. pr. civ., art. 444.
4. Cf. loi du 27 février 1880.
5. C. proc. civile, art. 132.
6. Dalloz, *Rép.*, v° *Minorité*, n. 731. Duranton, n. 607.

dans la seule détermination de la gravité de la faute
appréciée par le fait que la tutelle est toute dans l'intérêt
du mineur[1]. Il n'y a pas non plus, d'autre part, à distinguer la *culpa in faciendo* de la *culpa in non faciendo*[2],
puisque le tuteur peut aussi bien manquer à ses obligations en agissant mal qu'en n'agissant pas.

De ce que l'obligation spéciale du tuteur est d'administrer en bon père de famille, il résulte encore que,
toutes les fois qu'il aura commis un acte ou une omission
que n'eût pas commis un bon père de famille, ce sera à
lui de prouver que cet acte ou cette omission ne lui sont
pas imputables. Si, par exemple, le mineur se plaint qu'une
prescription n'a pas été interrompue, comme c'est là une
omission que ne commet pas un bon père de famille, il
n'aura qu'à prouver ce fait, et ce sera au tuteur défendeur
à opposer comme exception et à prouver pour être libéré,
que, s'il est vrai qu'il n'a pas interrompu la prescription,
cette omission ne lui est cependant pas imputable et que,
n'étant pas en faute, il ne peut être responsable.

Comme le système de la pluralité des tuteurs quant aux
biens, qui existait dans le droit romain[3] n'existe plus aujourd'hui, il n'y a plus lieu de se demander comment
doit se répartir la responsabilité entre les cotuteurs[4]. Si

1. Duranton, III, n. 605.
2. Cf. Cujas, *Posth.*, IV. *Cod.*, V, 45, p. 576, D. (Edit. Colombet,
dite *à la grande barbe*, Paris, 1637).
3. Impp. Carinus et Numerianus (l. 2, C. *De divid. tutela*, V, 52).
— Cf. Puchta, *Instit.* II, § 300. — Windscheid, *Pand.* II, § 443.
4. Cujas (Posth., I, *Quœst.*, *Papin*, II, p. 30-31), distinguait
selon que la faute commise était lourde ou légère. Dans le premier
cas le pupille pouvait agir contre celui des cotuteurs qu'il voulait,
peu importait qu'il eût géré ou non. Dans le second cas il devait
d'abord agir contre celui qui avait géré.

par exception un deuxième tuteur est donné pour administrer des biens situés à l'étranger ou aux colonies, il ne
peut être recherché que pour cette gestion. D'autre part,
on ne saurait considérer comme des cotuteurs les spécialistes que le tuteur peut être autorisé à prendre pour
l'aider dans sa gestion [1] : il est, dans ce cas, responsable
vis-à-vis du mineur de sa *culpa in eligendo* et de sa *culpa
in vigilando* en ce qui concerne leurs actes.

Il se peut, cependant, que, par exception, il y ait un
cotuteur adjoint au tuteur ordinaire : cela a lieu lorsque
la mère tutrice se remarie : comme le nouveau mari serait en fait le maître de la tutelle, la loi ordonne [2] que la
mère, avant l'acte de mariage, convoque le conseil de famille pour décider si la tutelle doit lui être maintenue.
S'il en est ainsi, le conseil de famille lui donnera nécessairement pour cotuteur son nouveau mari [3] ; ce dernier
gèrera la tutelle conjointement avec la mère, il sera responsable solidairement avec elle depuis le jour de son entrée en fonction, c'est-à-dire pour les actes postérieurs au
mariage. Si la mère avant le mariage n'a pas convoqué
le conseil de famille, la loi lui retire la tutelle ; mais,
comme il arrive souvent que la femme continue à exercer
la tutelle en fait, tout en l'ayant perdue en droit, la loi la
déclare elle et son mari solidairement responsables de toutes les fautes commises dans la gestion de cette tutelle de
fait ; le mari est ainsi traité comme un cotuteur. D'ailleurs,
comme on ne saurait rendre quelqu'un responsable alors
qu'aucune faute ne peut lui être reprochée, la responsabilité du second mari ne peut guère se concevoir que pour

1. C. civ., art. 454.
2. C. civ., art. 395.
3. C. civ., art. 396.

les actes de gestion postérieurs au mariage[1], car ces actes seuls peuvent lui êtres imputables : si, en effet, la mère a manqué à une obligation, en ne convoquant pas le conseil de famille avant ses secondes noces, il est difficile, d'autre part, d'admettre que le nouvel époux, simple étranger avant le mariage, ait participé à ce manquement et ait commis une faute, puisque aucune obligation n'existait pour lui.

Quant au subrogé-tuteur, il est astreint par la loi à un devoir de surveillance générale sur la gestion du tuteur et plus particulièrement il a pour mission de prendre les

---

1. Cf. *dans ce sens*, Demolombe, VII, p. 67-126. — *Contrà* : Aubry et Rau, § 99 *bis*, note 26, I, p. 407. — Marcadé, II, art. 395, n. 2 ; Taulier, II, p. 14 ; Valette sur Proudhon, II, p. 290, obs. 7 ; et la jurisprudence : Poitiers, 28 décembre 1824. Dalloz, 1825, 2, 94. Nîmes, 30 nov. 1831. Sir., 32, 2, 139. Dijon, 16 juill. 62. Dall., 62, 2, 146. L'opinion contraire déclare le mari cotuteur de fait responsable même des actes de gestion antérieurs à son mariage ; elle s'appuie notamment : 1° sur ce que l'art. 395 ne distingue pas la gestion antérieure ou postérieure ; 2° sur ce que les différents projets de rédaction portaient ces mots « depuis le nouveau mariage » et que ces mots ont été retranchés ; 3° enfin sur une prétendue faute imputable au mari. — Il semble qu'on puisse répondre : 1° que la généralité des termes de l'art. 395 doit s'interpréter conformément au droit commun, c'est-à-dire qu'il n'y a pas de responsabilité sans faute ; 2° que la suppression des mots « depuis le mariage » dans le texte définitif n'implique pas que ce texte veuille dire tout le contraire de celui du projet ; 3° enfin, et c'est pour nous la seule raison bonne, comme aucune obligation n'astreint le second mari avant son mariage à convoquer le conseil de famille et à rendre compte de la première tutelle, alors qu'il n'est qu'un tiers étranger, on ne peut le considérer sous ce rapport comme coupable d'une faute des suites de laquelle il doive répondre. Comparer : l'ancien droit français, Domat, I, II, 1, n. 37. — Pothier, *Tr. de l'hypoth.*, I, sect. I, 3, — et les travaux préparatoires dans Locré, VII, p. 171 et s., n. 13, art. 12, p. 197, 217, p. 229, n. 1,

intérêts du mineur lorsqu'ils seront en opposition avec ceux du tuteur.[1] Mais il ne peut, en principe, s'immiscer dans la gestion tutélaire.

Il en résulte que le subrogé-tuteur n'est pas responsable de la mauvaise administration du tuteur, en tant qu'il ne l'a pas empêchée; mais il doit répondre de la faute qu'il commet en n'en prévenant pas le conseil de famille[2] : il répond également de son manquement à certaines obligations que la loi lui impose à peine de dommages-intérêts, comme l'obligation de faire inventaire[3] après le décès du parent prédécédé, ou de veiller à l'inscription de l'hypothèque légale du mineur sur les biens du tuteur[4].

La responsabilité dont il vient d'être parlé existerait de même si les fonctions de tuteur ou d'administrateur étaient confiées à des « *Trusts Companies* », ainsi que cela se pratique aux États-Unis, dans l'État de New-York[5] ou en Californie[6].

§ 2. *Responsabilité de l'héritier grevé d'un legs.*

L'héritier qui par testament est grevé d'un legs particulier est tenu de conserver[7] l'objet du legs jusqu'à la délivrance qu'il en doit faire au légataire : il doit user de

1. C. civ. art. 420.
2. Cf. C. civ., 444-446.
3. C. civ., 1442.
4. C. civ., 2137, ou en cas de purge art. 2194. — Voir de même l'obligation de provoquer la nomination d'un nouveau tuteur en cas de tutelle vacante, art. 424.
5. Loi du 8 juin 1885 (ch. 425).
6. Loi du 5 mars 1886, (*Ann. lég. comp.*, 1887, p. 779).
7. C. civ., art. 1014.

la diligence ordinaire d'un bon père de famille dans les
soins dont la loi successorale le charge.

D'après le droit romain antérieur à Justinien, on admettait que les legs pouvaient faire passer au légataire
ou bien la propriété de la chose léguée (legs *per vindicationem*), ou bien seulement un droit de créance contre
l'héritier pour obtenir cette chose (legs *per damnationem*)[1].
Comme d'autre part la théorie des fautes était basée sur
l'avantage retiré, ou sur le fait qu'on gérait sa propre
affaire ou celle d'autrui[2], il en résultait que si le legs
était fait *per damnationem*, l'héritier donnait ses soins
à une chose dont il était propriétaire et qui ne pouvait
passer sans lui au légataire ; aussi n'était-il tenu que de
sa *culpa lata*. Dans le legs *per vindicationem*, au contraire,
il gérait la chose d'un autre, et il était tenu de sa *culpa
levissima*[3].

Comme la diligence à exercer lorsqu'on est obligé
surtout par la loi, de veiller, sur une chose dans l'intérêt
d'autrui, ne dépend plus aujourd'hui de l'avantage qu'on
y a soi-même, et comme d'autre part, d'après le droit
civil moderne, le légataire à titre particulier d'un corps
certain est propriétaire du jour où son droit lui est ou-
vert[4], il n'y a plus lieu de faire la distinction précédente.

§ 3. *Responsabilité du tuteur à substitution.*

On doit citer encore comme personnes tenues en
vertu de la loi à une diligence qui leur est spéciale,

---

1. Cf. Gaius, *Commentarii*, II, §§ 192 et s.
2. V. *infra*, p.
3. Cujas, *Posth.*, I, p. 483 et s. *Quæst., Papin*, XVIII.
4. Arg. 1014 et 711 du C. civ.

les tuteurs à substitutions permises, chargés de veiller à l'accomplissement des mesures prescrites par la loi pour la sûreté des substitutions[1], et de faire tout le nécessaire pour que la charge de restitution soit bien et fidèlement acquittée. Ils sont responsables naturellement de leurs manquements à ces obligations.

Le curateur chargé de gérer et de liquider une succession vacante est également un administrateur de la fortune d'autrui, dont les obligations ne dérivent pas d'un contrat, mais de la loi. Il doit apporter dans sa gestion tout le soin d'un bon père de famille. D'ailleurs, comme ce sont le plus souvent des spécialistes[2] qui ont pour métier de se faire commettre à ces gestions, on pourra exiger d'eux une plus grande régularité dans leurs opérations que des particuliers : ils seront responsables de leurs fautes.

§ 4. *Responsabilité de l'héritier bénéficiaire.*

Par l'acceptation d'une succession sous bénéfice d'inventaire, le successible devient définitivement héritier des biens de la succession[3], sans que ceux-ci se confondent avec son patrimoine propre.

Au regard des créanciers héréditaires et des légataires, le bénéfice d'inventaire produit une situation analogue à celle d'une déconfiture : le patrimoine successoral forme, en effet, dans ce cas, une masse qui leur est spécialement affectée par privilège, et dont la gestion est

---

1. C. civ., art. 1073. — Cf. Caen, 12 juin 1854. Dall., 55, 2, 193.
2. Cf. C. civ., art 812, 813.
3. Aubry et Rau, § 612-4°, VII, p. 407.

confiée à l'héritier. Il en résulte notamment pour eux que sous peine de pouvoir être déclarés négligents, ils doivent produire à la succession héréditaire dès qu'elle est ouverte.

Au regard du successible, le mode d'acceptation donne lieu aux mêmes effets qu'une acceptation pure et simple, sauf certaines exceptions : d'une part, en effet, il devient héritier, soumis, à l'égard de la famille, à toutes les obligations qui résultent de cette qualité ; d'autre part, les biens de la succession ne se confondent pas avec les siens propres. S'il en résulte à son profit certaines prérogatives, la loi met à sa charge certaines obligations : celles qui intéressent le présent sujet sont l'obligation d'administrer[1] et au besoin de liquider la succession et celle de rendre compte de cette administration aux créanciers héréditaires non payés.

De ce que la gestion des biens non vendus est une obligation pour l'héritier à l'égard des créanciers héréditaires et des légataires, il résulte que l'héritier doit être responsable vis-à-vis d'eux quand il y manque.

La conduite et la diligence de l'héritier bénéficiaire doivent en principe être appréciées conformément aux principes généraux, c'est-à-dire en prenant pour modèle la conduite ordinaire d'un bon père de famille[2]. Et l'héritier sera en faute toutes les fois qu'il y aura manqué. Mais il faut bien observer que lorsque le créancier héréditaire viendra agir contre l'héritier en l'accusant d'avoir

---

1. Que l'administration ne soit pas seulement un droit pour l'héritier mais une charge légale, cela résulte de l'art. 803 : « l'héritier bénéficiaire *est chargé*..., etc. », et de l'art. 804 qui emploie la même expression et qui donne la sanction.

2. Cf. G. Civ. hollandais, art. 1079.

commis des fautes dans sa gestion, ce créancier ne sera
pas lui-même à l'abri de tout reproche de négligence ;
en effet, l'acceptation bénéficiaire est portée à la connaissance des intéressés [1]. Ils doivent se présenter lors de la
liquidation que doit faire l'héritier, et la répartition des
deniers a lieu soit par contribution, soit par ordre. Les
formalités qui doivent présider à ces opérations sont réglées par la loi et en reçoivent la sanction. L'obligation
de gérer ne s'applique qu'aux biens laissés en l'état entre
les mains de l'héritier.

Dès lors il semble que ce dernier puisse dire aux
créanciers héréditaires qui se présentent tardivement :
Vous me reprochez d'avoir manqué dans ma gestion à
la conduite d'un bon père de famille, mais vous-mêmes
vous avez été négligents en ne vous présentant pas de
suite pour être payés. On se trouve donc ici dans l'hypothèse d'une faute commune ; or on a vu précédemment
que dans ce cas le droit français donne au juge le pouvoir de mesurer la responsabilité ou plutôt l'étendue de
la réparation selon la gravité des devoirs auxquels les
parties ont manqué, selon les fautes qui ont été commises.

C'est là la raison de l'art. 804 du Code civil où il est
dit que l'héritier bénéficiaire « n'est tenu que des fautes
graves dans l'administration dont il est chargé [2]. » La loi
limite ici la responsabilité de l'héritier, à cause de la négligence imputable au créancier [3].

---

1. C. Civ. art. 793 ; C. pr. civ., art. 997 ; *id.*, art. 986 et s.

2. Cf. également C. civ., art. 805-2°. Si l'héritier bénéficiaire
représente les meubles en nature « il n'est tenu que de la dépréciation ou de la détérioration causée par sa négligence. »

3. D'après M. Ghironi, I, p. 109, n. 118, la responsabilité limitée

Il faut entendre de même l'art. 805-2°, qui, visant le cas où l'héritier représente les meubles en nature, déclare qu'il « n'est tenu que de la dépréciation ou de la détérioration causée par sa négligence. » L'héritier est ici assimilé à un débiteur de corps certain, il doit conserver : il est responsable de ses manquements à cette obligation ; mais comme on se trouve ici dans les mêmes circonstances qu'en ce qui concerne les fautes d'administration[1], on doit user vis-à-vis de lui de la même indulgence.

Quant à la question de savoir ce qu'on doit entendre par des fautes graves, il suffira de se reporter à ce qui a été dit précédemment de la classification des fautes[2].

à la faute grave vient de ce que l'héritier gère non seulement pour les créanciers mais aussi pour lui : comme propriétaire l'héritier n'a à répondre ni du dol ni de sa faute, mais comme à cette qualité il ajoute celle d'un administrateur, il en résulte qu'une certaine responsabilité lui incombe, qui cependant est limitée au dol et à la faute lourde. — Dans le même sens, Baudry-Lacantinerie, II, n. 206. — D'après Mourlon, II, p. 121. — C'est parce que l'héritier bénéficiaire est non salarié qu'il n'est tenu que de sa faute lourde ; il doit la faute qu'un administrateur même peu habile ne commet pas. — Dans ce sens Marcadé, III. p. 181, n. 259. — D'après Laurent X, n. 123) l'article 804 du C. Civ. doit s'expliquer historiquement : si cet article parle de la faute lourde, c'est parce que les rédacteurs du Code, n'ayant pas à ce moment abordé déjà la matière des obligations, n'avaient encore formulé aucune théorie des fautes, et qu'ils se sont dès lors référés dans l'article 804 à l'ancienne division tripartite des commentateurs scolastiques. Mais il est aisé d'apercevoir que cet argumentation n'a aucune valeur (Cf. Chironi, loc. cit.) au moins à l'égard des codes postérieurs au Code Napoléon et qui ont adopté la même disposition. — C. Civ. ital. art. 970. — Dans le même sens que Laurent, voir Larombière, I, p. 428.

1. V. dans le même sens Aubry et Rau, § 618, note 57, VI, p. 454.
2. Cf. *suprà*, p. 9 et suiv.

Mais il faut cependant remarquer que l'appréciation de la
conduite de l'héritier se fera au moyen d'un critérium
abstrait. C'est, surtout en effet, pour ces obligations légales, sur la naissance desquelles n'influe guère l'*intui-
tus personæ*, que le procédé *in concreto* ne doit pas être
admis, à moins de disposition formelle de la loi. Les
termes généraux qu'elle emploie doivent s'entendre[1] dans
le sens le plus conforme à la raison : aussi pourra-t-on
dire que l'héritier a commis une faute grave, aussi bien
quand il aura montré moins de soins *quam in suis*, que
quand il aura manqué à un soin très élémentaire que
même pour ses propres affaires il ne prendrait pas[2].

On devra donc apprécier sa faute d'après l'importance
du soin et de l'obligation auxquels il a manqué, d'après
les circonstances, et il paraît bien difficile de poser en
principe absolu que l'héritier n'est tenu que de sa faute
in concreto.

§ 5. *Responsabilité de l'usufruitier.*

L'usufruit est un droit réel, temporaire ou viager, qui
autorise l'usufruitier à user et à jouir[3], comme le pro-

---

1. Dans ce sens, Mourlon, *loc. cit.* — *Contrà* : la majorité des
auteurs. Cf. notamment Chabot, *Comment. sur la loi des Success.*, sur
l'art. 804. — Baudry-Lacantinerie, II, p. 131, n. 206, argt. tiré de
Pothier. *Traité des Success.* Ch. III, sect. 3, art. II, § 4. Il est cependant à remarquer que plusieurs, après avoir posé en principe
que l'héritier n'est tenu que de la *diligentia quam in suis*, ajoutent
ensuite : « c'est tout ce que la loi demande,...... mais sans le dis-
penser néanmoins d'apporter dans sa gestion les soins d'un bon
père de famille. » Ainsi Larombière, I, p. 428, sur 1137, n. 7).
2. Cf. Duvergier sur Toullier, II, n. 373 et la note.
3. C. civ., art. 578. — Aubry et Rau, § 226, II, p. 465 et note 1.

priétaire lui-même, d'une chose appartenant à autrui, à charge d'en conserver la substance. Tandis que le plein propriétaire voit l'exercice de son droit de jouissance sur sa chose, limité seulement par l'obligation générale de ne léser personne, l'usufruitier en plus est soumis à l'obligation spéciale de respecter le droit du nu-propriétaire : il est également obligé de restituer à la fin de son usufruit les choses qui en faisaient l'objet.

Il en résulte qu'il est tenu de conserver la substance de la chose soumise à son droit, c'est-à-dire non seulement la matière, mais encore sa forme constitutive et sa manière d'être particulière [1]; il est obligé de veiller à la garde et à la conservation des objets compris dans l'usufruit [2]; il est obligé d'en jouir avec sagesse et conformément à l'usage auquel ils sont destinés.

La conduite de l'usufruitier devra être appréciée d'après la conduite d'un bon père de famille dans les mêmes circonstances [3]: c'est la règle ordinaire. Toutes les fois qu'il aura commis une faute à cet égard, il en sera responsable vis-à-vis du nu-propriétaire.

Il résulte également de l'obligation de restituer que, quand à la preuve, l'usufruitier doit être considéré comme le serait un débiteur de corps certain : son obligation de conserver et de jouir en bon père de famille, ne sont que les conséquences de son obligation de restituer ce qu'il a reçu, en cas de contestation, c'est à lui usufruitier, qui n'exécute pas cette obligation, à prouver que son inexécution ne provient pas de sa faute ; s'il en est ainsi, il sera libéré [4].

1. Aubry et Rau, § 231, II, p. 494.
2. Cf. C. civ., art. 614, 616-2°.
3. C. civ., art. 601.
4. C. civ., art. 615 et 616-1°.

C'est ainsi, par exemple, qu'on devrait appliquer à l'usufruitier les dispositions de la loi à l'égard du locataire lorsque la chose louée périt par un incendie[1] : il ne pourrait se libérer qu'en prouvant que cet incendie ne lui est pas imputable, car, ainsi qu'on l'a vu précédemment, l'incendie n'est pas nécessairement un cas fortuit[2] pas plus qu'il n'est nécessairement la conséquence d'une faute.

Lorsque l'usufruit est né de la convention, c'est-à-dire d'un contrat, d'un testament, d'une donation, les obligations de l'usufruitier peuvent être réglées au gré des parties, c'est le droit commun des contrats.

La même responsabilité a lieu lorsque l'usufruit est légal[3].

Ce qui vient d'être dit de l'usufruitier, doit s'appliquer aux personnes qui tiennent soit de la loi, soit de la convention, un droit de jouissance sur la chose d'autrui, encore que ce droit de jouissance ne constitue pas un usufruit. Tels sont les pères et mères quant à leur droit de jouissance[4] légale sur les biens de leurs enfants au-dessous de 18 ans.

Il en est de même du droit de jouissance du mari sur les biens dotaux de la femme mariée sous le régime dotal[5] ou sous la clause exclusive de communauté[6] ainsi que du droit donné au mari commun en biens sur les propres de sa femme[7].

---

1. C. Civ. art. 1733.
2. *Contrà* : Proudhon, *De l'usufruit*, III, 1540, IV, 1563. — Demolombe, X, 628. — Cf. *suprà*, p. 32.
3. C. civ., art. 754.
4. C. civ., art. 384 et 385-1°.
5. C. civ., art. 1562.
6. C. civ., art. 1533.
7. C. civ., art. 1428.

Si le mari dotal avait reçu de la femme procuration pour administrer les biens paraphernaux, il serait alors tenu de toutes les obligations d'un mandataire[1] et responsable en conséquence ; mais s'il se contentait d'en jouir, il serait tenu seulement des obligations d'un usufruitier[2].

1. C. civ., art. 1577. — Cf. *infrà*, p. 219.
2. C. civ., art. 1580.

LIVRE TROISIÈME

DE LA FAUTE RELATIVE AUX OBLIGATIONS CONVENTION-NELLES

SECTION I

Principes généraux

CHAPITRE I

DE LA FAUTE CONTRACTUELLE EN GÉNÉRAL ET DE SON MODE D'APPRÉCIATION

Indépendamment des obligations que la loi leur impose, les individus peuvent, par la convention, en assumer d'autres, le plus souvent dans le but d'acquérir réciproquement des droits. Ces obligations leur sont spéciales ; elles naissent de la seule volonté des individus et ont leur mesure dans cette volonté même ; car ceux qui s'y soumettent s'engagent ainsi à exercer une certaine diligence dont, sans le contrat, ils ne seraient pas tenus. Aussi les parties peuvent-elles en principe poser à cette diligence, telles limites qu'il leur convient[1].

---

1. Ulpien, 29 *ad Sabin* (Dig. l. 23, 50, 17, *De reg jur*.). — *Id.* 28 *ad Edict.* (Dig. l. 5 § 10, 13, 6, *Commodati*). — Will, Jones, *On bailments*, p. 11.

Il est plus douteux de savoir quel degré de diligence ou de soin peut être exigé des contractants, lorsque dans leur convention ils ne s'expriment pas sur ce sujet : c'est un point célèbre où la théorie de la faute est depuis bien longtemps fertile en controverses. Aussi ne sera-t-il pas sans intérêt de voir quelle a été l'évolution juridique en cette matière, et comment le droit s'est ici développé peu à peu, en se corrigeant par l'expérience et en s'éclairant des situations nouvelles.

Ce fut un des sujets qui restèrent les plus obscurs et les plus discutés, pour les anciens commentateurs, que de savoir quelle avait été exactement la théorie des Romains sur la faute contractuelle. « *Difficilis est culpæ disquisitio, definitio et probatio,..... ut plerumque omnis quæstio culpæ*[1] ». William Jones[2] reste bien au-dessous de la vérité en ne comptant, au XVIIIe siècle, que douze commentateurs en latin et deux en grec, des deux fragments servant de base aux romanistes d'alors. Campanus alla jusqu'à tourner en vers latins le fragment d'Ulpien. De grandes incertitudes, des erreurs sans nombre, les controverses les plus vives continuèrent[3] à envahir le

---

1. Cujas, *Op. Posth.*, I, *Resp. Pap..* V. p. 195 E.

2. Will, Jones. *On bailments*, p. 17. C'est avec raison, semble-t-il, que cet auteur remarquait déjà que les juristes anciens « like the generality of commentators, treat one another very roughly on very little provocation, and have the art rather of clouding texts in themselves clear, than of elucidating passages, which have any obscurity in the words or the sense of them. »

3. Cf. Hallam, *Middle-Ages*, vol. II, ch. 9, pt. 2. (12e édit). « These older professors of Roman jurisprudence are infected, as we are told, with the faults and ignorance of their time; failing in the exposition of ancient laws through incorrectness of manuscripts and want of subsidiary learning, or perverting their sense through the verbal subtleties of scholastic philosophy. »

sujet jusqu'au commencement du présent siècle, où J. Chr. Hasse reprit, en les modifiant et en les appuyant sur des bases indiscutables, les théories proposées au XVIe siècle par Donneau, au XVIIIe par Lebrun et un peu avant lui par Thibaut. Depuis lors on peut dire la controverse éteinte.

La théorie des commentateurs mérite cependant d'être examinée, car elle ne constitue pas seulement une erreur historique, mais encore une véritable erreur juridique, en ce sens que leurs auteurs la présentaient non seulement comme ayant été le système du droit romain, mais encore comme étant le système rationnel à adopter. C'est ce qui fait qu'aujourd'hui encore, dans plusieurs législations, on retrouve ces notions erronées, ainsi qu'on le verra par la suite.

La majorité des anciens interprètes du droit romain distinguaient trois degrés dans la faute contractuelle : la *culpa lata, levis* et *levissima*, correspondant à trois degrés de diligence ; *culpa lata* ou manquement à la diligence qu'ont tous les hommes, « *non intelligere quod omnes intelligunt* » ; — *culpa levis* ou manquement à la diligence ordinaire d'un père de famille diligent ; — *culpa levissima* ou manquement à la diligence d'un père de famille très diligent. A ces trois degrés de diligence, partant à ces trois degrés de fautes, correspondaient une division, également tripartite, des conventions : les contrats, faisait-on remarquer, sont ou bien en faveur du créancier seul, comme dans le dépôt ; ou bien en faveur du débiteur seul, comme dans le commodat; ou bien en faveur de l'un et de l'autre, comme dans le louage ou dans la vente. D'où, ajoutait-on, dans le premier cas il est juste de n'exiger qu'une diligence minime, dans le second d'exiger une diligence très grande et dans le troisième de n'en exiger qu'une moyenne.

Quant aux sources, les distinctions tripartites précédentes s'appuyaient sur les textes suivants : La loi 5. § 2. Dig. XIII. 6. *Commodati vel contra*[1]; — la loi 18. *pr. eod. tit.*[2]; — la loi 1. § 4. Dig. XLIV. 7. *De obligat. et actionib.*[3]; — la loi 23. Dig. L. 17. *De div. Reg. jur.*[4].

Telle était l'opinion, sinon générale, du moins la plus commune[5], jusqu'à l'ouvrage de Hasse. D'après De Savigny[6], les trois degrés de fautes auraient été proposés en premier par Petrus dans ses *Exceptiones*; le fait est que cette division s'est perpétuée jusqu'à Pothier[7].

Quelque répandue cependant que fût cette théorie, d'autres avaient été proposées, qui en différaient : parmi elles, les unes exagéraient celle-là même qui vient d'être expliquée, et, poussant la logique à outrance, allaient jusqu'à admettre quatre[8] et six degrés[9] de fautes. D'autres,

---

1. Ulpien, lib. 28, *ad Edict.*

2. Gaius. lib, 18, *ad Edict. provinc.*

3. Gaius, lib. 2, *Aureor.*

4. Ulpien, lib. 29, *ad Sabin.*

5. Cf. Bartole, Accurse, Alciat, Duaren, D'Avezan, sur la loi 5 § 2, Dig. 13, 6, *Commodati*, et la loi 23, Dig. 50, 17, *Reg. jur.* — Sichard, *In Codicem*, III, 25. *De leg. Aq.*, n. 8 (p. 125). — Cujas, *Ad leg.*, 23, 50, 17. *Dig. (Op. Posth.* III, p. 2363). — Vinnius, *Instit. Comm.*, III, XV, § 2, n. 7 et 12. — Pothier, *Tr. des Oblig.* n. 142.

6. *Gesch. d. R. R.*, II, p. 150 et 134 note a.

7. Cf. Pothier, *loc. cit.* et sa dissertation en réponse à l'*Essai sur la prest. des fautes* de Lebrun. Cette dissertation se trouve soit à la fin de cet Essai (édition de 1818), p. 119, soit dans les œuvres de Pothier à la fin du *Tr. des Oblig.* (édit. des œuvres de Pothier, 1818).

8. Corasius, Salicet, (glos. 1. 32. Dig. *Deposit.*) divisaient la faute en « *culpa lata, levis, levior, levissima.* »

9. Sebast. Medices. Cf. sur cet auteur et les précédents: Wening-Ingenheim *Die Lehre von Schadenersatze*, p. 104 (Heidelb. 1841.)

sans rejeter la division des contrats, en faisaient au contraire la base d'une autre division tripartite des fautes.

Telle fut la théorie proposée au commencement du XVI⁰ siècle, par Jac. Godefroid[1], et admise plus tard par Struve[2]. D'après elle, la diligence et la faute doivent se graduer, selon que le terme de comparaison est abstrait ou concret et de la façon suivante :

a) « *Diligentia communis omnium hominum — quæ hominibus communibus innata est, non æri ingenio vel exquisita industria excitata, sed ex communi sensu descendens* » — *culpa lata.*

b) « *Diligentia propria contrahentis in rebus suis — culpa levis.*

c) « *Diligentia aliena, exacta, quam diligens paterfamilias rebus suis adhibere amat* » — *culpa levissima*[3].

D'autres enfin, s'écartant complètement de la théorie commune, proposaient une division bipartite, et c'est cette opinion si longtemps critiquée, qui finit par triompher, du moins en principe. Telles furent les systèmes de Donneau au XVI⁰ siècle, de Lebrun, de Thibaut au XVIII⁰[4].

Le système de Donneau[5] peut se ramener aux quelques propositions suivantes : a) division des contrats selon l'intérêt des parties[6] ; — b) division des fautes[7] en :

1. Jac. Gothofredus, *ad Sit.* de *Reg.jur. leg.* XXIII.
2. Cf. Hasse, *op. cit.* p. 479. Anhang, I, 1.
3. Cf. Hasse, *op. cit. loc. cit.*, p. 471.
4. Voir aussi dans Hasse (*op. cit.*, § 211, note 2) l'opinion rapportée de Chesius, *Interpretationes jur.* cap. 45, no. 23 et s.
5. H. Donellus, *Comment. de jure civ.*, X, 1. 16, c. 7 (6⁰ éd. Nürnberg, 1827).
6. Donellus, *op. cit., loc. cit.*, § 26, p. 194.
7. *Id.* § 21, p. 187.

α) culpa lata ; — β) culpa levis, et cette dernière en : 1. *c. lev. in faciendo* ; — 2. *c. lev. in omnittendo* ; — *c*) concordance des fautes et des contrats[1] :

Contrat dans l'intérêt du créancier seul — dol, faute lourde ;

Contrat dans l'intérêt commun — faute légère *in faciendo*[2] ;

Contrat dans l'intérêt du débiteur — faute légère *in omnittendo*[3].

Le système de Lebrun[4] peut se ramener à ce qui suit : il y a deux espèces de diligences : 1) *in abstracto* ; 2) *in concreto* ou *dil. quam in suis*[5]. — Cette distinction se fonde sur ce qu'il y a des choses dont la propriété nous est commune avec d'autres, et d'autres qui peuvent être considérées comme ne nous appartenant pas[6]. — Pour les premières, il faut concilier nos droits avec ceux des autres : d'où *diligentia quam in suis* ; pour les secondes, *diligentia in abstracto*.[7] — « Voici, dit-il[8], la règle générale, *si in re negotiovo nulla ejus, de quo quæritur quid præstet, versatur utilitas, præstat latam, tantum culpam.* — *Si vero ejus utilitas vertitur, præstat et levem culpam*[9] ».

---

1. *Id.* § 22, p. 188.
2. *Id.* § 27, p. 195.
3. *Id.* § 33, p. 207.
4. Lebrun, *Essai sur la prestation des fautes*, où l'on examine combien les lois romaines en distinguent d'espèces (Paris, 1813, notes de Loiseau).
5. *Id.* p. 2.
6. *Id.* p. 6.
7. *Id.* p. 7 et s.
8. *Id.* p. 10.
9. V. *ibid.* § III, l'explication du « *in his quidem et dilig.* » de la loi 23,50, 17.

Comme le fait remarquer J. C. Hasse[1], la théorie de Donneau était presque oubliée, lorsqu'elle fut reprise par Thibaut, et ce ne fut en réalité que Hasse lui-même qui acheva d'éclaircir toute cette matière. Il ne peut entrer dans le cadre de cette étude de reprendre toutes les argumentations présentées par ce dernier contre « *communis Doctorum opinio* ». Il suffira de rappeler que la base en était bien plutôt prise dans la logique scolastique que dans les règles ressortant des textes romains. Il n'y a pour s'en convaincre qu'à lire comment Salicet[2] explique son quatrième degré de faute (*culpa levior*). — « *Nam inter superlativum et positivum est medium necessarium, scilicet comparativus; tamen de ista culpa media, quam leviorem appellamus, non curaverunt legislatores specialiter disponere.* »

On remarquera, d'autre part, que :

a) Le père de famille parfait « *diligentissimus* », pris comme terme de comparaison, n'est pas possible en pratique, car c'est à des hommes qu'on a affaire, et bien que doués de raison, ils sont imparfaits[3].

b) Que si les Romains emploient parfois le terme de « *diligentissimus paterfamilias* », la diligence qu'ils exigeaient alors dans l'exécution de l'obligation n'était cependant qu'une diligence possible et ordinaire, et qu'on devait l'apprécier en tenant compte des faits[4].

---

1. Hasse, *op. cit.*, § 24, p. 91.
2. Salicet, *loc. cit.*
3. Hasse, *op. cit.* § 26, p. 99, 100. Les commentateurs eux-mêmes ne pouvaient se dissimuler cette objection capitale à leur thèse, et la façon dont ils en tenaient compte est incroyable. Le lecteur n'aura pour s'en rendre compte qu'à jeter les yeux sur des fragments de quelques-uns d'entre eux, rapportés par Hasse, *loc. cit.*
4. Hasse, *op. cit.* § 26, p. 101 et s. — C'est ainsi que doit être

c) Que par conséquent, dans les contrats comme en dehors des contrats, la faute et la diligence ne sauraient être que celles d'un bon père de famille ordinaire.

Quant à la théorie même proposée par Hasse, elle peut être ramenée aux propositions qui suivent :

A) Il y a deux sortes de fautes contractuelles [1] : *a*) *culpa lata*, c'est-à-dire « *non intelligere quod omnes intelligunt* ; — *b*) *culpa levis*, c'est-à-dire le manquement à la diligence d'un bon père de famille [2].

B) Le critérium à adopter pour reconnaître le degré de diligence et la faute d'après les contrats sera le suivant :

a) Si on représente autrui (mandat, gestion d'affaire) *culpa levis in abstracto* ; par exception, *in concreto* s'il s'agit d'un mandat légal (tutelle).

b) Si on ne représente pas autrui : α) Si, utilité du débiteur seul : *culpa levis in abstracto*. — β) Si, utilité du créancier seul : *culpa lata*. — γ) Si, utilité commune : *culpa levis in concreto*.

La division bipartite telle qu'elle est présentée par Hasse est admise, comme ayant été la théorie romaine, par tous les romanistes modernes, et le seul point sur

entendue, comme il le fait remarquer, la loi 137, § 23, *De verb. oblig. Dig.* 45. 1. — « Ein turkischer Richter, dit-il, der von seinen Landsleuten die Agilität eines Franzosen fordern würde, handelte eben so thöricht, als wer von einem Kranken die Stärke eines Gesunden fordern wollte ».

1. Cf. Hasse, § 21, p. 85 et s. : Argt. l. 213, § *ult. Dig. De Sign.* (Ulpien, *lib. Reg.*) et l. 223, *Dig. eod. tit.* (Paul, lib. II, *Sentent.*). — Voir aussi p. 95 (note et texte) la loi 23 Dig. *De Probat.*

2. Hasse, *op. cit.* § 24, p. 92. « Ein tüchtiger, ein fleitziger Mann, ein diligens, *bonus, studiosus paterfamilias*..... der seinen Geschäften und seinem Betriebe durchaus gewachsen war und in seinem Wirkungskreise auf Ordnung hielt ».

lequel il y ait encore quelque désaccord parmi eux est celui de la classification des contrats.

D'après Ortolan[1], on ne peut pas donner de principes généraux et absolus; les jurisconsultes romains « ont décidé selon les cas, d'après diverses considérations, dont il sera possible, toutefois, d'extraire quelques idées dominantes, » c'est-à-dire l'intérêt unique ou réciproque des parties, la « foi religieuse » attachée à certains contrats, comme le mandat, le fait de s'être ingéré spontanément dans les affaires d'autrui, ou la part imposée par la loi à l'une des parties dans l'affaire.

D'après M. Mommsen[2], c'est l'avantage des parties qui doit déterminer le degré de diligence : le contrat est-il dans le seul intérêt du créancier, le débiteur ne doit que la *culpa lata*; est-il dans l'intérêt du débiteur (du débiteur seul, ou du débiteur et du créancier), il doit la *culpa levis*. — A cette règle, quelques exceptions sont encore apportées : *a*) Au cas de mandat ou de gestion d'affaires, où, bien qu'il n'y ait pas avantage pour le débiteur, celui-ci est tenu cependant de sa *culpa levis*; — *b*) à l'occasion de certains contrats ou quasi-contrats, dans lesquels la faute est sujette à être modifiée par l'appréciation *in concreto* (comme dans la société, l'indivision, la tutelle, la restitution de la dot).

Enfin, d'après M. Windscheid[3], le point de départ doit être la *culpa levis*, en tempérant cette règle par des exceptions, et des exceptions aux exceptions.

Quoi qu'il en soit de ces divers systèmes, ils conduisent d'ailleurs à la même conclusion, à savoir que la base

1. Ortolan, *Explic. hist. des Instit.* II, p. 317.
2. Mommsen, *Beiträge zum Obligationenrecht*, III, p. 391.
3. Windscheid, *Pand.* § 265, n. 4 et note 13, II, p. 65.

de la théorie contractuelle des fautes en droit romain, est l'intérêt que présente le contrat, on peut en formuler le principe de la façon suivante : « Quiconque veut réaliser un bénéfice doit être sur ses gardes[1] ». Il en résulte que dans les contrats à titre onéreux les deux parties répondent de la *culpa levis* appréciée exceptionnellement *in concreto*, lorsqu'existe un rapport personnel plus étroit, comme dans la société ; et que, dans les contrats à titre gratuit, celui qui fait un sacrifice ne doit répondre que de sa *culpa lata*, et le bénéficiaire de sa *culpa levis*[2].

On voit combien ce système est conforme à l'esprit général du droit des Romains ; car on sait l'importance que ces derniers attachaient à la réalisation d'un bénéfice, dans la solution des difficultés juridiques qu'ils rencontraient.

Ce point de départ, dans l'appréciation de la faute contractuelle, à savoir la réalisation obtenue ou cherchée d'un bénéfice, ne fut pas d'ailleurs unique dans les législations anciennes : on la rencontre encore, notamment dans celle des Hébreux[3].

Connaissant ce que fut la théorie de la faute contractuelle chez les Romains, il convient de voir à présent quel fut et quel est le développement des législations modernes à cet égard.

En France, jusqu'au Code civil, la théorie scolastique des trois degrés de fautes, faussement attribuée au droit romain, avait été admise dans la jurisprudence, tant en

---

1. Von Ihering, *op. cit.* p. 60.
2. Von Ihering, *op. cit.* p. 61.
3. Cf. Auerbach, *Judisch. Obligationenrecht*, I, p. 17.

pays de droit écrit, qu'en pays coutumier où le droit romain était sur ce point « raison écrite et adoptée[1] ».

En 1804, le Code civil posa la règle suivante[2] : « L'obligation de veiller à la conservation de la chose, soit que la convention n'ait pour objet que l'utilité de l'une des parties, soit qu'elle ait pour objet leur utilité commune, soumet celui qui en est chargé à y apporter tous les soins d'un bon père de famille. — Cette obligation est plus ou moins étendue relativement à certains contrats, dont les effets à cet égard sont expliqués sous les titres qui les concernent. »

En premier lieu, comme cet article est placé sous la rubrique de l'obligation de donner, on a soutenu[3] qu'il était inapplicable aux obligations de faire ou de ne pas faire ; mais comme l'esprit de la disposition en donne le caractère même, qui est d'être général, cette distinction doit être écartée, et celui qui s'oblige à faire doit être traité comme celui[4] qui s'oblige à donner.

Il paraît bien résulter des travaux préparatoires, que les rédacteurs du Code ont voulu abroger le principe romain et la doctrine des commentateurs[5], « plus ingénieuse qu'utile. »

1. Bourjon, *Droit comm. de la France*, à propos de chaque contrat. — Cf. De Ferrière, *Dict. de dr.* v° *Faute*, et trad. des *Instit.* de *Just.* liv. III, 15 (t. III, p. 356) ; — Denisart, *Collect. de nouvelles Décisions*, v° *Faute*, tome II.

2. C. civ. titre III, *Des contrats ou des oblig. convent. en général*. Ch. 3, *De l'effet des obligations*. Sect. 2, *De l'oblig. de donner*, art. 1137.

3. Larombière, sur art. 1138, n. 15.

4. Laurent, XVI, n. 233.—Chironi, *Colp. contratt.* no 43, p. 38.

5. Cf. *Exposé des motifs*, présenté par Bigot-Préamenen. — Locré, *Lég. civ.* XII, p. 326, no. 32, et Rapport fait au tribunat par Favard. Locré, *ibid*. p. 431.

Il s'en faut cependant que ce soit là l'opinion qui ait été universellement admise, et le principal intérêt de la question est que, si le droit civil moderne a suivi le système romain, en cas de silence de la loi, ce sera à ce dernier qu'il faudra se reporter[1].

C'est l'opinion de Duranton[2], qui admet la doctrine des trois degrés de faute.

Proudhon[3], déclarant qu'il est impossible en matière de faute de fixer une règle et des exceptions, arrive en somme au même résultat en reconnaissant la possibilité d'une faute très légère.

D'autres proposent d'appliquer au droit moderne la théorie de Hasse[4].

Toullier[5], rejetant la distinction entre la faute contractuelle et extra-contractuelle, applique aux contrats et aux quasi-contrats la théorie des quasi-délits, posée dans l'article 1382 du Code civil. Aussi déclare-t-il que si la théorie des trois degrés de faute a été formellement écartée, le débiteur est cependant tenu dans l'exécution du contrat, de ses fautes les plus légères.

D'après l'opinion la plus répandue aujourd'hui, l'ancienne division tripartite est abrogée ; mais d'après les uns[6] le système est le suivant : *a*) Le débiteur est en

---

1. Cf. Laurent, XVI, no. 218.

2. Duranton, X, no. 397 et s.

3. Proudhon, *Usufr.* III, no. 1494, 1495. — C'est à tort, semble-t-il, que la théorie de Proudhon a été parfois confondue avec celle de Duranton (Cf. Aubry et Rau, § 308, n. 26).

4. A. d'Authuille, *Rev. lég. et jur.* II, p. 269, 342.

5. Toullier, III, n. 232, p. 146 (ancien VI⁰ vol.) — Cf. *supra*, p. 16 et s.

6. Aubry et Rau, § 308, notes IV, p. 100 et s. — Troplong, *Vente*, no. 361.

principe tenu de la diligence *in abstracto* d'un bon père
de famille ; — *b*) il ne peut être tenu de plus ; — *c*) il
peut être tenu de moins. D'après les autres[1], il peut être
tenu de plus[2].

Parmi tous ces systèmes, si les premiers paraissent
aller contre le texte formel de la loi, et ne sauraient
pour cette raison être adoptés dans le droit français moderne, les seconds, d'autre part, paraissent poser un
principe *à priori* d'appréciation des fautes, qui ne semble
pas être conforme à son esprit.

On remarquera, en effet, que le très grand désaccord
des auteurs sur le point qui nous occupe, provient d'une
confusion entre la graduabilité de la faute prise en elle-
même, et les degrés d'étendue et d'importance que peut
avoir l'obligation. Il est difficile de ne pas reconnaître
que la théorie romaine véritable, de même que celle des
interprètes, est abrogée : la base du système moderne ne
doit pas être cherchée dans l'utilité du contrat. Comme
c'est par la volonté présumée des parties qu'il faut mesurer l'étendue de l'obligation, c'est elle aussi qui doit être
la mesure de la prestation des fautes, et l'article 1137-1°
doit s'entendre en ce sens que, dans tout contrat, chacune
des parties est présumée promettre la diligence d'un bon
père de famille.

La liberté des conventions, leur force de loi à l'égard
des parties, la nécessité de les exécuter de bonne foi sont
en effet les bases de la théorie moderne des obligations.
La loi en fait l'application lorsqu'elle rappelle que pour

---

1. Colmet de Santerre, V, no. 54 et 54 *bis*, p. 71. — Sourdat,
op. cit. no. 653, I, p. 653.
2. Argt. art. 1882 et 1928, — 1733, 1734. — 1784. — 1954 du
C. civ.

interpréter les contrats, il faut toujours rechercher « la commune intention des parties contractantes[1] » ; c'est ce qu'elle fait elle-même dans le titre III *sur les obligations conventionnelles.* Elle y interprète la volonté tacite des parties, en fixant, à l'aide des principes généraux du droit et « dans le sens qui convient le plus à la matière du contrat », toutes les obligations et toutes les conséquences qui peuvent naître pour les parties[2] de chaque contrat.

Comme la loi doit présumer la bonne foi et l'honnêteté de ceux qui contractent, elle doit également supposer que chacun vient avec l'intention d'agir en homme qui traite bien ses affaires, et avec l'intention d'exiger de l'autre le même soin. Lorsqu'elle dit que la conséquence des contrats est de soumettre ceux qui s'y engagent à la diligence d'un bon père de famille, elle présume, dans le silence de la convention, cette volonté ordinaire, et ne pose pas un principe *à priori.*

On pourrait objecter qu'il en est de même en droit romain, mais il est facile de voir que le raisonnement précédent n'y peut être tenu pour vrai, puisque le droit romain, partant de la notion de l'avantage réalisé ou réalisable, pose au contraire un principe *à priori.*

Ainsi s'explique, d'autre part, la seconde partie de l'article 1137 du Code civil; car, comme, selon la nature des divers contrats, la volonté des parties et le but

1. C. civ. art. 1156.

2. Cette manière de voir a été adoptée notamment dans le Code civil espagnol de 1889, art. 1104 : « La culpa ó negligencia del deudor consiste en la omisión de aquella diligencia que exija la naturaleza de la obligación y corresponda á las circunstancias de las personas, del tiempo y del lugar. — Cuando la obligación no exprese la diligencia que ha de prestarse en su cumplimiento, se exigirá la que corresponderia á un buen padre de familia. »

qu'elles poursuivent sont différents, le soin que l'on suppose promis varie de même. La loi ne dit pas que dans certains contrats il est défendu d'être négligent et que, dans d'autres, il est permis de l'être plus ou moins, elle dit seulement que l'étendue des obligations varie entre les contrats, que dans tel contrat il peut y avoir une obligation qui n'existera pas dans tel autre, et par là que la faute qui pourra se produire dans l'un, ne saurait avoir lieu dans l'autre.

Quant à la question de savoir ce qu'il faut entendre en droit moderne par l'expression de « bon père de famille », elle ne saurait soulever de difficulté sérieuse. Il suffira de remarquer que, dans le langage du droit, cette expression a toujours été prise comme la traduction du latin « *bonus paterfamilias* », qu'on doit lui conserver par conséquent le même sens qui lui était attribué en droit romain[1] ; que c'est là une formule juridique répondant dans tous les temps et dans tous les pays à une même idée, celle d'un modèle abstrait d'un bon homme d'affaires « good business man », « tuchtiger, fleitziger Mann », encore que (comme il est important de le noter) ce modèle de conduite puisse varier selon les lieux[2].

Ayant vu ce qu'est devenu en droit français la théorie de la faute contractuelle, il ne sera pas sans utilité d'examiner le développement du droit à l'étranger sur le même sujet.

En premier lieu, la plupart des législations qui ont suivi le mouvement juridique français du commencement de ce siècle, ont reproduit dans des termes plus ou

1. Particulièrement par la loi 25 Dig. 22, 3, *De probat. et præs.*
2. Cf. *suprà.* V. p. 187 note 4, ce que dit Hasse à ce sujet.

moins semblables la disposition de l'article 1137 du Code civil.

Telle est la disposition du code italien[1]. On remarquera à ce sujet que le législateur italien de 1865 a mis la lettre de la loi d'accord avec son esprit, en plaçant la disposition sous la rubrique de l'effet des obligations, et sous la dénomination générale « di diligenza da impiegarsi nell' adempinento dell' obligazione » ; cela écarte le doute qui a pu s'élever en France sur la question de savoir si l'article 1137 devait s'appliquer à l'obligation de faire ou de ne pas faire[2].

Telle est également la législation de la Belgique[3], de la Hollande[4], de la Suisse[5].

Mais parmi les autres législations nées du droit romain, il en est qui ont, au contraire, gardé la division tripartite des commentateurs: le droit chilien en offre un exemple[6].

Parmi les législations indépendantes du Code Napoléon, le développement du droit allemand mérite d'être signalé.

Jusqu'à la fin du dernier siècle, en matière de faute contractuelle comme en toute matière d'obligations, le droit romain était en vigueur. Le code prussien de 1794[7],

---

1. Cod. civ. it. art. 1224.
2. Cf. Chironi, *op. cit.* p. 40.
3. C. civ. belge, art. 1137.
4. C. civ. holl. (trad. Trypels), art. 1271.
5. C. féd. suisse des oblig. art. 113.
6. Cf. C. civ. chil. art. 44 et 1547. « El deudor no es responsable sino de la culpa lata en los contratos que por su naturaleza solo son útiles al acreedor ; es responsable de la leve en los contratos que se hacen para beneficio recíproco de las partes ; i de la levísima, en los contratos en que el deudor es el único que reporta beneficio. »
7. Allgemeines Landrecht für die Preussischen Staaten.

dont le projet datait du XVIe siècle, adopta la division tripartite de la doctrine des anciens commentateurs, reconnaissant ainsi une « *culpa levissima* », « geringes Versehen[1] ». — Le code civil saxon de 1865 rompit, au contraire, avec la tradition précédente et admit seulement deux degrés de faute : la faute légère « *geringe Fahrlässigkeit* » ou omission du soin d'un père de famille ordinaire et diligent, et la faute lourde « *grobe Farhlässigkeit* » ou omission du soin qu'un homme même inférieur, « *minder ordentlicher und aufmerksamer Mensch* », observerait[2].

Depuis 1865, le mouvement juridique a considérablement progressé en Allemagne, particulièrement grâce aux congrès des jurisconsultes allemands et à la confection d'un projet de Code civil unique pour tout l'Empire. C'est dans ce projet même [3], dans les travaux qui ont contribué à son élaboration [4] et dans les motifs [5] qui en ont accompagné la publication, qu'on peut rechercher l'état actuel des idées juridiques sur le point qui nous occupe. Or, on peut ramener la théorie du projet à la seule proposition suivante : en cas de silence de la convention, la diligence promise est présumée être celle d'un bon père de famille,

---

1. A. L. R. I. 3, § 22.

2. Sächs. GB. § 122. « Geringe Fahrlässigkeit besteht in der Unterlassung der Sorgfalt, welche ein ordentlicher aufmerksamer Hausvater anzuwenden pflegt, grobe Fahrlässigkeit in der Unterlassung der Sorgfalt welche gewöhnlich auch ein minder ordentlicher und aufmerksamer Mensch beobachtet. »

3. Entwurf. e. B. G. B. § 144 et § 224.

4. *Hess. Entw.*, II, art. 110 § 2, 111 § 2. — *Bayr. Entw.*, IV, 1, art. 141, 142. — *Dresd. Entw.*, art. 228, 229.

5. *Motiv.* sur le § 224, tome II, p. 27 et sur le § 114, tome I, p. 279 et s.

pris *in abstracto*, et tout manquement à cette diligence promise ou présumée promise, constitue une faute. Il suffira d'observer que par là la théorie romaine est rejetée et que la présomption, au lieu de varier comme dans le droit français, est uniforme.

D'autre part, il faut remarquer avec les *Motifs*[1] que le terme de faute est entendu dans le sens de manquement à la diligence ordinaire d'un bon père de famille ; et si l'expression de faute lourde « *grobe Fahrlässigkeit* » se trouve employée dans le § 144 du projet, ce n'est pas comme degré dans la faute, mais comme une simple qualification de la négligence[2].

Enfin, il faut ajouter[3] que si, par la convention, une personne n'a promis que la *diligentia quam in suis*, elle n'est pas par là même affranchie de la « *grobe Farhlässigkeit* » précédemment définie. Il faut, sans doute, voir là une application de cette idée que la faute réside dans le dommage causé à autrui, idée qui a conduit à ne pas distinguer la faute contractuelle du quasi-délit, ainsi qu'on l'a signalé précédemment.

Dans le droit anglo-américain, la doctrine ne semble pas d'accord avec la jurisprudence, sauf quelques récentes exceptions.

Ce n'est qu'au XVIIe siècle, dans la deuxième année du règne d'Anne, que les bases du système anglais furent posées par Will. Jones et par lord Holt[4]. Et, comme

---

1. *Motiv.*, t. I, p. 280.
2. Cela ressort, d'ailleurs, du texte même du § 144. « Grobe Fahrlässigkeit liegt vor, wenn die Sorgfalt eines ordentlichen Hausvaters in besonders schwerer Weise vernachlässigt wird. »
3. *Entw.*, § 145.
4. Cf. Coggs *v.* Bernard, II, Lord Raymond, p. 909.

le fait remarquer le premier[1], la doctrine de la faute était encore négligée et mal conçue dans Blackstone[2].

Ce fut en 1781 que William Jones publia son « *Essay on the law of Bailments.* » On sait quelle science du droit romain dénote cet ouvrage, et combien c'était chose rare en Angleterre à cette époque. L'auteur y analyse les deux fameuses lois du Digeste déjà si commentées, la loi 23, *Dig.* 50. 17. *Reg. jur.* et la loi 5 § 2, *ibid.* 13, 6 *Commodati* ; comme Pothier, sur lequel il s'appuie, il admet trois degrés de faute correspondant à trois sortes de contrats, classées selon l'utilité des parties : « *Gross neglect; ordinary neglect ; slight neglect.* »

Cette manière de voir fut longtemps maintenue par la plupart des auteurs, tant en Angleterre[3] qu'en Amérique[4], et même en Écosse[5], où l'influence du droit français et du droit romain se faisait sentir davantage.

Depuis longtemps, cependant, en pratique, la division tripartite paraissait vieillie. Jer. Bentham, dans son *Introduction to the principles of moral and legislation*[6], imprimée en 1780 et publiée seulement en 1789 (c'est-à-

---

1. W. Jones, *On Bailments*, p. 3.

2. Cf. Blackstone, *Comm.*, II, 452 et s.

3. Cf. dans ce sens Stephen, *Comm.*, II, p. 86. — Smith, *Negl.*, p. 13. — Campbell, *Neglig.*

4. Parson, *Law of Contr.*, II, § 87. — Story, *On Bailm.*, § 11.

5. Erskine, *Principles of the law of Scotland*, Bk., III, 1, p. 301 (17ᵉ édit. Edinburgh, 1886).

6. Jer. Bentham, *Introd. principles of moral and leg.*, chap. IX, n. 17. « The division into culpa lata, levis, et levissima, is such as nothing certain can correspond to. What is it that it expresses? A distinction, not in the case itself, but only in the sentiments which any person (a judge, fort instance) may find himself disposed to entertain with relation to it : supposing it already distinguished into three subordinate cases by other means. »

dire à peu près à la même époque que l'ouvrage de
W. Jones), l'avait déjà rejetée ; son opinion toutefois
n'avait pas été suivie. Mais il résulta peu à peu de la pratique anglaise de déférer à un jury la décision de la
question de savoir si dans chaque cas le défendeur avait
usé du soin et de la diligence que commandaient les circonstances, que même la distinction entre l' « ordinary
negligence » et la « gross negligence » tomba en dis-
crédit [1]. C'est ainsi qu'un grand nombre de décisions furent rendues en ce sens, que le mot « gross negligence »
n'était pas une définition de la faute, mais une simple
épithète « vitupérative » [2].

Il en fut de même aux États-Unis, où particulièrement en 1875, dans une affaire souvent citée depuis, le
juge Davis s'exprima dans ce sens [3]. Et il semble que la
tendance de la jurisprudence soit de considérer que la
faute doit être appréciée uniquement selon les circonstances données, et qu'il n'est guère possible que les termes de faute lourde et légère puissent être de quelque
application dans la pratique [4].

C'est là, comme le lecteur a déjà pu le remarquer, une

1. Erskine, *op. cit.*, p. 301, note (*y*).
2. Cf. Wilson, *v.* Brett., XI, Meeson and Welsby, p. 113. — Grill,
v. General Screw Collier Co. XXXV. L. J. C. P., p. 321 ; XXXVII,
id., p. 205 ; — Mackintosh, *v.* Mackintosh (15 juillet 1864), II, Mac-
pherson, p. 1357.
3. Milwankee, etc. R. R., *v.* Arms., 91, U. S. (I Otto), p. 494.
4. Telles sont les paroles du juge Curtis dans l'affaire Steamboat
New-World. *v.* King., 16 How. U. S., p. 469. — Cf. cependant *contrà* : Culbreth, *v.* Phil., R. R. 3 Houston (Delaware), où la Cour
suivit encore la division tripartite. — Voir d'autre part Wharton,
op. cit., §§ 43 et 64. — Kent, *Comm.* II, § 561 (13e édit. par Barnes,
Boston, 1884).

tendance analogue à celle qui a été signalée précédemment en Allemagne.

Si telle est la jurisprudence, il importe de constater que, dans la doctrine même la plus récente, on ne va pas, cependant, aussi loin : la plupart des auteurs se contentent, en effet, de rejeter la possibilité d'une « *culpa levissima* »[1], en distinguant seulement deux degrés de faute « *culpa lata* » et « *culpa levis.* » Parmi eux, il convient, toutefois, de signaler l'opinion de Wharton, d'après lequel il faut baser la distinction d'après la capacité des parties en cause[2].

On voit ainsi que, si en France la théorie de la faute contractuelle présente encore des points douteux, si en Allemagne on s'est efforcé de la bien fixer dans le projet du nouveau Code, elle est, d'ailleurs, en pleine période de formation dans le droit anglo-américain et, par conséquent, encore incertaine et un peu obscure.

1. Cf. Wharton, *op. cit.*, § 57 et s. et § 65. — Dans Story, *On Agency* (1874), § 183, la note de Greenough.

2. Wharton, *op. cit.*, § 32. « *Culpa lata*, for negligence in not doing what non specialist would do. — *Culpa levis*, for negligence in not doing what specialist would do. »

CHAPITRE II

On a vu précédemment, à propos des quasi-délits, que les personnes anormales devaient être réputées en faute, · et responsables, lorsqu'elles étaient reconnues capables de l'obligation générale, de ne léser personne : il faut appliquer une recherche analogue en matière de contrats, et se demander, pour connaître la capacité de faute, si l'individu est capable de l'obligation. Si, en effet, il en est reconnu incapable, il ne saurait y avoir manqué et on ne peut parler de sa responsabilité. Or, si l'âge de la capacité de faute quasi-délictuelle est une question de fait laissée à l'appréciation du juge, il en est autrement ici, où la loi[1] a fixé l'âge de la capacité de s'obliger et de faire tous les actes de la vie civile.

Mais il faut bien observer qu'il s'agit ici de la faute contractuelle, c'est-à-dire d'un manquement non intentionnel à une obligation née d'un contrat. S'il s'agissait d'un acte de mauvaise foi, c'est-à-dire d'un dol, la même règle ne serait pas suivie, car, ce n'est pas le manquement à l'obligation qui serait la source de la responsabilité, mais l'intention de nuire à autrui. On devrait dans

1. C. civ., art. 388 et 488.

ce cas appliquer l'article 1310 du Code civil. De même si l'individu par le seul fait de contracter avait commis un quasi-délit, dont il fut reconnu responsable, il y aurait lieu de lui appliquer la même disposition[1] ; il suffit de renvoyer à ce qui a été dit précédemment au sujet de la capacité de la faute non-contractuelle et au sujet de cette même faute commise à l'occasion des conventions[2].

Ce qui vient d'être dit en matière de contrats doit recevoir son application en matière de quasi-contrats.

Les individus incapables de contracter ne peuvent assumer les obligations qui naissent des quasi-contrats. Ils peuvent seulement, s'il y a lieu, être recherchés par l'action *de in rem verso*, en vertu du principe qu'on ne doit pas s'enrichir sans cause au détriment d'autrui. Dans certains cas la personne lésée pourra intenter contre eux une action en indemnité basée sur l'article 1382 du Code civil, si, en fait, ils sont reconnus coupables d'avoir commis une faute quasi-délictuelle[3].

Il faut particulièrement ici prendre bien garde de confondre ces deux espèces de fautes : un incapable peut en effet commettre un quasi-délit en s'immisçant dans les affaires d'autrui ou en recevant un indû, mais cela ne touche en rien la question de savoir s'il a pu se soumettre valablement aux obligations résultant du quasi-contrat de gestion d'affaires ou du paiement de l'indû, et, par suite, s'il a pu manquer à ces obligations et en être responsable. C'est en ce qui concerne cette dernière question,

1. Cf. Larombière, art. 1310, n. 3 et s.
2. V. *suprà*, p. 59 et 85.
3. Aubry et Rau, § 441, texte et note 1, et § 442, texte et note 8, IV, p. 722 et p. 730. — Cf. Pothier, *Tr. de la puissance du mari*, no. 50. — *Contrà*, Larombière, art. 1374, n. 9.

qu'il faut appliquer la solution donnée pour les contrats et dire que l'incapable ne peut pas plus, par son fait s'obliger quasi-contractuellement, qu'il ne peut s'engager conventionnellement[1].

1. Aubry et Rau, *loc. cit.*

CHAPITRE III

La liberté des conventions, permet, en principe, aux
contractants de se promettre réciproquement telles obligations qu'il leur plaît, pourvu que leur engagement ne
soit pas contraire au bien-être général de la communauté
et à l'ordre public.

Cette limite mérite particulièrement d'être bien fixée
lorsque la convention porte sur la plus ou moins grande
diligence à apporter à l'exécution des contrats, sur l'irresponsabilité des manquements aux obligations auxquelles les parties se sont soumises.

Le droit romain prohibait qu'on se déchargeât de son
dol, « *pactio, ne dolus præstetur, rata non est* »[1]. Une
telle convention nous dit Ulpien[2], eût été contraire à la
bonne foi et aux mœurs ; mais c'est la seule limite qui
nous soit mentionnée par les textes[3].

Comme en droit français, le Code civil ne fixe pas de
règle formelle autre que celle de ne pas porter atteinte à

---

1. Paul, 29, *ad Ed.* (Dig. 1. 17, pr. XIII, 6, *Commod.*).
2. Ulpien, 30, *ad Ed.* (Dig., 1. 1 § 7, XVI, 3, *Deposit.*).
3. Ulpien, 29, *ad Sab.* (Dig., 1. 23, L. 17, *De R. J.*). — Paul, 3,
ad Ed. (Dig., 1. 27 § 3, II, 14, *De pactis*). Ces textes et ceux des notes précédentes ne parlent que du dol et pas de faute lourde.

l'ordre public[1], la jurisprudence décide uniquement suivant les circonstances et selon la gravité des conséquences
que les fautes peuvent engendrer. On peut, cependant, à
l'aide des principes auxquels on est arrivé précédemment,
tenter de donner quelques solutions générales et de
signaler quelques points certains.

Il est incontestable qu'on peut convenir de l'étendue de
la diligence à apporter dans l'exécution du contrat : il l'est
également qu'on ne peut convenir de ne pas répondre de
son dol. Ce sont deux principes qui ont passé du droit romain dans notre ancien droit[2] et de là dans la jurisprudence[3] et la doctrine moderne[4]. Ce qui est plus douteux,
c'est de savoir si l'on doit faire usage ici de la distinction
entre les fautes lourdes et les fautes légères, distinction
dont il a été traité précédemment, et s'il faut déclarer
nulles les conventions d'irresponsabilité des fautes
lourdes.

La raison qui semble presque toujours avoir conduit
à admettre ce dernier point est que, dans quelques textes
romains, la *culpa lata* est comparée au dol ainsi qu'on
l'a vu précédemment ; comme cette comparaison est
devenue dans notre droit, bien souvent une assimilation, une partie de la doctrine française actuelle s'est
trouvée amenée à dire que si l'on ne peut s'affranchir
de son dol, on ne le doit pas pouvoir davantage de sa faute
lourde.

1. C. C. art. 6.
2. Pothier, *Tr. du Mandat*, n. 50 *in fine*.
3. Cass. 15 mars 1876, Dall. 1876, I. 449. — Lyon, 27 février 1882
Sir. 1882, II, 247. — Dijon, 27 mars 1882, Dall. 1882, II, 225. —
Paris, 16 janvier 1883, Dall. 1885, II, 33.
4. Cf. Larombière, art. 1137, nos. 12 et 13, I. — Sourdat n. 662
sexiès, I, p. 667. — Demolombe, XXIV, n. 405.

Cette solution se heurte à la distinction formelle entre la faute et le dol, telle qu'elle a été établie plus haut.

On a vu, en effet, qu'il paraît bien résulter des caractères essentiels du dol et de la faute, ainsi que de l'abrogation de la division tripartite ou bipartite des fautes en droit français, que toute assimilation entre une faute et un dol doit être écartée.

Cette confusion écartée, il semble alors qu'on peut admettre, en principe, la liberté des conventions au sujet des manquements à l'obligation contractuelle, tout comme on l'admet au sujet de l'obligation elle-même[1].

Mais il convient de remarquer que, ici comme ailleurs, cette liberté doit se limiter par l'intérêt public, et toutes les fois qu'une clause d'affranchissement de diligence pourra y porter atteinte, elle devra être déclarée nulle, sans pour cela qu'il y ait, d'ailleurs, à rechercher si, en l'absence de cette clause, la faute eût été lourde ou légère.

Il en sera ainsi notamment toutes les fois que l'exercice de la diligence intéressera la vie des personnes.

C'est ainsi que serait nulle la convention par laquelle un capitaine de navire, vis-à-vis des passagers[2], s'affran-

---

1. Sainctelette, *op. cit.*, p. 20-23. Cpr. Larombière, art. 1137, n. 12. — Marcadé, 1992, IV, 996. Ces auteurs, comme le font remarquer M. Sainctelette, ne déclarent nulle que la clause d'affranchissement du dol. — V. *contrà* : Labbé, *Rev. crit.*, 1886, p. 445 et s. — Sourdat, n. 662-6°, I, p. 678. — Toullier, XI, 214. — Demolombe, XXIV, n. 405. — Laurent, XVI, n. 214. — En général, la jurisprudence : cf. notamment Cass., 15 mars 1876. Dall., 1876, I, 449.

2. Desjardins, *Dr. marit.*, II, n. 325, note 1, IV, n. 931. — Comparer la solution n. 11 adoptée par le congrès intern. du dr. comm. d'Anvers, *Rev. crit.*, 85, p. 670.

chirait de l'obligation de se conduire en bon capitaine, et
par là de la responsabilité qui y correspond, car l'intérêt
public veut que la vie des passagers ou des matelots
trouve en mer la plus grande sécurité possible. Si l'avarie des marchandises n'est jamais qu'un dommage maté-
riel et d'ordre privé, la sécurité des personnes touche au
contraire à l'ordre public et on peut remarquer que l'accident dont elles sont victimes tombe presque toujours
sous le coup de la loi pénale [1].

C'est encore d'après les mêmes principes que devrait
être déclarée nulle la convention par laquelle une personne obligée contractuellement à en soigner une autre[2],
s'affranchirait par avance de toute responsabilité pour
avoir manqué à cette obligation.

Il faut, enfin, remarquer que si les parties contractantes peuvent fixer d'avance de leur plein gré l'étendue
de la diligence à apporter à l'exécution de leurs promesses, elles peuvent, de même, contracter des assurances pour ces mêmes fautes dont elles eussent pu s'affranchir par le contrat : cela, d'ailleurs, ne résulte pas
d'une prétendue analogie que nous avons rejetée précédemment entre le contrat d'assurance et la clause d'exonération, mais seulement de la liberté des conventions.
Ici encore cette liberté doit s'arrêter devant le dol ; mais
le dol n'est plus une faute [3].

---

1. Cf. C. pén. art. 319. — L. 15 juillet 1845 *Sur la police des chemins de fer*, art. 19 et s. — C. pén. belge (1868), art. 418.

2. Comp. Labbé, *Rev. crit.*, 86, p. 448.

3. Cf. arrêt de Douai, devenu célèbre, du 5 août 1867 (Dall., 68,
5, 29. Sirey, 68, 2, 108).

CHAPITRE IV

Dans les contrats, la preuve relative à la faute est négative, et incombe à celui-là même qui en est accusé ; ce n'est là que la simple application de la règle « *actori incumbit probatio, sed in excipiendo reus fit actor.* » La partie, en effet, qui demande l'exécution de la promesse qui lui a été faite, n'a à prouver contre son adversaire que l'existence de cette promesse, c'est-à-dire du contrat ; si l'adversaire prétend qu'un cas fortuit l'a empêché d'exécuter l'obligation, il allègue un fait nouveau, il oppose une exception dans laquelle à son tour il est demandeur, c'est à lui de le prouver, à lui de prouver qu'il n'a pas commis de faute.

Cette règle est posée par le Code civil pour tous les contrats[1]. Et on voit par là quelle importance considérable est ainsi attachée à la question de savoir si le devoir auquel il a été manqué était légal ou contractuel : car on a vu que lorsque aucun lien contractuel n'existe entre le demandeur et le défendeur, c'est au demandeur à prouver la faute sans laquelle il n'a aucun droit. On a eu également l'occasion de mentionner que cette interversion du fardeau de la preuve est précisément le but

---

1. Cf. C. civ., 1147, 1302, 1315.

que recherche en matière de louage de services la théorie qui tente de faire sortir de ce contrat, à titre d'obligation conventionnelle, la charge pour le maître de veiller à la sûreté de ses employés.

Nous aurons l'occasion de voir par la suite l'intérêt des principes ci-dessus ; il y a, en effet, des obligations conventionnelles naissant de certains contrats, qui ont été ou sont encore plus ou moins méconnues et qu'il importera de déterminer avec soin, afin d'y bien établir l'ordre des preuves[1].

Il importe cependant de remarquer que cet ordre des preuves pourrait être interverti par les contractants : rien n'empêche, en effet, ceux-ci de convenir lors du contrat que ce sera à celui qui prétend que l'obligation n'a pas été bien exécutée, de prouver que l'autre est en faute. Cette convention est fréquente en matière de contrat de transport, notamment en droit maritime, à l'aide de la clause « *que dit être* » ; ou encore à l'aide de la clause « *mesure, poids, quantité inconnus.* »

D'ailleurs, en ce qui concerne ces dernières stipulations, on sait qu'elles ont simplement pour effet de déclarer que le capitaine n'ayant pas vérifié, ni eu connaissance de la mesure, du poids ou de la quantité des objets chargés, ce sera à celui qui arguera d'une faute du capitaine à ce sujet, à la prouver.

---

1. V. plus loin ce qui sera dit pour le louage de choses, le contrat de transport, l'affrètement, l'engagement des gens de mer.

SECTION II

De la prestation des fautes contractuelles.

CHAPITRE I

DE LA FAUTE DANS SES RAPPORTS AVEC L'EXÉCUTION DES CONTRATS EN GÉNÉRAL.

Rapport de la faute avec la « *demeure* », — le droit de résolution, — l'obligation de garantie.

Connaissant ce qu'on doit entendre en général par une faute contractuelle et à quel devoir elle se rattache, il convient de rechercher maintenant le rôle que cette faute joue dans l'exécution des contrats en général. Ceux-ci, en effet, indépendamment de la prestation qu'ils ont pour but, entraînent encore avec eux certaines obligations accessoires qui se réfèrent à l'exécution même de la promesse.

C'est ainsi que si le débiteur doit fournir la prestation promise, il est, de plus, obligé de la fournir au temps voulu : c'est le fondement de la notion de la demeure.

D'autre part, l'inexécution fautive d'une obligation est parfois regardée comme une condition résolutoire que le créancier peut, à son choix, faire ou non valoir : de là le droit de résolution reconnu par le droit français dans les contrats synallagmatiques.

Enfin, le débiteur qui s'engage à procurer un droit, est
tenu de savoir si lui-même peut disposer de ce droit, et
lorsqu'il procure une chose destinée à un usage déterminé,
il est tenu de savoir si cette chose n'y est pas absolument
rebelle : c'est la base de l'obligation de garantie et de la
responsabilité pour les vices cachés.

§ 1. *Des rapports de la faute avec la demeure.*

Toute obligation confère à chacune des parties le droit
d'exiger de l'autre l'exécution des engagements convenus, et en cas d'inexécution le droit de lui réclamer de
ce chef des dommages-intérêts. Lorsque l'une d'elles n'a
pas exécuté à l'époque fixée ce qu'elle a promis, encore
que l'exécution reste possible, on la déclare en demeure [1]
et l'autre peut lui demander la réparation de ce retard.
Soit le débiteur, soit le créancier peuvent, d'ailleurs, être
ainsi en demeure.

a) Demeure du débiteur. — Le retard apporté par le
débiteur à l'exécution de son obligation ne suffit pas pour
le mettre en demeure, car il faut encore que ce retard
lui soit imputable : on ne saurait, en effet, en regarder le
débiteur comme responsable que s'il a commis une faute,
faute qui, ici, consistera dans le fait d'avoir manqué à
l'obligation d'exécuter sa promesse au moment fixé [1].

Il en résulte que le débiteur pourra se libérer en

---

1. Cf. Doneau, *Comm. de jure civ.*, XVI, c. 2 § 2. « *Mora in debi-
tore generaliter dicitur omnis debiti dilatio.* »

1. Doneau, *loc. cit.*, § 1. « *Est enim mora species ejus culpæ, per
quam fit quominus debitor rem præstet, quam debuit.* » — § 2. « ... *In
usu juris,... mora dicitur solum ea, quæ injusta est...* » — Brinz,
Pand., § 271, II, p. 287 et s. — Von Ihering. *op. cit.*, p. 52. — Vangerow, *Lehrbuch d. Pand.*, § 588, note 1.

prouvant qu'il n'est pas en faute et que le retard ne lui est pas imputable. Un passage de Vénuleius [1] fait douter que ce fut la théorie du droit romain. Quoi qu'il en soit, c'est celle du droit français [2], celle du projet de Code civil allemand [3] et du Code fédéral suisse des obligations [4].

Si la faute est l'élément juridique essentiel de la demeure du débiteur, il faut cependant observer que des conditions de fait [5] sont également requises, notamment l'interpellation par le créancier. Mais il faut remarquer que ce n'est pas là un élément juridique nécessaire et suffisant à l'existence de la demeure [6].

b) Demeure du créancier. — La demeure du créancier résulte de la non acceptation de la prestation promise et offerte par le débiteur, ce sont là des questions de fait. Il est très douteux [7] de savoir si, quant à l'imputabilité, la demeure du créancier doit être assimilée à celle du débiteur; on peut, en effet, résoudre la question de trois façons différentes : 1° ou bien on peut considérer le créancier comme tenu de l'obligation de libérer le débiteur et assimiler ainsi la demeure du créancier à celle du débiteur en exigeant l'existence d'une faute : cela donne

---

1. Venuleius, lib. 5, *Stipulationum* (Dig. 1. 137, § 4, *De verb. oblig.*, 45, 1). — Cf. *sic :* Windscheid, *op. cit.*, § 277, note 9, II, p. 88. — *Contrà*, Saleilles, *Théor. des oblig. (Bull. Soc. Lég. Comp.* 1889, p. 188).

2. C, civ., art. 1147. — Cf. Demolombe, XXIV, n. 546 et 552. — Aubry et Rau, § 308, IV, p. 99.

3. Entw. e. b. GB. § 246. — *Motiv.*, II, p. 60 et s.

4. Art. 118.

5. C. civ., art. 1139 et 1146.

6. L'interpellation n'est pas nécessaire, en effet, dans certains cas : cf. art. 1302-4°, 1378, 1379, 1657, 1139, 1146 du C. civ.

7. Cf. Saleilles, *Th. gén. oblig.*, n. 40 (*Bull. Soc. Lég. Comp.* 1889, p. 194 et s.).

au créancier la possibilité de s'excuser en prouvant qu'il n'est pas en faute[1] ; 2° ou bien dire que le seul fait du créancier suffit pour que la demeure soit définitivement acquise ; cela ne lui permet pas de se disculper : il peut seulement prouver que ce n'est pas par son fait, mais par un cas de force majeure qu'il n'a pas reçu le paiement[2] ; 3° enfin, on peut soutenir que les seules conditions de fait suffisent et qu'à la différence de la demeure du débiteur, il n'y a pas à faire intervenir l'idée de faute, ni par conséquent à admettre la possibilité de se disculper : on fait[3] remarquer, à juste titre, en effet, que « la demeure du créancier résulte de l'impossibilité où il se trouve d'exiger du débiteur plus que celui-ci ne doit : or, prolonger l'obligation, c'est demander au débiteur plus qu'il ne doit, c'est de la part du créancier s'arroger un droit que l'obligation ne lui donne pas ; or, le débiteur a le droit de repousser toute aggravation de l'obligation[4]. »

§ 2. *Des rapports de la faute avec le droit de résolution dans les contrats synallagmatiques.*

A un autre point de vue, la faute influe sur l'exécution de l'obligation en matière de contrats synallagmatiques au sujet du pacte commissoire et du droit de résolution.

---

1. Windscheid, *Pand.*, § 345-3°, n. 8 ci 10. — Sächs. G. B. § 750. — Preuss, A. L. R. I., 12, § 102, 3, 940.

2. Mommsen. *Beitr.*, *loc. cit.*, § 17.

3. Saleilles, *loc. cit.*, n. 41 (*B. lég. c.*, p. 195.

4. Cf. *Motiv. z. Entw...* II, 68-69. — Kohler, *Jahr. f. Dogm.*, XVII (1879), p. 265 et s., 409 et s. — Id., *Mod. R. frag. bei islam. Jurist.*, 1885, p. 12. — Preuss. allg., L. R., II, § 98, 102, 103, 939, 940. — Oesterr. G. B., § 1419. — Sächs. G. B., § 746, 749. C. féd., art. 106.

Le droit français, en effet, admet comme garantie d'exécution que « la condition résolutoire est toujours sous entendue dans les contrats synallagmatiques, pour le cas où l'une des parties ne satisfera point à son engagement »[1].

Mais alors se pose la question de savoir si la résolution du contrat doit être prononcée quelle que soit la cause de l'inexécution.

La majorité des auteurs admet que cette cause importe peu[2].

Il semble cependant qu'on aboutisse, par cette manière de voir, à une confusion entre la résolution et la résiliation, et qu'on doive au contraire distinguer selon que l'inexécution provient d'une faute ou d'un événement fortuit.

C'est seulement dans l'hypothèse d'une inexécution provenant d'une faute qu'il y a lieu pour l'autre partie de demander la résolution, c'est-à-dire l'anéantissement complet du contrat même rétroactivement. La raison en est que, dans les contrats synallagmatiques, l'obligation

---

1. C. civ., art. 1184. La résolution pour inexécution des conventions est particulière aux législations basées sur le Code Napoléon; on la retrouve dans le C. civ. belge, art. 1184. — C. civ. italien, art. 1165. — C. civ. espagnol (1889), art. 1124. — C. civ. chilien, art. 1489. Les législations allemandes au contraire, ne l'admettent point. Cf. Oesterr. GB. § 919. — Sächs. GB. § 864. — Voir cependant Preuss. A. L. R. I., 5 §§ 393, 394, 396 et s.; I, 11, §§ 232 et s., 877 et s. — C. féd. suisse des oblig. art. 110.

2. Cf. Larombière, sur l'art. 1184, n. 6 et s., II, p. 92 et s. — Aubry et Rau, § 302, IV, p. 83. — Demolombe, *Contr. et oblig.*, t. II, n. 497. — Labbé, *Question des risques* (*Nouv. Rev. histor.* 1888, p. 377 et s.) — Voir cependant, Laurent (XVII, n° 124), qui paraît trouver la solution trop absolue et qui donne au juge la faculté d'apprécier selon les cas.

de chacune des parties est la cause de l'obligation réciproque de l'autre ; une fois le contrat passé, les contractants ne peuvent pas, par leur propre fait, en modifier
l'étendue, et si un des deux manque à son obligation,
l'obligation réciproque de l'autre n'ayant plus de cause,
doit disparaître. De plus chacune des parties ne peut être
tenue de subir aucune conséquence dommageable résultant d'un fait reprochable à son co-contractant.

La résolution remet les choses dans le même état que
si la convention n'avait pas existé (C. civ. art. 1183-1°).
Le créancier aura donc le droit de demander contre son
débiteur en faute la remise des choses dans le même état
que s'il n'y avait pas eu de contrat. S'il y a eu exécution
partielle antérieure, il pourra exiger, par exemple, la
restitution des sommes payées par lui et la reprise des
marchandises reçues en échange. En outre il pourra réclamer des dommages-intérêts, s'il justifie d'un préjudice quelconque.

Si au contraire l'inexécution du contrat provient dun
cas fortuit, il n'y a lieu qu'à une résiliation, c'est-à-dire
une rupture du contrat, à ce moment seulement et sans
effet rétroactif[1]. Dans ce dernier cas, en effet, l'obligation
se trouve éteinte et l'obligé libéré par l'événement de
force majeure[2] ; si quelque préjudice en résulte, personne

---

1. Cf. Saleilles, *op. cit.*, p. 591 et s. — Cass. 27 mars 1832. Dall.
v° *oblig.*, n. 1246-1°. — Nancy, 12 décembre 1874. Dall. 1875, I,
209 (en note). — Douai, 14 février 1874 et Cass. 3 août 1875, I, 409.
— L'arrêt de Cass. du 30 avril 1878 (Dall. 1878, I, 349) citée par
M. Labbé, à l'appui de la solution contraire, paraît confondre, au
moins dans ses termes, la résiliation et la résolution. — Voir
cependant : Caen, 5 janvier 1875. Dall. 1876, II, 55, qui n'admet
ni résiliation, ni résolution au cas de force majeure et qui déclare
applicable l'art. 1184 du C. civ. au seul cas de faute.

2. C. civ. art. 1302.

n'en est responsable, il n'y a pas lieu à des dommages-
intérêts. [1] Si une exécution partielle a eu lieu, elle a eu
une cause valable, car chaque partie a respecté son obligation et le droit réciproque de l'autre. Les droits qui
ont pu être concédés par les parties à des tiers sur l'objet
des prestations, l'ont été valablement et doivent être res-
pectés. On ne concevrait donc pas qu'il y eut alors lieu à
une résolution.

Cependant, comme à partir de l'événement fortuit qui
a rendu le contrat désormais irréalisable, le contrat n'a
plus de cause, les deux parties doivent dès ce moment
être également dégagées de leurs obligations respectives ;
l'acheteur, par exemple, ne peut être tenu de payer une
marchandise qu'il ne recevra pas. Il n'y aura donc qu'une
résiliation ; le contrat conservera sa valeur et son effet
dans le passé, il ne sera rompu que pour l'avenir.

On peut, du reste, remarquer que c'est cette façon de
penser qu'a adoptée le projet du Code allemand [2].

§ 3. *Des rapports de la faute avec l'obligation de garantie et la responsabilité des vices cachés.*

Dans toutes les conventions où l'on s'engage à aliéner,
le *tradens* doit savoir s'il a la disposition du droit qu'il
promet et si la chose qu'il livre est dans les conditions
auxquelles croit l'*accipiens*. La notion de la faute dans la
théorie de la garantie se rencontrait déjà dans le droit
romain [3] ; il serait difficile de ne pas admettre le même
point de vue dans le droit moderne [4]. Comme on l'a vu

1. C. civ. art. 1148.
2. Cf. Entw. § 369. — *Motiv.* II, p. 198, 209 et s.
3. Cf. l. I § 2. Dig., 21, 1, *De ad. ed.* — V. Ihering, p. 52.
4. Larombière, 1147, note II, p. 6.

précédemment, la garantie ne doit pas être confondue avec la responsabilité, car cette dernière est seulement la sanction de l'obligation qui nous occupe en ce moment : si le *tradens*, avant de contracter, ne s'est pas assuré de son propre droit sur la chose qu'il aliène, il est en faute, et cette faute a pour conséquence de lui faire prendre le. fait et cause de l'acheteur évincé ce qui est la garantie. Or, de ce que la garantie pour cause d'éviction a pour base la responsabilité naissant d'une faute du vendeur, il résulte que toutes les fois qu'un semblable reproche ne pourra être fait à ce dernier, l'obligation de garantie cessera.

C'est ainsi que l'éviction, pour donner ouverture au recours en garantie, doit avoir lieu en vertu d'un droit remontant à une époque antérieure à la vente [1]. C'est encore ainsi que, en principe, la dépossession résultant du fait du prince, c'est-à-dire d'un changement de législation, ou d'un acte arbitraire du pouvoir exécutif, ne saurait être envisagée comme donnant lieu au recours en garantie.

Il résulte encore du même principe que l'obligation de garantie ne saurait incomber au débiteur saisi en cas de vente forcée,[2] car « l'adjudication contient une véri-

---

1. Cf. Aubry et Rau, § 355, IV, p. 374. Il faudrait cependant ne pas appliquer cette solution au cas où l'éviction procéderait d'un fait personnel au vendeur, par exemple de l'exercice d'un droit qu'il a lui-même concédé ; dans ce cas, en effet, ce n'est pas à l'obligation de s'assurer de son propre droit qu'a manqué le vendeur, mais à l'obligation même qu'il a contracté de transférer ce droit à l'acheteur, et, par conséquent, de n'en plus disposer lui-même. Aubry et Rau, *loc. cit.*, n. 15. — Pothier, n. 91 et 92. *Tr. du cont. de vente.*

2. Pothier, *Tr. de la procéd. civ.* Partie IV, chap. II, § 7.

table vente que la justice, pour le saisi et malgré lui, fait à l'adjudicataire de l'héritage saisi ». Il ne paraît pas, que l'intervention de la justice tienne lieu à l'égard du saisi de son propre consentement, et par conséquent on ne saurait le regarder comme en faute de n'avoir pas protesté, lors de la notification de la saisie[1]. — C'était déjà la solution du droit romain ; lorsque le *pignus ex causa judicati captum* était évincé sur l'acheteur, le saisi était regardé comme n'étant pas en faute, la vente étant faite sans sa volonté[2].

Le *tradens* doit également savoir et faire connaître à l'*accipiens* si la chose qu'il vend est, par suite de vices cachés, impropre à l'usage auquel elle est destinée ; s'il manque à cette obligation, il est en faute et responsable.

De ce que la responsabilité relative aux défauts cachés a pour base une faute, il résulte que le vendeur ne sera tenu qu'autant que cette faute pourra lui être reprochée : ce qui n'aura pas lieu notamment lorsque l'acheteur aura connu lesdits défauts[3] ou lorsque la vente aura été forcée[4].

Cette solution s'appliquerait de même au bail à l'égard des défauts de la chose louée[5] ou au contrat d'affrètement à l'égard de l'état de navigabilité du navire.[6]

1. Pothier, *loc. cit.* — Colmet de Santerre, VII, p. 104. — Troplong, 1.432. Argt. d'analogie tiré de 1649 et 1684. —*Contrà*, Aubry et Rau, § 355, note 24, IV, p. 375. — Ollivier et Mourlon, *Commentaire de la loi du 21 mai 1854*, no. 204. — Cass. 28 mai 1862, Dall. 62. 1. 209 et 210. — Lyon, 6 mars 1878. D. 78. 2. 65.

2. Hermogenien, lib. 2. *Juris Epitomarum* (Dig. 1. 74 § 4, XXI, 2. *De evict.*) — Ihering, p. 53.

3. Argt. 1641 C. civ. — Aubry et Rau, § 355 *bis*, IV, p. 390. — 1. 48, Dig. § 4, *De adil. ed.* — Pothier, no. 249, *Tr. Vente*,

4. C. civ. 1649.

5. Cf. C. civ. art. 1721.

6. Cf. C. com. art. 297.

Enfin celui qui transmet à un autre un droit sur une chose pour une contenance déterminée, s'oblige ainsi à ce que la·quantité ou l'espèce délivrées soient égales à celles qu'il a promises, et s'il se trompe, il est en faute : aussi doit-on décider qu'il pourra devoir à ce titre des dommages-intérêts : cela aura lieu notamment dans les ventes[1], ou encore dans les déclarations de contenances relatives à un contrat de louage de choses[2], ou à un contrat d'affrètement[3].

1. C. civ., art. 1617. La différence doit être au moins de 1/20, art. 1619.

2. Argt. 1719 C. civ.

3. C. co. art. 289. La différence doit être au moins de 1/40, art. 290.

CHAPITRE II

DE LA FAUTE CONSIDÉRÉE DANS SES RAPPORTS AVEC L'EXÉCUTION

DES CONTRATS EN PARTICULIER

§ 1. De la faute relative à l'exécution des contrats synallagmatiques. — § 2. De la faute relative à l'exécution des contrats unilatéraux.

§ 1. De la faute relative à l'exécution des contrats synallagmatiques.

A. Vente.

Dans le contrat de vente, les parties sont présumées compter réciproquement sur la diligence d'un bon homme d'affaires ordinaire, spécialiste ou non-spécialiste, selon que l'une d'elles ou toutes deux auront ou non cette qualité.

Par ce contrat, l'un s'oblige à livrer une chose, l'autre à la payer ; pour connaître quand il y aura faute de l'une ou de l'autre partie, il importe de voir jusqu'où s'étendent leurs promesses.

L'obligation du vendeur de livrer la chose, emporte celle de la conserver jusque-là[1] : et il devra pour cela agir comme un bon père de famille ordinaire agirait dans les mêmes circonstances. Il ne paraît pas qu'il faille introduire ici les distinctions de l'ancien droit[2] entre le cas

1. C. civ. art. 1137.
2. Cf. Cujas, *Op. Posth. IV*, p. 380 B. et s. — IV. 49. *Cod.*

où la vente était « *imperfecta* » ou « *quasi-imperfecta* »,
et celui où elle était « *perfecta* » ou « *quasi-perfecta* »,
le cas où l'acheteur a mis le vendeur en demeure et le
cas où la vente a été à tant la mesure, pour tenir compte
tantôt de la faute légère, tantôt de la faute très légère.
Les rédacteurs du Code civil ont coupé court à ces difficultés, en rejetant la division tripartite des fautes.

D'autre part, comme la vente est un contrat qui a pour
but l'aliénation d'un droit, il faut y appliquer les principes posés précédemment sur l'obligation de garantie et
sur la responsabilité pour vices cachés [1].

B. *Mandat.*

Le mandat est un contrat par lequel une personne
donne à une autre le pouvoir de faire quelque chose pour
le mandant et en son nom [2].

Si le mandataire n'exécute pas le mandat, il est en
faute et doit des dommages-intérêts [3] ; d'autre part, il
doit se renfermer dans les limites de son mandat. [4]

La diligence qu'il doit exercer est en principe celle
d'un bon père de famille, d'un homme ayant les connais-
sances ordinaires. Il n'y a donc pas à distinguer, comme
le faisait le droit ancien, selon que le mandat est dans
l'intérêt de l'une ou de l'autre des parties ou des deux à
la fois [5].

Mais il faut remarquer que ce critérium sera le plus
souvent modifié par des circonstances de fait.

C'est ainsi que si le mandataire s'est donné comme un

1. V. *suprà*, p. 217.
2. C. civ. art. 1984.
3. C. civ. art. 1991.
4. Aubry et Rau, § 413, IV, p. 643.
5. Vinnius, *Quæst.* II, p. 97.

spécialiste dans l'affaire dont il s'est chargé, il devra naturellement la diligence qui correspond à cette qualité.
D'ailleurs si le mandant s'ingère dans l'affaire dont la
gestion fait l'objet du mandat, il se peut que cette ingé-
rence atténue plus ou moins la responsabilité du mandataire : ce sera une question qu'il appartiendra aux juges
de décider selon les circonstances.

De même, bien que le Code civil ait écarté[1] l'appréciation absolue de la diligence et de la faute contractuelles
d'après l'avantage que les parties tirent ou recherchent
dans le contrat, cet avantage peut cependant servir d'indice à une présomption de volonté des parties : aussi la
loi présume-t-elle ici que le mandant qui promet un salaire, compte sur une plus grande diligence de la part de
son mandataire, que si le mandat était gratuit[2]. Mais il
faut bien remarquer que, dans le mandat salarié[3], le
mandataire est tenu de sa faute non parce qu'il reçoit
une compensation, mais parce qu'en acceptant le mandat, il promet d'être un bon homme d'affaires, capable
de bien faire, et il est en faute soit pour ne pas agir
ainsi, soit pour ne pas déclarer, lors du contrat, son incapacité de se comporter de la sorte[4].

Enfin, il se peut que l'exécution du mandat requière
ou ne requière pas l'acte personnel du mandataire; cette
circonstance de fait devra encore servir de critérium
pour juger la responsabilité du mandataire lorsque ce-

---

1. C. civ. art. 1137.
2. C. civ. art. 1992-2⁰.
3. Tel est le lien de droit établi entre le capitaine et l'armateur
son préposant: on lui applique le droit commun des contrats auquel
se réfèrent les art. 221 et 230 C. co.
4. Wharton, op. cit., § 498.

lui-ci se sera substitué ou tout au moins adjoint une autre personne :

1° Si le mandat requiert l'acte personnel du mandataire, par exemple si le mandant a choisi ce dernier « *intuitu personæ* » ou si cela ressort expressément ou tacitement des termes du contrat, le mandataire qui se substitue un tiers, manque à sa promesse d'agir lui-même, est par là en faute, et responsable des conséquences de cette faute[1] ; il est responsable de toute inexécution de la part de son substitué ; la preuve du cas fortuit ne pourrait même le libérer que s'il prouvait que le même cas fortuit eût également empêché son exécution personnelle.

2° Si le mandat ne requiert pas l'acte personnel du mandataire, il faut distinguer selon que le mandant aura ou n'aura pas donné pouvoir à ce dernier de se substituer ou de s'adjoindre des sous-agents.

a) Le mandant peut avoir donné pouvoir de substituer soit par une clause expresse, soit implicitement.

Le pouvoir de substituer serait implicitement donné si l'exécution du mandat requérait nécessairement ou même seulement d'après l'usage, l'emploi d'agents par le mandataire : une opération de bourse, par exemple, confiée à un banquier, et nécessitant l'intervention d'un agent de change.

Si le pouvoir est donné par une clause expresse, il se peut que le substitué y soit ou n'y soit pas désigné. — α) Si le mandant a désigné lui-même le substitué, le mandataire ne saurait aucunement être tenu pour responsable des faits de ce dernier ; à moins, cependant, qu'il

---

1. Baudry-Lacantinerie, *Préc. dr. civ.* no. 920, III, p. 544.

ne résulte du mandat que le mandataire soit tenu à une obligation de surveillance sur les actes du substitué : dans ce cas, le mandataire pourrait se libérer en prouvant qu'il n'a pas été en son pouvoir de les empêcher[1]. — β) Si le mandant n'a pas désigné le substitué, il faudra rechercher selon les circonstances si le mandat n'emporte pour le mandataire que l'obligation de choisir un bon substitué, auquel cas il ne serait tenu à l'égard du mandant que de sa *culpa in eligendo*, ou si le mandat emporte de plus une obligation de surveillance sur les actes du substitué. Dans le premier cas, le mandataire serait libéré en prouvant que le substitué qu'il a choisi était notoirement capable et solvable, et dans le second, il devrait pour se libérer prouver de plus qu'il n'a pu empêcher l'acte du substitué.

b) Lorsque le mandant n'a pas expressément ou implicitement donné au mandataire le pouvoir de substituer, sans pourtant avoir exigé ou entendu exiger son acte personnel, le mandataire est libre de faire exécuter le mandat[2] par un tiers qu'il se substitue ; comme aucune obligation ne s'y oppose, cette substitution ne constitue pas une faute ; mais, d'autre part, comme le mandataire s'est engagé à gérer l'affaire en bon père de famille, si son substitué commet quelque faute, il est juste que lui, mandataire principal, en réponde vis-à-vis du mandant. Il ne pourrait donc se libérer en prouvant qu'il a fait un bon choix ou qu'il n'a pu empêcher l'acte du

---

1. Argt. art. 1386 C. civ.

2. Argt. 1994 C. civ. — Locré, *Lég.* XV, p. 223, no. 7. — *Dans ce sens*, Aubry et Rau, § 413, texte et note 14, IV, p. 645, et s. — Baudry Lacantinerie, III, no. 920, p. 514. — *Contrà*, Troplong, *Du mandat*, no. 446.

substitué, mais seulement en prouvant que l'inexécution provient d'un cas fortuit, encore que la substitution en ait été l'occasion ou la cause ; car en se substituant quelqu'un, le mandataire n'a violé aucune obligation, et on ne peut dire alors que le cas fortuit ait été précédé d'une faute.

Telle semble bien avoir été la théorie du droit romain[1], telle était celle du droit canonique[2]. Elle paraît bien, quoi qu'on en ait dit[3], avoir été également celle de notre ancien droit français[4].

1. Argt. Ulpien, lib. 31, ad Edict. l. 8, § 3, Dig. 17. 1. Mand. — Javolenus, lib. 8, ex Camo. l. 28, Dig. De negotiis gest. 3. 5. — Paul, lib. 25, ad Ed. l. 2, § 1, Dig. 11. 6, Si mensor. fals. mod. dix. — Dans ce sens, Thibaut, Syst. des Pand. III, § 267. — Mühlenbruch, Doctr. Pand. II, § 420. — Puchta, Pand. 354. — Contrà, Windscheid, § 410, texte et note 5, II, p. 571. — Cf. Goldschmidt, Zeitschrift. f. Handelsrecht, XVI. p. 309 et s. — Baron, Pand. § 306 (1872). — Seuffert, Arch. XXIV, 238.

2. Sexti, Decret. I, XIX. De procurat. cap. 9, et c. I, § 2. « Procurator vero datus ad negotia, potest libere quandocunque alium deputare. »

3. Aubry et Rau. loc. cit. p. 646.

4. Pothier, Du mandat, no. 99. « La seule question qui peut faire difficulté, est de savoir si, lorsque la procuration ne permet expressément, ni ne défend expressément au mandataire de substituer une autre personne, pour faire à sa place l'affaire dont il est chargé, ce pouvoir doit être présumé lui être accordé par la procuration ? La décision de la question me paraît dépendre de la nature de l'affaire qui fait l'objet du mandat. Si l'affaire est de nature que sa gestion demande une certaine prudence, une certaine habileté, on ne doit pas présumer que le mandant, qui en a confié la gestion au mandataire, par la confiance qu'il avait en sa prudence et en son habileté, ait voulu lui permettre de substituer un autre pour la faire.... Mais si l'affaire qui fait l'objet du mandat ne requiert aucune habilité pour la faire, et qu'il soit indifférent au mandant par qui elle soit faite, le mandant doit en ce cas être présumé avoir laissé à son mandataire le pouvoir de se substituer un autre pour la faire.... »

Il convient de remarquer qu'en Allemagne et en Suisse, il en est tout autrement, et qu'en principe le mandataire est tenu d'exécuter le mandat en personne[1], sauf convention contraire. Il en est de même dans le droit anglais où l'on applique la maxime « *delegatus non potest delegare*[2]. »

La qualité d'être mandataire officiel, c'est-à-dire imposé par la loi aux particuliers, ne saurait influer sur la nature des obligations qui naissent du mandat. Dans l'intérêt général, le législateur français a cru devoir mettre exclusivement aux mains de certaines personnes la possibilité de faire certaines affaires : ce n'est pas ici le lieu d'examiner l'institution du notariat, des avoués, des huissiers, des agents de change, des courtiers maritimes ou autres officiers publics, il suffira de rechercher quelle est la nature de leurs obligations et par conséquent de leurs fautes.

« En réservant[3] à des personnages officiels ce qui, de droit naturel, appartient à la libre activité de l'individu, en concentrant, dans les mains de quelques-uns, ce qui est la dotation naturelle de tous, le droit positif n'a pas modifié la nature de l'entremise. L'intermédiaire officiel reste un intermédiaire. »

Vis-à-vis des tiers, avec lesquels ils n'ont pas contracté,

---

1. « Der Beauftragte ist verpflichtet, das aufgetragene Geschäft in Person zu besorgen ». Sächs. G. B. § 1307. — Cf. Preuss. A. L. R. I, 13, § 37. — Oester, G. B. § 1010 ; Zur, G. B. § 1171. — Schweiz, Bd. Ges. art. 396. — C'est également la disposition du projet de c. civ. pour l'empire allemand, § 588. Cf. *Motiv* sur le § 588, II, p. 531.

2. Stephen, *Comment.* t. II, p, 71. — Cf. 9 Reports, 77, *b.* — Blore, *v.* Sutton, 3 Merivale 237.

3. Sainctelette, p. 193.

les mandataires officiels sont tenus de l'obligation légale *neminem lædere* (C. civ. art. 1382). Vis-à-vis des tiers avec lesquels ils ont contracté, *proprio nomine*, ils sont tenus des obligations qui naissent ordinairement du contrat qu'ils ont conclu. Vis-à-vis de ceux avec lesquels ils ont contracté *procuratorio nomine*, ils sont tenus des obligations d'un mandataire ordinaire dans les mêmes circonstances. Enfin vis-à-vis de leurs clients, ils sont tenus des obligations[1] ordinaires du mandataire spécialiste envers son mandant.

C'est donc à tort qu'on déclarerait d'une façon absolue que ce sont les règles posées à propos des quasi-délits (art. 1382) qui doivent être seules appliquées aux fautes commises[2] par les officiers publics dans l'exercice de leurs fonctions.

Dans tous les cas, la conduite de l'officier public sera appréciée en prenant comme modèle la conduite qu'eût tenue un bon spécialiste dans les mêmes circonstances « *spondet peritiam artis.* » Du reste, des règlements positifs ont déterminé[3], le plus souvent, quelles sont les règles à observer par eux, soit à l'égard des tiers, soit à l'égard de ceux auxquels ils sont liés par un contrat.

Exécuteurs testamentaires. — La charge d'exécuteur

---

1. Sainctelette, p. 194, Laurent, XX, no. 505.

2. V. en sens contraire, Aubry et Rau, § 446, IV, p. 757. — Sourdat, no. 9, I, p. 9, et no. 679, I, p. 703.

3. *Pour les notaires*, cf. notamment l. 25 ventôse an XI, art. 16, 18. Titre I, sect. 2, *De la forme des actes*, et art. 68, *Disposition générale sur la signature des parties.* — *Pour les avoués*, cf. notamment l'art. 1031 C. proc. civ. — Décret 30 mars 1808, *Sur la police et la discipline des cours et tribunaux*, art. 102. — C. proc. civ. art. 707, 711, Pour les saisies. — *Pour les huissiers*, C. proc. civ. art. 1031, Déc. 14 juin 1813, art. 15.

testamentaire n'est point une fonction publique, mais un mandat ; on considère par respect pour le défunt, sa volonté comme encore vivante ; le *de cujus* offre le mandat, l'exécuteur testamentaire l'accepte. C'est donc un véritable contrat.

Il en résulte que l'exécuteur testamentaire est tenu d'exécuter ce mandat selon les principes posés précédemment. Il est responsable de sa faute ou de sa négligence.

De plus, comme cette mission est le plus souvent confiée *intuitu personæ mandatarii*, le juge devra particulièrement ici tenir compte[1] de l'état et de la capacité de l'exécuteur testamentaire, s'il est avéré qu'ils étaient connus du *de cujus*.

C. *Société*.

Lorsque plusieurs personnes conviennent de mettre quelque chose en commun dans le but de réaliser des bénéfices, elles se mettent en société[2] : on conçoit facilement combien la personne même de chaque associé est prise en considération par les autres au moment du contrat, et on voit par là que la diligence que chacun doit exercer doit répondre à celle que les autres pouvaient espérer : la qualité de spécialiste ou de non spécialiste influera donc beaucoup sur l'étendue de cette diligence supposée promise ou espérée, et, par contre, sur l'appréciation des fautes. Toutes les fois que l'un des associés aura manqué aux soins promis expressément ou implicitement[3], à ceux qu'on pouvait raisonnablement attendre de lui, il en sera responsable.

---

1. Cf. Agen, 7 avril 1807. Dall. *Rép.* v° Disp. entre vifs, 4101 et 4094-1°.
2. C. civ., art. 1832.
3. C. civ., art. 1850.

Il faut observer qu'il n'y a pas à apprécier la conduite des associés uniquement d'après leur conduite habituelle, comme le faisaient les anciens commentateurs [1], mais d'après la conduite d'un bon homme d'affaires ordinaire, et de la qualité avec laquelle ils se seront présentés à leurs co-contractants.

Leur responsabilité varie, d'ailleurs, surtout avec la manière dont sont administrées les affaires sociales.

Si aucune convention ne règle le mode d'administration, chaque associé est présumé avoir le pouvoir d'administrer pour les autres, sauf la faculté, pour chacun, de faire opposition [2]. La diligence de l'associé qui gère sans mandat spécial et exprès les affaires sociales, doit alors être appréciée selon le caractère qu'il s'est donné lors du contrat ; en principe et en l'absence de toute convention contraire, on devrait présumer qu'il a promis d'user de la diligence qu'un bon homme d'affaires ordinaires eût exercée dans une société de même nature.

Si le contrat même, ou si une convention postérieure indique celui ou ceux des associés qui seront chargés d'administrer, il se forme, vis-à-vis de leurs coassociés, un rapport de mandat [3] auquel doivent être appliquées les règles de ce dernier contrat, sauf quelques exceptions, indépendantes des questions de responsabilité [4].

---

1. Cujas, *Posth.*, IV, p. 361. B. C., *ad Cod.*, IV, 38.

2. Arg., art. 1850 et 1992, C. civ. — Cf. Aubry et Rau, § 382, note 10, IV, 564.

3. Cf. Cass., 15 janvier 1872. Sir., 1872, I. 9. — Cass., 28 mai 1889. Sir., 1890, I, 9. — Grenoble, 4 fév. 1874. Sir., 1874, II, 168. — Dijon, 24 juill. 1874. Sir., 1875, II, 73.

4. Relativement à la révocation et au droit d'opposition lorsque le pouvoir d'administrer a été confié par le contrat de société lui-même. Art. 1856, C. civ.

C'est ainsi, par exemple, que le gérant d'une société
en commandite doit répondre vis-à-vis des commandi-
taires de toutes les pertes subies pendant sa gestion, et
qui résultent de sa faute ou de sa négligence ; il n'est pas
tenu des autres [1].

La conduite des associés-administrateurs doit être appréciée, comme celle de tout mandataire, conformément
à la qualité qu'ils se sont donnée ou qu'ils auront entendu
assumer lorsqu'ils auront été choisis : ils doivent répondre de leur faute, consistant à y avoir manqué ou à s'être
fait passer dès le principe comme aptes à administrer une
affaire pour laquelle ils se savaient incapables. C'est là,
d'ailleurs, une responsabilité indépendante de celle à laquelle ils peuvent être soumis particulièrement par la
législation spéciale sur les sociétés [2].

La responsabilité des membres du conseil de surveillance s'apprécie d'une façon analogue avec cette différence cependant qu'il faudra tenir compte pour mesurer
l'étendue de leurs obligations et par là leur responsabilité, de la difficulté plus ou moins grande de leur tâche,
de l'habileté frauduleuse du gérant ou des conditions
générales de leur gestion [3].

D. *Louage de choses.*

Par le contrat de louage de choses le bailleur s'oblige à
faire jouir le preneur d'une chose pendant un temps
déterminé [4].

1. Cf. Cass., 18 déc. 1867. Sir., 1868, I, 145. — Cass., 23 nov.
1875. Sir. 1876, I, 21. — Aix, 23 juin 1874. Sir., 1876, I, 21.

2. Loi du 24 juill. 1867.

3. Cf. sur ce sujet la note placée sous l'arrêt de Cassation du 28
mai 1889, dans Sirey, 1890, I, 9 et s. — et loi du 24 juill. 1867, art.
9, 10, 15 et 44.

4. C. civ., art. 1709.

Cette obligation entraîne celle de lui procurer et de lui garantir la paisible possession de la chose louée. On appliquera à cet égard les principes généraux [1] sur l'obligation de garantie la responsabilité pour les vices cachés, et les moyens de défense dont peut user celui à qui incombent de telles obligations [2].

Le preneur, de son côté, est réputé s'engager à user de la chose louée en bon père de famille [3], et suivant la destination qui lui a été donnée par le bail, ou que les circonstances font présumer.

Il en résulte notamment pour lui l'obligation de conserver la chose et de la restituer dans l'état où il l'a reçue. Pour apprécier l'étendue de cette obligation, on prendra comme modèle la diligence qu'un bon père de famille ordinaire eût exercée dans les mêmes circonstances ; il n'y a plus lieu, ainsi qu'on l'a vu plus haut, de rechercher si le preneur est tenu de sa faute légère ou très légère, ainsi que le discutaient les jurisconsultes de l'ancien droit [4].

Le preneur est tenu de conserver et de restituer la chose, par cette raison que le contrat de louage l'en rend débiteur à l'égard du preneur, et il ne saurait être libéré de son obligation [5] qu'en prouvant que la perte ou les dégradations de la chose louée ont eu lieu sans sa faute. C'est là le droit commun des contrats.

---

1. C. civ., art. 1728 et 1721.
2. Voir *suprà*, p. 216.
3. C. civ., art. 1728-1° et 1729. — Pothier, n. 189 et s. *Tr. du louage*.
4. Cf. notamment Voët, *ad Pand. Loc. cond.*, n. 29. — Vinnius, *ad Inst. Loc. cond.*, § 5, n. 1 et s. — Pothier, *op. cit.*, n. 192. — Voir aujourd'hui en sens contraire : Toullier, VI, n. 231, XI, n. 159 et s.
5. C. civ., art. 1732.

Le Code civil ne fait qu'appliquer ce principe, lorsqu'en cas d'incendie,[1] il dit que c'est au preneur à prouver qu'il n'est pas responsable. C'est par suite d'une confusion entre les manquements aux obligations non-contractuelles et les manquements aux obligations contractuelles, que s'était élevée dans l'ancien droit [2] la controverse sur l'ordre des preuves en cette matière, et le défaut d'une analyse suffisante des obligations du preneur avait amené certains jurisconsultes[3] à obliger le bailleur à prouver la faute du preneur. On remarquera, d'ailleurs, qu'il y avait également erreur de la part de ceux [4] qui, soutenant l'opinion contraire, s'appuyaient sur une prétendue présomption autorisée par ce texte de Paul : « *incendium fit plerumque culpa inhabitantium* »[5].

Il en est de même, aujourd'hui, depuis le Code Napoléon, de ceux[6] qui voient dans l'art. 1733 soit une présomption légale établie *à priori* par le Code, en dérogation au droit commun, soit encore une combinaison du prin-

---

1. C. civ., art. 1733.

2. Cf. Merlin, *Rép.*, vº *Incendie*, § 5, n. 9, le deuxième système généralement admis.

3. Voët, *Ad Pand. Ad leg. leg.*, n. 20. — Menochius, *De præsumpt.*, I, 9, 59, 97, n. 10. — Henrys, II, IV, ch. 6, 9, 87 et 163.

4. Vinnius, *Select. Quæst.*, I, 33. — D'Argentré, *Cout. de Bret.*, art. 599. — Favre, *Rationalia, Ad leg.*, 11, Dig. *De peric. et Commod. rei vend.* — Basnage, art. 453. *Cout. de Normandie. Donat.*, II, VIII, 4, n. 6. — Pothier, *Louage*, 194.

5. L. 3, Dig., *De offic. præf. vigil.* I, 15.

6. Duvergier, III, n. 408 et 411. — Paris, 27 janvier 1824. Dall., *Rép.*, vº *Louage*, n. 388, note 1. — Trib. de la Seine, 2 août 1884. *Journ. des assur.*, nov. 1884, p. 544. — Cf. les projets cités par M. Sauzet. *Rev. crit.*, 1885, p. 168 et Guillouard, *Tr. du louage*, I, p. 255 et s.

cipe de l'article 1382 avec 1302, pour aggraver la responsabilité du locataire [1].

Quant aux rédacteurs du Code il ne paraît pas qu'ils se
soient beaucoup appuyés sur des raisons juridiques et sur
les principes du droit, car ils se sont bornés au sujet de
l'article 1733 à quelques considérations pratiques [2].

La responsabilité imposée aux locataires, en cas d'incendie, n'est qu'une application logique des règles qui
gouvernent les contrats et spécialement du principe général inscrit dans l'article 1302 au sujet du débiteur d'un
corps certain.

« Un immeuble a été livré au preneur à bail pour un
temps limité, il a pris l'engagement de veiller à sa conservation, il s'en est constitué le gardien jusqu'à l'époque
où il est tenu d'en opérer la restitution ; il doit donc le
rendre, et le rendre dans l'état où il l'a reçu, ou s'il ne le
rend pas, apporter la preuve qu'il est fondé à ne pas le
rendre, c'est-à-dire que la perte en est arrivé sans sa
faute » [3].

Comme le seul fait d'un incendie n'implique pas que la
chose a péri par force majeure [4] ou sans la faute du locataire, l'article 1733 du Code civil dispose, conformément
aux principes ci-dessus, que le locataire pour se libérer doit prouve « que l'incendie est arrivé par cas for-

1. De Lalande, *Traité du contrat d'assurance c. l'incendie* (Paris,
1885), n. 625, *in fine*.

2. Cf. Fenet, *Trav. prépar. du C. civ.*, XIV, p. 249-250.

3. Premier rapport de M. Durand. *J. off. Doc. parl. Ch.* mars
1882, p. 391, cité par M. Sauzet, *loc. cit.* — Voir dans ce sens,
Sauzet, *loc. cit.* — Guillouard, *Tr. du louage.* (2e édit), p. 253. —
Aubry et Rau, § 367, n. 21. — Troplong, *Louage*, n. 364. — Merlin,
Rép., v⁰ *Incendie*. — Duranton, XVII, n. 104. — Larombière, sur
l'art. 1148, n. 10; II, p. 13 et s.

4. Larombière, *loc. cit.*

tuit ou force majeure, ou par vice de construction, — ou que le feu a été communiqué par une maison voisine. » Mais il serait contraire aux principes généraux sur la responsabilité de limiter les motifs d'excuse que le preneur peut invoquer à ceux qu'énonce l'article 1733 : le preneur ne doit pas être responsable, par cela seul qu'il ne peut prouver un des trois faits déterminés par cet article, s'il prouve, d'autre part, qu'on ne peut lui reprocher aucune faute, qu'on ne peut même l'en soupçonner, enfin, qu'il a donné à la conservation de la chose tous les soins d'un bon père de famille. Nous avons vu, en effet, que dans les contrats comme en dehors des contrats, la responsabilité ne peut se concevoir s'il n'y a pas eu faute, et que, d'autre part, à moins de convention spéciale, les accidents fortuits indépendants de toute faute sont à la charge du titulaire du droit sur la chose.

De plus, on remarquera que si on exigeait du locataire non seulement l'absence de faute, mais encore la preuve d'un des trois cas énoncés (force majeure ou cas fortuit, vice de construction, communication du feu), comme cause probable de l'incendie et s'il fallait qu'il justifiât de cette probabilité, on lui demanderait souvent l'impossible.

Aussi doit-on écarter [1], le système d'après lequel l'ar-

---

1. Cf. Larombière, art. 1148, no. 14 ; II, p. 21. — Guillouard, *Tr. du louage*, I, p. 281. — Laurent XXV, no. 279 et s. — Baudry-Lacantinerie, III, no. 685. — La note placée dans Sirey, 1884, I, 33. — Proudhon, *Usuf.* IV, no. 1552. — Troplong, no. 382. — Trib. de la Seine, 23 déc. 1885, *Gaz. des Trib.* 18 janvier 1886. — Rouen, 16 janvier 1845. Sirey, 1845, II, 473. — Turin, 8 août 1809. Dall. *Rép.* v° Louage, no. 378, note 1. Cass. 15 juin 1872, Sir. 1873, II, 7. — Amiens, 10 avril 1877, Dall. 1878, V. 310. — Dijon, 26 mars 1879, Dall. 1879, II, 148. — Toulouse, 19 févr. 1885, Dall. 1885, II, 137. — Trib. de Chambéry, 23 avril 1884, Dall. 1886, II, 1. — *En*

ticle 1733, encore qu'il ne déroge pas, dans son principe, au droit commun des contrats, s'en écarterait cependant en restreignant les moyens de justifications du preneur, afin de donner au bailleur une garantie plus efficace.

Comme chaque locataire est tenu en vertu de son contrat de restituer ce qu'il a reçu, de même que le locataire unique de tout un immeuble doit rendre cet immeuble ou sa valeur, de même les co-locataires d'une même maison doivent chacun restituer la partie qu'ils en occupent ou sa valeur[1], c'est-à-dire en cas de perte, une part de la valeur totale, proportionnelle à la valeur locative de l'appartement.

Ce principe s'applique en cas d'incendie notamment. C'est le droit commun des contrats qui a été établi et fixé ici définitivement par la loi du 5 janvier 1883; et la solidarité entre les co-locataires, qui existait auparavant en vertu de la loi seule, a disparu pour lui faire place. Aussi, en cas d'incendie, l'insolvabilité d'un des locataires ne saurait-elle plus peser aujourd'hui sur les autres.

De plus, comme selon les principes généraux, le débiteur peut se libérer en prouvant que l'inexécution de ses obligations ne provient pas de sa faute, de même ici chaque co-locataire peut se libérer[2] de son obligation de restituer en prouvant que l'incendie n'a pas pu commencer chez lui, et qu'il ne lui est pas imputable; et comme la responsabilité contractuelle des autres colocataires ne peut se

sens contraire : Bourges, 2 mars 1881, Dall. 1881, II, 111. — Aubry et Rau, § 367, texte et note 22, IV, p. 485. — Marcadé, art. 1733, no. 1. — Merger, _Rev. prat._ 1860, p. 136 et s. — Un projet en 1881, ayant pour objet d'affirmer cette solution, fut rejeté comme inutile. Cf. _Gaz. des Trib._ 20 mars 1881.

1. C. civ. art. 1734, tel que l'a modifié la loi du 5 janvier 1883.

2. C. civ, art. 1734-3°.

trouver modifiée par un fait postérieur à leur contrat et indépendant d'eux-mêmes, le bailleur ne saurait leur demander la part de celui ou de ceux qui se sont exonérés, et leur réclamer plus que ce à quoi les oblige leur contrat[1].

Si les autres colocataires prouvent[2] que l'incendie a commencé dans l'habitation de l'un d'eux, il n'y a plus que ce dernier qui soit tenu ; à moins cependant que lui-même ne prouve que l'incendie, en réalité commencé chez lui, est dû à un cas fortuit ou à une force majeure ; mais s'il ne fait pas cette preuve, conformément à l'article 1733, il est responsable.

Il faut observer que si le locataire ne peut se trouver devoir au bailleur, en vertu du contrat, plus que la valeur de la chose qui lui est louée, il se peut cependant, qu'indépendamment du contrat, le bailleur le poursuive pour avoir par sa faute causé la ruine de toute sa maison, de même que les voisins peuvent l'actionner en réparation pour avoir ainsi endommagé ou détruit leurs immeubles. Mais on aperçoit facilement qu'ici, le bailleur ou les voisins ne réclament pas l'exécution d'une obligation contractuelle. Ils demandent à celui chez qui le feu a pris de réparer les conséquences d'un manquement à l'obligation légale de ne léser personne ; ils devront par conséquent baser leur demande sur la preuve de ce manquement. Or comme le fait que le feu a pris chez un locataire n'implique pas nécessairement une faute ou un cas fortuit, de même qu'au cas de poursuite

1. Cette application du principe général posé par l'alinéa 1er paraît bien ressortir des travaux préparatoires de la loi de 1883 et notamment des modifications apportées par le Sénat au projet de la Chambre des députés. — Cf. Sauzet, *Rev. crit.* 1883, p. 176 et s.

2. C. civ. art. 1734-2°.

ex contractu, c'est au locataire à prouver qu'il n'est pas en faute, de même au cas de poursuite *ex quasi-delicto*, ce sera au demandeur à prouver que celui chez qui le feu a pris est en faute.

Cette preuve d'ailleurs ne serait plus à faire si les autres colocataires avaient déjà prouvé positivement cette faute. Mais cette dernière ne saurait résulter d'une présomption qui ramènerait à la confusion signalée plus haut entre la faute contractuelle et la faute extra-contractuelle. Ce serait d'ailleurs également à tort qu'on rattacherait la responsabilité pour la totalité de l'immeuble à l'ancienne solidarité dérogatoire au droit commun, écartée expressément par la loi du 5 janvier 1883.

Si donc, par sa responsabilité contractuelle, le locataire ne peut être tenu au-delà de la valeur de l'appartement ou portion de l'immeuble qui lui est louée, du moins par sa responsabilité quasi-délictuelle il peut être tenu de la totalité de la maison, comme de la valeur des immeubles voisins[1].

Si le propriétaire occupait lui-même une partie de la maison incendiée, il n'aurait pas besoin, pour réclamer de ses locataires la restitution des lieux loués ou de leur valeur, de prouver que l'incendie n'a pas pris chez lui. On l'exigeait avant 1883 à cause de l'ancienne solidarité entre tous les habitants de la maison ; mais comme aujourd'hui les seuls principes du droit commun des con-

---

1. Cf. Sauzet, *Rev. crit.* 1885, p. 182 et s. — Baudry-Lacantinerie, III, no. 687. — Guillouard, *op. cit.* I, no. 277. — *En sens contraire* : Trib. de Nîmes, 29 déc. 1883, Dall. 1884, II, 97, 98. — Dijon, 23 déc. 1885, Dall. 1886, II, 246. — Cass. 5 avril 1887, Dall. 1887, I, 329. — Toulouse, 19 février 1885, Dall. 1885, II, 137. — Cf. Batbie, *Rev. crit.* 1884, p. 739 et s.

trats doivent s'appliquer ici, rien n'oblige le bailleur à faire cette preuve préalable ; bien plus, les travaux préparatoires de la loi de 1883 suffiraient à faire rejetter cette solution[1].

Enfin il faut observer que ce qui a été dit au cas de locataire unique sur ce que ce dernier doit prouver pour se libérer, reçoit également son application au cas où l'immeuble incendié est loué séparément à plusieurs personnes. Le co-locataire actionné n'aura donc pas besoin de prouver d'une manière directe et spéciale la cause du sinistre, il lui suffira de prouver que le sinistre ne lui est pas imputable, et si pour se libérer, il doit expliquer le commencement de l'incendie, il lui suffira de montrer *où* le feu a pris ; il n'est pas nécessaire qu'il prouve *comment* il a pris[2].

Les mêmes règles qui viennent d'être énoncées doivent d'ailleurs s'appliquer à tous les louages de choses, au bail à cheptel par exemple[3].

E. *Louage de services.*

Par le louage de services, une personne s'engage à prêter ses services ou certains services à une autre moyennant un salaire que lui promet cette dernière.

Nous avons vu précédemment qu'on ne saurait faire résulter de ce contrat à la charge de l'employeur, une obligation de garantie ni même le devoir de surveillance ;

---

1. En ce sens, Guillouard, *op. cit.* I, no. 273.

2. Cf. sur la preuve du commencement d'incendie : E Dramard, *Rev. crit.* 1887, p. 240, et deux décisions sur la même affaire : un jugement du tribunal de Limoges du 31 décembre 1884 ; et un arrêt de la cour de Limoges du 18 janvier 1886, à la fin de la précédente dissertation.

3. C. civ. art. 1806 et 1808.

ce dernier lui incombe de par la loi : il doit remplir ce
devoir dans toutes les circonstances de la vie juridique,
à l'occasion de l'exercice d'un droit ou de l'exécution d'un
contrat.

Les seules fautes contractuelles auxquelles le contrat de
louage de services pourra donner naissance seront celles
qui résulteront du manquement à l'obligation de prêter
les services promis dans les conditions convenues ou de
payer le salaire dans les termes fixés par la convention.

On a vu cependant précédemment que, en vertu du
contrat d'engagement des gens de mer, le capitaine est
tenu particulièrement d'indemniser ces derniers dans une
certaine limite pour les accidents survenus dans le service du bord, mais qu'au delà de cette limite il reste soumis au droit commun de l'art. 1382[1].

Si celui qui loue ses services est ou se dit être un spécialiste, il doit exécuter les services convenus avec la diligence d'un bon spécialiste; c'est là une obligation qui
naît de la promesse qu'il a consentie, et le fait qu'il s'agissait de l'exercice d'une profession libérale[2], c'est-à-dire
scientifique, littéraire ou artistique ne saurait empêcher
la convention de produire des obligations civilement
obligatoires.

Telles sont les obligations auxquels s'astreignent les
médecins, les avocats, les artistes ou les hommes de
lettres : s'ils ne les exécutent pas, ils sont tenus contractuellement envers celui à qui ils ont promis leurs services

1. Voir plus haut, p. 124.
2. *Contrà*, Aubry et Rau, § 344, texte et notes 2 à 4, IV, p. 314 et
§ 371 *bis*, texte et note 1, IV, p. 512. — Dans notre sens : Sainctelette, p. 23, chap. II, no. 12.

et c'est à tort qu'on appliquerait ici les règles des délits ou quasi-délits, au lieu de celles des contrats[1].

De plus, comme les personnes ci-dessus ne s'engagent pas à représenter celui qui traite avec eux, mais à accomplir des actes particuliers en leur propre nom[2], leur engagement est bien un louage de services et par conséquent ce serait à tort qu'on verrait en eux des mandataires[3], car le mandataire n'agit qu'au nom et comme représentant de son commettant.

C'est ainsi que le médecin qui s'engage à donner des soins à un malade[4], est tenu de le faire avec la diligence d'un praticien sage et soigneux, qui se conforme aux prescriptions ordinaires de la science médicale. Il manquerait à cette obligation et serait en faute s'il appliquait au malade un remède nouveau à titre d'expérience, ou s'il lui faisait une opération chirurgicale, à moins que ce dernier n'y consentît ou[5] qu'il fût dans un état désespéré.

1. *Contrà*, Aubry et Rau, § 344, IV, p. 344.

2. Duvergier, II, 268 et s. — Taulier, *Théorie raisonnée du C. civ.* VI, p. 284 et 297.

3. C'était l'opinion de Pothier, *Tr. du Mandat*, no. 26. Marcadé, art. 1779, no. 2.

4. Trib. du Havre, 8 décembre 1889, *Gaz. des Trib.* 2-3 janvier 1890.

5. Trib. civ. de Liège, *Gaz. des Trib.* 2-3 janvier 1890. — Dans l'ancienne législation des Perses, l'intérêt qu'inspire la santé des citoyens avait fait prescrire des dispositions encore plus rigoureuses. Il était défendu aux médecins d'essayer le premier effet de leur science et de leurs remèdes sur un disciple de Zoroastre : on devait choisir un infidèle pour cette épreuve. Si l'infidèle en était victime et deux autres comme lui, le médecin était déclaré ignorant et déchu du droit d'exercer la médecine, à peine de subir le « Bodoveresté » (c'est-à-dire d'être coupé en morceaux) si quelqu'un en éprouvait le moindre dommage. Cf. Zend-Avesta, trad. par Anquetil Du Perron (1771, Paris), IIe partie, Vendridad-Sadi, fargard 7, p. 324.

De plus, comme la vie humaine est intéressée à l'exercice de sa diligence, on devrait déclarer nulle comme contraire à l'ordre public la clause par laquelle il s'exonérerait de toute responsabilité de sa négligence.

L'avocat n'est pas plus un mandataire[1] que le médecin, il doit à son client tous les soins d'un bon juriste. Cependant comme par un très ancien usage le barreau interdit à ses membres de garantir le succès des procès qu'ils défendent, le client n'est pas présumé compter sur cette garantie et il ne saurait agir en dommages-intérêts[2] contre l'avocat pour les erreurs que ce dernier pourrait avoir commises.

Il en est de même enfin des artistes et des gens de lettres qui s'engagent à exercer leur art au profit d'une autre personne : tel serait l'engagement d'un musicien d'exécuter un morceau de musique ou d'un journaliste d'écrire dans un journal. Seulement ici la personnalité de celui qui loue ses services est prise avant tout en considération par le locateur, et on conçoit qu'il sera bien difficile de décider si le premier a ou non manqué à la diligence qu'il avait promise.

F. *Contrat de transport.*

C'est le contrat par lequel une personne s'engage à recevoir une personne ou une chose pour la transporter et la restituer à l'arrivée.

Il est curieux que depuis très longtemps, et déjà sous

---

1. On a jugé que l'avocat plaidant représente la partie et que son aveu est censé fait par la partie elle-même. Cass. 16 mars 1814. Mais M. Cresson, qui rapporte cet arrêt, fait observer que cela n'est exact que si la partie est présente à l'audience et fait sienne l'affirmation de la plaidoirie (*Profess. d'Avocat*, II, p. 81).

2. Cresson, *Profess. d'Avocat*, II, p. 80.

les Romains, on ait souvent assimilé le contrat de transport au contrat d'hôtellerie[1]. C'est que, si le but de ces
deux contrats est différent, si le but de l'un est le déplacement sain et sauf d'une chose, tandis que celui de
l'autre consiste seulement à la garder, tous les deux ont
ce point commun qu'une chose est confiée à quelqu'un
sans que celui-ci puisse s'en servir, et dans le seul intérêt du propriétaire.

Pendant le transport, le voiturier doit veiller à la conservation de la chose, et s'il est spécialiste, par exemple
entrepreneur de transports, il doit user des soins ordinaires d'un bon spécialiste.

L'obligation de conserver, ainsi qu'on a déjà eu l'occasion de le remarquer, résulte de l'obligation de déli-
vrer la chose à l'arrivée : si, en effet, vous vous engagez
à transporter tel colis de Paris au Havre, si vous ne le
délivrez pas à ce lieu à l'époque convenue, vous manquez
à votre obligation, et vous êtes responsable, à moins que
vous ne prouviez que vous n'êtes pas en faute. C'est pourquoi la loi déclare[2] que le voiturier est responsable de la
perte et des avaries des choses qui lui sont confiées, à
moins qu'il ne prouve qu'elles ont été perdues ou ava-
riées par cas fortuit ou force majeure.

C'est donc à tort qu'on considérerait l'article 1784 du
Code civil comme posant une présomption de faute à la

---

1. Cf. Dig. IV, 9, *Nautæ, caupones,* stabularii, *ut recepta resti-*
tuant. — C. civ. art. 1782. — Il existe cependant une différence
quant à la preuve du dépôt des objets réclamés, car la dérogation
aux règles de la preuve, admise en cas de dépôt nécessaire, n'est
pas applicable en matière de transport. — Sourdat, no. 983, II,
p. 212.

2. C. civ. art. 1784.

charge du voiturier par dérogation au droit commun[1] ;
la loi ne fait, au contraire, qu'appliquer là la règle générale des contrats, et l'obligation de restituer la valeur de
la chose, en cas de perte, ne naît pas de la faute réelle ou
présumée du voiturier, mais seulement de l'engagement
qu'il a pris de conserver et de restituer cette chose[2].

D'ailleurs, de ce que la loi dit que le voiturier sera
libéré s'il prouve le cas fortuit ou la force majeure, il ne
faudrait pas conclure que ce soit là les deux seuls modes
de libération possibles pour lui. Ici, comme dans les
autres contrats, le transporteur ne saurait être responsable de l'inexécution de ses engagements lorsqu'il
prouve que cette inexécution ne lui est pas imputable :
la preuve directe et positive de la cause de la perte n'est
donc pas nécessaire, il faut et il suffit qu'il prouve qu'il
n'a pas commis de faute, qu'il a agi en bon voiturier[3].

Comme le vice propre de la chose à transporter n'est
point imputable au voiturier, il a été assimilé à la force
majeure et celui-ci pourra se libérer en prouvant que
telle a été la cause de la perte[4].

De ce que l'obligation de conserver et de restituer
est la conséquence du contrat de transport, il résulte
que cette obligation incombe au transporteur quel que
soit l'objet à transporter[5] ; il n'y a pas à distinguer si

1. Cf. Guillouard, *op. cit.*, no. 743, II, p. 266. — Lyon-Caen, note
dans Sirey, 1885, I, 129 (sous un arrêt de cass. 10 novembre 1884).

2. Sainctelette, *op. cit.* p. 51. — En sens contraire : Troplong,
Tr. du louage, no. 936. — Sourdat, no. 995, II, p. 222 et s.

3. Sourdat, no. 999, II, p. 231. — Cf. Allg. deustch. Hand. GB.
§§ 395, 397.

4. C. co. art. 103.

5. Cf. Cass. 1er mai 1855. Dall. 1855, I, 157. — Paris, 20 juin
1836. Dall. *Rép.* vo Responsabilité, no. 544. — De même en Bel-

c'est une personne ou une chose; et comme l'ordre des preuves n'est que la conséquence du caractère contractuel de cette obligation, il doit être le même dans les deux cas.

Il est vrai que la loi ne fait l'application des principes généraux qu'au cas où ce sont des choses qui sont transportées, mais cela ne peut empêcher que la même solution soit donnée lorsque ce sont des personnes.

Si la loi n'avait rien dit pour le transport des choses, la seule application des principes eût conduit à la solution qu'elle consacre : il faut faire de même en ce qui concerne le transport des personnes.

Si celui qui confie un colis à un entrepreneur de transport est présumé entendre que ce colis arrive sain et sauf à destination, à plus forte raison en est-il de même de celui qui confie sa propre personne[1].

Ce sera donc au transporteur à prouver que l'inexécution de ses obligations ne lui est pas imputable, ou qu'elle provient soit de la force majeure, soit du cas fortuit, soit de la « contributory negligence » du voyageur.

---

gique, cf. Sainctelette, *op. cit.* p. 96 et 97. — Bruxelles. 11 décembre 1879, *Pasicrisie*, 1880, II. 60. — Bruxelles, 28 nov. 1881, Dall. 1881, II, 128. — Bruxelles, 23 janvier 1882, *Pasicrisie*, 1882, II, 148.

1. V. dans ce sens, Sourdat, no. 976 et s. II, p. 208 et p. 281. — Lyon-Caen et Renault, *Préc. droit comm.* I, no. 892. — Guillouard, *Tr. de louage,* II, no. 743. — Verne de Bachelard, *Responsabilité des chemins de fer en matière de transport,* p. 13 et 14. — Paris, 27 nov. 1866. Dall. 1885, I, 434, note (a). C. sup. Luxembourg. 2 août 1877, *ibid.* note (b). — L. Sarrut, *Rev. crit.* 1885, p. 138. — En sens contraire : Amiens, 28 déc. 1881. Dall. 1882, II, 163 ; et sur pourvoi, Cass. 10 nov. 1884. Dall. 1885, I, 433. — Féraud-Giraud, *Code des transports,* III, r.o. 420, p. 316.

Conformément aux principes établis précédemment,
les parties peuvent régler à leur gré les conditions du
contrat de transport et l'étendue plus ou moins grande
des obligations qui en naissent, pourvu toutefois que ces
conditions d'exécution n'aillent pas jusqu'à blesser l'intérêt général ; c'est ce qui aurait lieu toutes les fois que
le transporteur stipulerait qu'il n'entend pas être responsable du manquement aux soins que la sécurité des voyageurs exige. Aussi les clauses de non-responsabilité de-
vraient-elles être déclarées nulles dans le transport des
personnes.

Mais comme le transport sain et sauf des marchandises, leur bon état à l'arrivée, sont d'ordre purement
privé, comme les dommages matériels ne sont guère as-
similables aux dangers courus par la vie des personnes,
rien ne s'oppose ici au libre exercice de la volonté des
parties. Le transporteur peut stipuler valablement qu'il
ne se charge pas de surveiller la chose ni de la conserver, qu'il entend seulement s'obliger à la transporter[1].

Il résulte d'une telle clause que le déplacement d'un
point à un autre est la seule obligation dont le transporteur est tenu et pour laquelle le chargeur peut le
rechercher au nom du contrat.

Tel n'est cependant pas absolument le système adopté
aujourd'hui par la jurisprudence française, au moins en
matière de transports terrestres exécutés par les compagnies de chemins de fer. D'après ce système, les clauses
de non garantie insérées par les compagnies sont nulles en

---

1. V. dans ce sens, Sainctelette, p. 50 et s. — Bruxelles, 24 fév.
1869. Pasicrisie, 69, II, 200. — En sens contraire, Pardessus, *Droit
comm.*, II, n. 342. — Sourdat, n. 995, II, p. 221 et la jurisprudence.
— Cass., 26 janvier 1859. — Cass., 31 mars 1874. Dall., 74, I, 303.

tant qu'elles ont pour but l'irresponsabilité de ces dernières : elles laissent donc subsister leur responsabilité.
Seulement, tandis que, pour les transports à tarif général, la compagnie répond de la perte ou de l'avarie, à
moins qu'elle ne se disculpe valablement, au cas de transports à tarif spécial contenant clause de non-garantie,
c'est à l'expéditeur ou au destinataire de faire la preuve
de la faute de la compagnie : le seul effet de cette clause
est de déplacer le fardeau de la preuve[1].

On a essayé de justifier le système de la jurisprudence
française en disant, d'une part, qu'on ne peut s'affranchir
de ses fautes personnelles, mais, d'autre part, que si on
ne le peut, cela ne doit s'entendre cependant que de « la
faute prouvée et non de la faute présumée »[2]. Il est aisé
de voir que cette manière de penser ne peut pas se concilier avec les principes qui ont été posés et appliqués
jusqu'ici : en effet, le principe n'est pas qu'on ne peut
pas s'affranchir de ses fautes, mais que les obligations
contractuelles sont laissées au gré des parties ; de plus,
le débiteur de corps certain n'est pas obligé de restituer
la valeur de la chose parce qu'il est en faute, mais parce

---

1. V. dans ce sens, Troplong, *Tr. du louage*, sur l'art. 1784, n.
942. — Féraud-Giraud, II, n. 797. — Bordeaux, 5 mars 1860. Dall.,
1860, II, 176. — Cass., 4 février 1874. Sirey, 1874, I, 273. Dall.,
1874, I, 305 et la jurisprudence constante depuis cet arrêt de 1874.
— Cf. notamment Cass., 5 janvier 1876 et janvier 1876. Dall., 1877,
5, 90. — Cass., 6 février 1877 et 30 mai 1877. Dall., 1877, 1, 383. —
Cass , 24 juillet 1877. Dall., 1879, I, 28. — Cass., 10 décembre 1878.
Dall., 1879, I, 53. — Cass., 5 janvier 1881. Dall., 1881, I, 155. —
Cass., 5 mars 1884. Dall., 1884, 1, 194. — Cass., 24 mars, 14 avril,
21 juillet 1885. Dall., 1885, 5, 84. — Cass., 4 février et 16 mars
1885. Dall., 1885, I, 435. — Cass., 22 mai 1889. Sir., 1890, I, 30.

2. Cf. note dans Dalloz, 1874, I, 305, sous l'arrêt du 4 février
1874.

qu'il s'y est engagé par le contrat : aucune faute n'étant présumée contre lui, il n'y a pas à distinguer entre une telle faute et une faute prouvée. Enfin, il est bien difficile de ne pas reconnaître que la jurisprudence interprète les susdites clauses en prêtant aux parties un langage absolument contraire à celui qu'elles ont tenu, et qu'elle méconnaît ainsi les termes mêmes du contrat[1].

Lorsque le transport doit s'effectuer par mer, le contrat prend alors le nom particulier d'*affrètement* ; comme les conditions dans lesquelles s'effectuent les voyages maritimes sont différentes en durée et en danger des voyages par terre[2], ce contrat présente quelques particularités qui le distinguent du transport terrestre : et bien qu'en principe l'obligation du fréteur de conserver et de transporter soit la même que celle du voiturier, cependant elle est d'autant plus grave et étendue pour lui que l'exécution de son contrat est appelée à durer plus longtemps et à rencontrer des dangers plus imprévus.

Le fréteur doit répondre vis à-vis de l'affréteur de la perte, de l'avarie ou du retard qui arrivent par sa faute ou celle de ses préposés dans l'exécution du contrat ; d'autre part, comme le capitaine est en quelque manière le préposé du chargeur en même temps que celui de l'armateur-fréteur, le chargeur-affréteur peut demander compte des avaries soit à l'armateur-fréteur, à raison de sa responsabilité propre ou de sa responsabilité civile, soit au

---

1. Sainctelette, p. 56 et p. 66. — Cf. Sarrut, *Rev. crit.*, 1885, p. 137.

2. Le contrat d'affrètement a, en effet, une nature double, il tient à la fois du contrat de transport ordinaire et du louage de choses ; c'est ainsi par exemple, que le nom du navire est pris en considération.

capitaine à raison de sa responsabilité propre. Mais il importe de constater que les rapports existant entre les trois
personnes, armateur-fréteur, capitaine, chargeur-affréteur, sont des rapports contractuels, que la convention
peut, par conséquent, fixer librement.

En principe, le fréteur doit user de la diligence que
réclame le bon état des marchandises, surveiller leur arrimage, et, en général, sa conduite doit s'apprécier d'après
celle d'un bon spécialiste dans les mêmes circonstances.

Si l'objet à transporter n'est pas remis à destination, ce
sera à l'armateur ou au capitaine à prouver que l'inexécution du contrat ne leur est pas imputable, qu'elle provient
d'un cas fortuit, d'une force majeure, d'un vice propre[1].

La question de savoir si l'avarie, la perte ou le retard
proviennent de la force majeure ou d'une faute sera jugée
par les tribunaux à l'aide du journal de bord, du rapport
de mer, du certificat de visite, du certificat d'arrimage.

Comme les accidents de mer sont très fréquents, que
le nombre des transports est aujourd'hui considérable,
et que l'intérêt des armateurs est d'opérer les transports,
chargements et déchargements le plus rapidement possible, ceux-ci ont cherché à couper court aux difficultés et
aux lenteurs de la procédure et aux risques pécuniaires
considérables qu'engendrent les actions en responsabilité.

Tel a été, en premier lieu, le but des clauses « que dit
être » ou « mesure, poids, quantités inconnus »[2]. Par ces

---

1. Cf. C. civ., art. 230. — C. civ., 1302, 1315, 1147.
2. Cf. Valin sur l'art. 2, III-ii. Ord. 1681. — Targa, *Ponderazzioni
maritime*, cap. 31, n. 4. — Casaregis, *Disc.*, 10, n. 55. — Pothier,
Charte-partie, n. 17. — Emerigon, *Assur.*, ch. XI, sect. 5, §1. — Cf.
aujourd'hui, par exemple, les connaissements de la Compagnie
générale transatlantique (lignes de l'Atlantique); la dernière ligne
des clauses qui y sont jointes, porte : « Poids, qualité et contenu
inconnus. »

clauses très anciennes que l'on a déjà eu l'occasion de signaler précédemment, les parties entendent déroger à
l'ordre ordinaire des preuves concernant la faute : le capitaine, en effet, déclare ainsi dans son connaissement,
ne pas vérifier les mesure, poids et quantité des marchandises, dans le but de se décharger de toute responsabilité contractuelle à cet égard. Si, par conséquent, le
destinataire se plaint de n'avoir pas reçu le poids, la
quantité ou la mesure chargés, c'est à lui de prouver que
c'est par la faute du capitaine. On conçoit que ce dernier ne pourrait s'en prévaloir s'il avait auparavant re-
noncé à cette clause dans la charte-partie[1], ou si en fait
il connaissait les poids, mesure, etc.[2].

La pratique générale et commune des armateurs est
encore et surtout, aujourd'hui, de déclarer qu'ils s'engagent uniquement au transport, et de stipuler qu'ils
entendent ne répondre que de cette obligation. Parmi ces
clauses portées dans les connaissements, on en peut distinguer plusieurs espèces :

a) Certaines[3] de ces stipulations n'ont pour objet que
d'affranchir l'armateur de sa responsabilité civile pour
les faits et actes de ses préposés ; elles sont presque de
style aujourd'hui. Comme aucun texte ne les défend[4],
elles sont valables[5] comme toute autre convention, à

---

1. Rouen, 26 juill. 1881. Dall., 1882, II, 185.
2. Cass., 8 août 1882. Dall., 1883, I, 249.
3. Cf. Connaissements des Messageries maritimes, clauses, art. II.
— *Id.*, Comp. gén. transatlantique, art. VIII.
4. Il semble qu'il n'y ait pas à argumenter par analogie de la possibilité pour l'armateur de contracter une assurance contre la baraterie de patron (C. com., art. 353) ; on a vu, en effet, plus haut, que
l'assurance diffère de la clause d'affranchissement. V. *suprà*, p. 68.
5. V. dans ce sens : Cass., 2 avril 1878. Dall., 1878, I, 479. — Cass.,

moins pourtant qu'il ne s'agisse de la sécurité des passagers, car elles se heurtent alors à l'ordre public; dans ce
cas, le fréteur ne pourrait s'en prévaloir.

On devrait, d'ailleurs, écarter ici[1] l'effet erroné attribué à ces clauses en matière terrestre, c'est-à-dire celui
d'intervertir uniquement le fardeau de la preuve. Il convient, cependant, de remarquer que cette interprétation
resterait possible si la stipulation n'était pas claire et formelle, car le rôle du juge serait alors de chercher à lui
donner un sens[2].

Il n'y a pas, d'autre part, à distinguer entre les fautes
nautiques du capitaine et les fautes commerciales proprement dites[3], ainsi qu'on l'a proposé, notamment au
congrès tenu à Bruxelles en 1888 : la loi ne fait nulle
part cette distinction[4].

23 juill. 1878. Dall.,1878, I, 349 et en général la jurisprudence de la
Cour de cassation. — Cf. également : Cass., Belg., 12 nov. 1885.
J. du P., 1887, II, 21. — Cass., 22 janvier 1884. Dall., 1884, I, 121.
— Lyon-Caen et Renault, *Précis de droit comm.*, II, n. 1656. — *Rev.
crit.*, 1880, p. 755 et s., note sur l'arrêt de Cass. belge du 12 nov.
1885, cité plus haut. — De Courcy, *Quest. droit marit.*, II, p. 75 et
s. — Sourdat, II, n. 1017 *bis*. — Cass., 14 mars 1877. Dall., 1877,
I, 449. — Cass., 31 juill. 1888. Dall., 1889, I, 305. — En sens contraire : Desjardins, *Tr. droit marit.*, II, n. 276. — Boistel, *Préc. droit
comm.*, n. 1186. — En général, la jurisprudence des trib. de comm.
— Cf. Trib. comm. Anvers, 22 juill. 1884. *J. du P.*, 1887, II, 18.

1. Cf. plus haut, p. 246. — *Contra* : de Valroger, *Droit marit.*, I, 246.

2. Arg., art. 1156 et s. C. civ. — Cf. Cass., 21 juillet 1885 et 1er
mars 1887. Dall., 1887, V, 2.

3. Cass., 31 juillet 1888. Dall., 1889, I, 305. — Cpr. Cass., 17 nov.
1886. Dall., 1888, I, 113, et la longue note au bas de cet arrêt. — Il
est vrai que cette distinction se trouve dans les polices françaises
d'assurances sur corps de navires (art. I et IV). Mais cela ne signifie
qu'une chose, c'est que si la police ne contenait pas cette clause particulière, l'assureur répondrait de toutes les fautes.

4. Cp. art. 221, 222, 229 du C. comm. en ce qui touche la res-

b). D'autres clauses ont pour but d'affranchir l'armateur ou le capitaine de leur responsabilité propre vis-à-vis du chargeur. — On doit admettre, comme précédemment, qu'en vertu de la liberté des conventions, ces clauses sont valables, à moins qu'elles ne mettent en danger la vie des personnes, auquel cas l'armateur ou le capitaine ne pourraient s'en prévaloir. Quand, au contraire, il s'agit des marchandises et de la cargaison, ces stipulations sont parfaitement valables, car l'armateur ou le capitaine ne s'exonèrent pas à proprement parler d'une faute et de leur responsabilité, mais ils conviennent plutôt qu'il est bien entendu qu'ils n'assument aucune obligation de conserver et de surveiller ; or, s'ils ne se sont pas engagés à conserver et à surveiller, il est naturel qu'on ne puisse pas leur reprocher de ne l'avoir point fait.

Cette solution n'a cependant pas prévalu dans la jurisprudence française, qui applique ici son système d'interversion de la preuve comme en matière de transports terrestres[1].

En Angleterre et aux États-Unis, le transporteur[2] n'est pas seulement réputé s'engager à conserver la chose et à la restituer en bon état, mais d'après le *common law*, il est de plus présumé s'être porté assureur vis-à-vis du

---

ponsabilité du capitaine et l'art. 353 du même Code quant à la faculté de s'assurer contre la baraterie de patron.

1. Cass. 24 juill. 85. *J. du P.* 87. 1. 281. Dall. 85. 5. 86. — Cass. 1er mars, 87. Dall. 87. 5. 2. — Dans le même sens, J. trib. co. Anvers, 31 mars 85. *J. du P.* 85, II, 21. — Cass. 29 nov. 81. Dall. 82. 1. 70. — Cass. 11 fév. 84, Dall. 84. 1. 399.

2. Sur la responsabilité des propriétaires de navires. Cf. E. L. de Hart. *The liability of Shipowners at common law.* Law. quart. Review (1889), vol. V, no. 17, p. 45.

chargeur[1], pour toute perte ou détérioration arrivée autrement que par le cas fortuit ou la force majeure, c'est-à-dire « the act of God, or the Queen's enemies ». Mais il est laissé à la libre convention des parties de restreindre la mesure de cette responsabilité, et c'est ce qui a lieu le plus souvent en pratique. Tel est le *common law*.

En Angleterre, le *statute law* y a, dans certains cas, apporté quelques restrictions ou modifications : dans le transport par terre[2], le voiturier ne peut restreindre ou modifier sa responsabilité d'après le droit commun, au moyen d'avertissements publics, mais, d'autre part, pour certaines marchandises de grande valeur, s'il se conforme à certaines conditions, il est limitativement protégé. Dans le transport par mer, le fréteur, est bien en principe un voiturier ordinaire, mais il reste très rarement sous l'empire du *common law*, son rôle étant déterminé par la charte-partie ou le « bill of lading » ; or le plus souvent il y est dérogé à l'obligation d'assurance qui lui incombe ; le fréteur y déclare rester étranger à toute perte ou avarie causée par « the act of God, or of the queen's enemies, or by the perils of the seas[3]. »

De plus, par le Merchant Shipping Act 1854[4], cette clause de non-assurance est toujours sous-entendue et l'armateur n'est responsable ni de l'incendie, ni du vol de bijoux ou des objets de grande valeur, [5]qui ont lieu

---

1. Cf. pour l'Angleterre, Co. Litt. 89 ; et dans lord Raymont's *Rep.* 918. Coggs *v.* Bernard, — Stephen, II, p. 91. — Pour les Etats-Unis, Wharton, § 552.

2. 11 George IV et 1 William IV, chap. 68, « *The Carriers Act* ». — Voir également, 28 et 29 Victoria, ch. 94.

3. Cf. Abbott, *on Shipping*, 218 (3ᵉ éd).

4. 17 et 18 Vict. c. 104.

5. 17 et 18 Vict. c. 104, sect. 503.

sans sa faute, à moins que la charte-partie ou le connaissement ne porte la nature et la valeur de ces objets ou
qu'ils n'aient été déclarés autrement par écrit au capitaine ou à l'armateur. Enfin par 25 et 26 Vict. c. 63,
sect. 54, l'étendue de la réparation due par l'armateur
qui prouve qu'il n'est pas en faute, ne peut être supérieure à £. 8 pour chaque tonneau de jauge[1].

La validité des clauses de non-assurance n'a jamais
fait de doute ; mais si celle de non-responsabilité des
fautes ou négligences est admise, ce n'est cependant pas
aujourd'hui d'une façon absolue ; depuis le *Railway and
Canal Traffic Act*[2], en effet, le juge a un plein pouvoir
d'appréciation pour déterminer si la clause est « reasonable » ; si elle est « unreasonable », elle doit être trai-
tée « as inoperative[3]. » D'ailleurs, en ce qui concerne le
transport maritime, la loi Plimsoll, ou *Merchant Shipping Act 1876*, a beaucoup aidé à la protection des char-
geurs et des passagers, en réputant coupable d'un délit[4]
(misdemeanor) celui qui envoie à la mer un navire en
mauvais état, dangereux pour la vie des personnes, en

---

1. Cf. The Amalia, 32, Law Journ. Rep. Admir. 191.
2. 17 et 18 Vict. ch. 31, § 7.
3. En 1855, le juge Blackburn disait que la jurisprudence anté
rieure à 1854 établissait non-seulement la validité des clauses de
non-assurance, mais que « a Carrier might, by a special notice, make
a contract limiting his responsibility, even in the cases here men-
tioned of gross negligence, misconduct or fraud on the part of his
servants ; and it seems to me, the reason why the legislature in-
tervened in the Railway and Canal Traffic Act in 1854 was because
it thought that the companies took advantage of those decisions to
subvert « the salutary policy of the common law » (Peek *v.* The
North Staffordshire Railway, 10 House of Lords cases 473).
4. 39 et 40 Vict. ch. 80, sect. 4. — Cet act est traduit dans l'*Ann
Législ. étr.* 1877, p. 51.

fixant les règles de conduite des armateurs et en punissant les contraventions.

Si ces clauses sont (sauf le pouvoir du juge) reconnues valables en Angleterre, il en est tout autrement aux États-Unis où on les considère comme contraires à l'ordre public[1], et par conséquent comme nulles[2]. D'autre part, à l'obligation d'assurance léguée par le *common law* anglais, le droit américain moderne a apporté deux grandes restrictions : 1° la clause de non-assurance est devenue presque de style, et 2° indépendamment de toute clause, cette obligation n'est réputée exister que pour les marchandises et non pour les personnes, par cette raison que l'assurance et les obligations nées du contrat de transport sont « two departments of business », qu'il ne faut pas confondre et mélanger[3].

Une dernière observation reste à faire : c'est que si ce qui vient d'être dit s'applique aux personnes liées réciproquement les unes envers les autres par le contrat d'affrètement[4]; cela ne porte, d'autre part, nullement atteinte aux principes qui doivent régler la responsabilité pour les fautes non-contractuelles.

G. *Louage d'ouvrage.*

Le contrat de louage peut avoir pour objet la confection

1. Cf. Wharton, §§ 589, 592-644 a.
2. Cf. Railroad Co. *v.* Lockwood, 17 Wall. 357. — Et récemment (5 mars 1889) Liverpool and G. W. Steam Co. *v.* Phenix Insur. Co. 39 Alb. L. J. 373. Cf. la note parue sur cette décision dans le *Journ. du dr. intern. privé,* 1890, p. 153 et s.; de nombreux précédents soit anglais (dans le sens de la validité), soit américains (dans le sens de la nullité) y sont rapportés.
3. Wharton, § 615 a.
4. Cf. Bravard-Veyrières, *Tr. dr. comm.* IV, p. 202.

d'un ouvrage moyennant un salaire. La matière à façon-
ner peut alors être fournie, ou non, par l'ouvrier, et dans
le premier cas, il faut observer que, comme le contrat
participe de la nature de la vente, en ce qui touchera cette
dernière, il y aura lieu d'appliquer les principes posés
pour ce contrat.

Celui qui loue son travail sur une chose qui lui est
fournie, doit la restituer une fois façonnée ; c'est par là
qu'il se trouve soumis aux mêmes obligations que tous
les débiteurs de corps certains[1] ; il répond de ses manquements à la diligence qu'exercerait dans les mêmes
circonstances un bon ouvrier ordinaire de sa catégorie et
du même métier. Il n'est libéré de cette obligation qu'à
la charge de prouver que la perte de la chose ne provient
pas de son fait ; notamment, si la perte est due à un incendie, il doit prouver que l'incendie a été le résultat
d'un cas fortuit ou d'une force majeure, d'un évènement
indépendant de toute faute qui lui soit imputable[2].

Si celui qui loue son ouvrage se substituait quelqu'autre personne pour l'accomplissement de ce qu'il a
promis, il en répondrait comme de lui-même[3], c'est-à-
dire que pour se libérer il devrait prouver que la perte
ou la détérioration n'ont pas pour cause une faute de sa
part, et, spécialement, la substitution qu'il s'est permis
de faire.

L'ouvrier doit également la diligence d'un bon spécialiste pour le travail même dont il s'est chargé, et qu'il
doit faire subir à la chose qu'on lui confie : il doit l'exé-

1. C. civ. art. 1789.
2. Cass. 19 mai 1866, Dall. 1886, I, 409. — Guillouard, *Tr. du
louage*, II, no. 787.
3. Cf. Paris, 28 juill. 1885, Dall. 1886, II, 246.

cuter selon les règles de l'art « *spondet peritiam artis* » ; et il est responsable des malfaçons, à moins de prouver qu'elles ne lui sont pas imputables.

La loi fait notamment l'application de ce principe aux architectes et entrepreneurs de construction[1]. Comme les défauts de la construction sont ordinairement cachés lors de la livraison, le propriétaire qui aura à s'en plaindre ne pourra exercer son action en responsabilité pour malfaçons contre les constructeurs, qu'un certain temps après cette livraison, et comme, d'autre part, en la recevant le propriétaire eût été censé agréer le travail, la loi lui donne un délai de dix ans pour s'apercevoir des vices de construction et actionner qui de droit.

Mais il faut bien remarquer que le droit même pour le propriétaire d'agir en responsabilité contre les constructeurs n'est que l'application du droit commun, car les constructeurs se sont engagés à lui bâtir un édifice selon les règles de leur métier : le propriétaire n'a donc jamais contre eux à prouver autre chose, que le contrat de construction[2], et c'est à eux de leur côté à se libérer en prouvant le cas fortuit ou la force majeure qui excluent toute idée de faute[3].

Si la loi doit s'entendre restrictivement en ce qui touche la prescription de 10 ans, il en est tout autrement

1. C. civ. art. 1792 et 2270.
2. C'est donc à tort, semble-t-il, que l'on considérerait l'art. 1792 du C. civ. comme établissant contre les constructeurs une présomption légale de faute, dérogatoire au droit commun, tandis que dans le cas de l'art. 2270, le propriétaire devrait prouver la faute. Cf. dans ce sens : Sainctelette, *op. cit.* p. 182. — En sens contraire : Aubry et Rau, § 374, IV, p. 530 et s. Cass. 15 juin 1863, Dall. 1863 I, 421.
3. Voir cependant Baudry-Lacantinerie, no. 737, III, p. 437.

de ce qui est relatif à la nature et à l'existence même de la responsabilité[1] : cette responsabilité existe, en vertu du contrat, à la charge de toute personne qui s'engage à opérer un travail pour une autre, et qui ne l'exécute pas avec la diligence qu'elle avait promise ou la capacité à laquelle elle avait fait croire. Il n'y a donc pas lieu, à ce point de vue, de rechercher si le contrat a été fait à forfait ou autrement[2] : ce point n'intéresse que la survivance exceptionnelle de la responsabilité à la livraison, mais nullement l'application des principes généraux à cette responsabilité, notamment en ce qui concerne la preuve.

La responsabilité dont parle l'article 1792 du Code civil est donc la même que celle dont parle l'article 2270, elle a la même nature contractuelle, et est soumise aux règles ordinaires régissant les contrats.

Si les constructeurs avaient prévenu le propriétaire des vices du sol et du danger de construire, si ce dernier, n'en ayant pas tenu compte, a persisté à leur demander d'y construire, si enfin ceux-ci ont suivi toutes les règles que leur enseignait leur art dans de semblables circonstances, il semble bien que n'étant coupables d'aucun manquement à leurs engagements réels ou présumés, ils ne peuvent être actionnés en vertu du contrat,

---

1. Ce serait donc encore à tort qu'on appliquerait les principes de la faute extra-contractuelle (art. 1382 C. civ.) à toutes les hypothèses ne rentrant pas absolument dans les termes de l'article 1792 ou 2270 du C. civ. — C'est cependant la solution que consacre la jurisprudence française actuelle. Cf. Cass. 1er déc. 1868, Dall. 1872, I, 65. — Cass. 24 nov. 1875, Dall. 1877, I, 30.

2. Il n'y a donc pas à rechercher à ce sujet quelle est la nature du travail à opérer, et s'il rentre ou non dans ce qu'on peut appeler la construction d'un édifice. — Contrà : Aubry et Rau, § 374, IV, 530, Application à la construction d'un canal ou d'une digue.

comme responsables de la ruine qu'ils avaient prévue et qu'ils avaient tenté d'éviter[1]. Mais il faut ajouter que les victimes de l'accident pourraient cependant les attaquer en vertu de leur quasi-délit (art. 1382 du C. civ.) pour avoir suivi les caprices dangereux du propriétaire et avoir entrepris de construire dans des circonstances qui ne le permettaient pas[2].

Comme la solidité des maisons et des bâtisses intéresse la vie des personnes, il est de l'intérêt général que le plus grand soin soit toujours pris dans les constructions ; aussi devrait-on regarder comme nulle et comme contraire à l'ordre public la convention qui déchargerait le constructeur de ses fautes, ou celle par laquelle il s'engagerait à construire dans des conditions reconnues dangereuses.

Enfin on conçoit aisément que si des tiers avaient été lésés, et agissaient *proprio nomine* contre les constructeurs, ils ne pourraient baser leur action que sur le quasi-délit de ces derniers, le contrat de construction étant à leur égard une « *res inter alios acta* ».

§ 2. — *De la faute relative à l'exécution des contrats unilatéraux.*

A. *Prêt à usage.*

Sauf convention contraire, celui qui emprunte à usage

---

1. Cf. Duranton, XVII, no. 255. — Taulier, VI, p. 316. — *Contrà* : Duvergier, II, 354. — Troplong, III. no. 996. — Marcadé, art. 1792, no. 1. — Aubry et Rau, *loc. cit.* p. 532. — Paris, 15 mars 1863, Dall. 1863, V, 239. — Bordeaux, 21 avril 1864, Dall. 65, II, 39.

2. C'est à ce point de vue que Tronchet disait que « l'architecte ne doit pas suivre les caprices du propriétaire assez insensé pour compromettre sa sûreté personnelle en même temps que la sécurité publique. »

est présumé s'obliger à veiller en bon père de famille à la garde et à la conservation de la chose prêtée. Il ne peut s'en servir que pour l'usage déterminé par sa nature ; et s'il manque à ces obligations, il est en faute et en doit la réparation[1].

Il pourra se libérer de son obligation de restituer la chose en bon état, en prouvant que la perte ou la détérioration en est arrivée par cas fortuit, à moins que ce dernier n'ait été précédé lui-même d'une faute. Il en serait ainsi, par exemple, si la chose empruntée n'a péri par cas fortuit que parce que l'emprunteur l'a employée à un autre usage, ou pendant un temps plus long qu'il ne devait, ou encore en dehors des conditions fixées par le contrat[2] : il faut même remarquer que dans le second cas, il commet, en réalité, une double faute, la première de ne pas restituer à l'époque fixée, la seconde de faire usage de la chose qu'il aurait dû rendre, et dont il n'a plus le droit de se servir.

Cependant, conformément à ce qui a été établi précédemment, la relation entre la faute et le dommage arrivé devant être directe et immédiate, l'emprunteur pourra se libérer en prouvant que l'accident fortuit n'a aucun lien avec sa propre faute et que la chose eût péri, alors même qu'il n'en eût commis aucune[3] : sinon il suffit,

1. C. civ. art. 1880.
2. C. civ. art. 1881.
3. C. civ. art. 1302. On ne saurait, semble-t-il, restreindre l'article 1302 du C. civ. au cas où le débiteur d'un corps certain est seulement en demeure, c'est-à-dire en faute de retard constatée par une interpellation; la disposition de cet article n'est qu'une application du principe d'après lequel on ne peut répondre d'un accident que lorsque cet accident a une faute pour cause ou pour occasion, et qu'une relation directe existe entre lui et elle. V. en ce

que le prêteur éprouve quelque préjudice, pour que l'emprunteur en réponde : par exemple, si la chose prêtée et non restituée à temps, avait considérablement baissée de valeur, de sorte que le propriétaire n'ait pu s'en défaire.

Il faut remarquer en dernier lieu, qu'à l'obligation de veiller sur la chose en bon père de famille, s'ajoute pour l'emprunteur l'obligation de la protéger par tous les moyens possibles, au besoin en sacrifiant la sienne propre, encore qu'elle fût d'une plus grande valeur [1]. S'il y manque, il en doit naturellement répondre. Cette obligation est présumée assumée par l'emprunteur, parce que le prêt à usage est un contrat de bienfaisance, permettant de supposer que l'emprunteur a promis de n'en profiter qu'avec délicatesse.

B. *Gage.*

Dans le contrat de nantissement, une personne créancière d'une autre reçoit de cette première une chose pour sûreté de sa dette [2] ; aussi un rapport inverse du premier prend-il alors naissance et le créancier primitif devient, à proprement parler, le débiteur de la chose qui lui a été remise.

sens : Troplong, *Tr. du P.* no. 101. — Baudry-Lacantinerie, no. 816, III, p. 482. — En sens contraire : Aubry et Rau, § 392, note 2. — Il importe enfin de constater que c'est sans raison, d'autre part, qu'on se demanderait si les formalités de la mise en demeure sont ou non nécessaires à l'application de l'article 1881 ; car cet article ne s'occupe pas, à proprement parler, du retard à restituer, mais de l'usage de la chose en dehors des termes du contrat, hypothèse dans laquelle les formalités de la demeure n'ont rien à faire. Cf. Baudry-Lacantinerie, no. 817, III, p. 482.

1. C. civ. art. 1882. — Aubry et Rau, § 308-2°, note 30, IV p. 102. — Cf. Colmet de Santerre, V, 54 *bis*, II. — Pothier, no. 142.

2. C. civ., art. 2071.

La diligence dont le gagiste doit user est, en l'absence d'autre convention, celle d'un bon père de famille dans les termes précédemment établis[1].

Il n'y a pas non plus ici à tenir compte en droit français des anciennes subtilités[2] qui naissaient dans l'ancien droit de la division *à priori,* tripartite des fautes ; il n'y aurait donc pas à distinguer aujourd'hui le cas où la somme garantie par le gage a été remboursée de celui où elle ne l'a pas été encore, pour augmenter ou restreindre l'étendue de la diligence du gagiste[3]. Si célui-ci avait été mis en demeure, il deviendrait seulement responsable des cas fortuits dont sa faute de retard aurait été l'occasion[4].

Quant à la preuve, le gagiste est soumis, en principe, aux règles générales sur la preuve des fautes contractuelles[5], et il n'y a plus aujourd'hui à distinguer les « *casus qui rare eveniunt sine culpa* » pour en mettre la preuve à la charge du créancier, des « *casus qui frequenter eveniunt cum culpa* » pour en mettre la preuve à la charge du débiteur[6].

---

1. C. civ., art. 2080.
2. Une lecture inexacte de la loi 13 § 1, Dig. 13, 7, *De pign. act.,* avait soulevé quelques difficultés : selon les principes, le gagiste n'aurait dù être tenu que de sa faute légère, or, le texte d'Ulpien portait : « *Venit autem in hâc actione* (i. e., pign. act.) *dolus, et culpa, ut in commodato, venit et custodia* », ce qui rendait le gagiste tenu, comme l'emprunteur de la faute très légère. Gér. Noodt (*Probat. jur.,* c. I, 4 et IV, 3) avait rectifié cette lecture en mettant « *at*» à la place de « *ut* ». — Cf. Accurse, *Ad leg. cit.* — Cujas, *Observ.,* lib. XIX, c. 24 (*Priora.* II, p. 556, B. C. D.). — *Posth.,* IV, p. 1218, A. *ad leg.,* 19, VIII, 13, Cod.
3. Cf. Ant. Contius, rapportant l'opinion des commentateurs grecs (*Ad leg.,* 23, 50, 17, *R. j.*). — *Contrà* : Jac. Godefroid, *Ad eamd. leg.*
4. C. civ., art. 1302.
5. C. civ., art. 1137.
6. Sichard, *In codic.,* IV, 24, 4. *De pign. act.,* p. 404 et 405.

C. *Dépôt*.

La diligence que doit exercer celui à qui une personne confie sa chose pour la lui garder et la lui rendre ensuite, a été de tout temps l'objet des préoccupations du législateur. Comme le dépôt véritable est un contrat de bienfaisance purement gratuit, les législations les plus anciennes se sont plu à donner aux obligations qui en résultent un caractère sacré qui a toujours plus ou moins tranché sur le droit commun des autres contrats[1].

Il semble que le dépôt soit un des points sur lesquels se soit fait jour de très bonne heure la notion de la culpabilité subjective comme seule base véritable d'une responsabilité.

Le dépositaire est tenu de garder et de rendre la chose qu'on lui a confiée : or, nous voyons déjà dans les très anciens monuments juridique de l'Ireland[2] combien la diligence ou la négligence du dépositaire est appréciée minutieusement, et avec quel soin on le déclare responsable de sa faute. De même dans les anciennes lois du pays de Galles[3].

En droit romain, le dépositaire n'était tenu, en principe, que de son dol et non de ses fautes[4], à moins cepen-

---

1. On connaît la légende de ce moine qui avait accepté un dépôt et qui était mort avant de l'avoir restitué : les anges ne voulurent pas permettre à son âme l'entrée du Paradis qu'il n'ait restitué le dépôt : « And, therefore, the soul was returned into the body, to restore the deposit. When so much as that was required from the dead, in respect to a deposit, it is right to require great things from the living. » — *Welsh laws. Cyvreithian Cymru.* Bk. XI, ch. 4, § 13 (*Ancient laws and Inst. of Wales.* Thorpe, p. 602).

2. Cf. *Ancient laws of Ireland*, III. *The book of Aicill.*, p. 499, et s.

3. *Ancient laws and Inst. of Wales.* Thorpe, *loc. cit.*, § 12, § 14.

4. L. 23, Dig., 50, 17, Celsus. — L. 5, § 2 (Ulpien, 28, *Ad. Ed.*). Dig., 13, 6. *Commodat.*, *v. Contrà*.

dant qu'à la simple obligation de conserver les parties aient ajouté d'autres obligations, comme celle de laisser la chose exactement dans l'état ou à la place où elle se trouvait lors du contrat : dans ce dernier cas, le dépositaire avait été à juste titre rendu responsable pour n'avoir pas exécuté cette obligation [1].

La véritable raison pour laquelle le dépositaire n'était responsable que de son dol, n'est pas, comme le disent les Instilutes [2], que, « *qui negligenti amico rem custodiendam tradidit, suæ facilitati id imputare debet.* » Un tel motif arriverait à la négation de toute faute dans les contrats. La véritable raison est celle que donne Ulpien [3], à savoir que le dépôt est, en principe, conclu à l'avantage du déposant, et sans aucune utilité pour le dépositaire : c'est conforme à la théorie romaine que là où est l'avantage, là doit être la responsabilité.

De même que les jurisconsultes de l'ancien droit français, adoptant la doctrine que Celsus soutenait contre les Proculiens, assimilaient la faute grave à un dol [4], de même ils décidèrent comme lui que le dépositaire était tenu de sa « *culpa lata* » appréciée *in concreto* [5]. Comme, de leur côté, les rédacteurs du Code civil ont en général suivi, dans la théorie des obligations (sauf en ce qui concerne la base de la théorie des fautes), les anciens auteurs, et surtout Pothier, ils ont décidé que le dépositaire devait être présumé ne s'engager vis-à-vis de la chose déposée qu'à user du même soin que vis-à-vis de sa propre chose [6].

1. L. 7, Dig., *pr.* (Ulp., 30, *Ad Ed.*),XVI. 3. (*Depositi,* v. *Contrà*).
2. Inst., III, XIV, § 3. (*Quib. mod. re contr. oblig*).
3. Ulpien, 28, *Ad Ed.* (Dig., l. 5, § 2. XIII. C. *Commodati*).
4. Celsus, 11, *Digestor.* (Dig., l. 32, XVI, 3, *Depositi*).
5. Pothier, *Tr. du dép.*, n. 23, corollaire 1er.
6. C. civ., art. 1927.

Mais il faut remarquer que l'absence d'utilité pour le dépositaire n'est aujourd'hui qu'un indice pour permettre cette présomption, et que le déposant pourra toujours prouver que vu les circonstances du dépôt, il espérait davantage [1]. En général, en effet, le dépositaire doit répondre des actes qu'il commet et qui sont incompatibles avec la fidélité qu'il doit à la garde du dépôt [2].

En droit français, le dépositaire n'est donc réputé s'être engagé qu'à soigner la chose comme il soigne les siennes propres.

An Angleterre, au XVIIIᵉ siècle, W. Jones [3] avait reproduit la théorie de Pothier, et soutenait que sauf convention contraire, le dépositaire n'était tenu que de son dol et de sa faute lourde *in concreto*. Cette solution est cependant critiquée aujourd'hui [4] : non seulement la doctrine des auteurs anglais et américains, mais aussi la jurisprudence admettent que le dépositaire est tenu de la diligence d'un bon père de famille *in abstracto*, et qu'il ne saurait être libéré en prouvant que pour ses propres affaires il est aussi négligent qu'il l'a été pour la chose déposée [5].

1. C. civ., art. 1928. « La disposition de l'article précédent doit être appliquée avec plus de rigueur : 1º Si le dépositaire s'est offert lui-même pour recevoir le dépôt ; 2º S'il a stipulé un salaire pour la garde du dépôt; 3º Si le dépôt a été fait uniquement pour l'intérêt du dépositaire ; 4º S'il a été convenu expressément que le dépositaire répondrait de toute espèce de faute. »

2. Pothier, *op. cit.*, n. 26.

3. *On Bailm.*, p. 47 et 48.

4. Parson, *The law of Contr.* V, II, § 91. — Wharton, § 461 et s.

5. Cela a été jugé, par exemple, en Angleterre dans l'espèce suivante : un dépositaire d'une somme d'argent avait mis cette somme avec son propre argent dans sa caisse; mais il tenait un bar public et sa caisse était dans le bar : c'était pour lui-même être négligent ;

En Allemagne, le droit actuellement en vigueur [1] est le même que le droit français, et le dépositaire n'est tenu, en principe, que de la *diligentia quam in suis* ou que de sa faute lourde [2]. Mais le projet de Code civil pour l'Empire a admis pour le dépôt, comme pour les autres contrats, l'obligation de répondre de tout manquement à la diligence ordinaire d'un bon père de famille [3].

C'est ce qui est admis en Autriche [4] et en Suisse [5].

Le mouvement juridique moderne semble donc tendre à assimiler, sous le rapport de la faute, le dépôt aux autres contrats.

Enfin, il faut observer qu'on doit appliquer au dépôt les solutions données pour le mandat, au point de vue de la faculté de substituer : le Code civil français ne dit rien ici, mais les principes généraux du droit permettent, à défaut de convention expresse ou tacite contraire, au dépositaire de se substituer un tiers. Il répondra alors des fautes de ce dernier selon les mêmes distinctions qu'au cas de mandat.

Les législations allemandes modernes [6] n'admettent guère la substitution que dans le cas le cas de nécessité. Le projet de Code civil pour l'empire la rejette comme pour le mandat, à moins de convention contraire [7].

---

l'argent fut volé ; le dépositaire fut condamné, bien qu'il eût traité le dépôt comme sa propre chose. — Doorman *v.* Jenkins, 2 Adolphus and Ellis, 256. — Cf. dans le même sens : Rooth, *v.* Wilson, 1 Barnewall and Alderson, 59.

1. Cf. Preuss. A. L. R. I., 14, § 11.
2. Sächsisch. G. B., §§ 1266, 728. — Württemb. L. R., II, 3, § 1.
3. *Motiv.*, II, p. 572. — Cf. *Entwurf*, § 224-1°, § 225, § 144-1°.
4. Oesterr. G. B., § 964 et § 1295.
5. Schweiz. Bd. ges., art. 113.
6. Cf. Sächs. G. B., § 1265. — Oesterr. G. B., § 965.
7. *Entwurf.*, § 616.

Quant à la preuve, elle se règle d'après les principes généraux énoncés précédemment et appliqués aux autres contrats ; il n'y a d'exception qu'au cas de dépôt nécessaire, pour l'admission de la preuve testimoniale[1].

— Du contrat de dépôt on peut rapprocher le *contrat d'hôtellerie*[2]. La loi française[3] assimile, en effet, les aubergistes et les hôteliers à des dépositaires nécessaires, au point de vue de la diligence qu'ils ont à exercer à l'égard des effets apportés par les voyageurs. Ils doivent veiller sur leur personnel et le bien choisir, ils doivent veiller sur les personnes qui fréquentent leur hôtel.

Si l'étendue de la réparation à laquelle les oblige leur responsabilité a été restreinte[4], leur responsabilité même reste entière pour tous les dommages causés aux effets des voyageurs, sans même qu'il y ait eu une stipulation de dépôt[5], et sans qu'il faille distinguer si le voyageur a confié ses effets à un domestique dont c'était ou non l'emploi de les recevoir[6].

Comme c'est par un contrat que l'hôtelier est obligé d'exercer cette surveillance, le voyageur n'aura qu'à prouver ce contrat et l'hôtelier ne pourra se libérer qu'en prouvant le cas fortuit ou la force majeure[7], qu'en établissant qu'aucune précaution de sa part ne pouvait em-

---

1. C. civ., art. 1950 et 1348-2°.
2. Cf. Pothier, *Tr. du dépôt*, n. 76.
3. C. civ., art. 1952, 1953.
4. Restreinte à 1,000 fr. pour les sommes d'argent ou valeurs au porteur. Loi du 19 avril 1889.
5. Cf. Sourdat, n. 944, II, p. 189. — *Contrà* : Pothier, *op. cit.*, n. 76, 78 et 79.
6. Sourdat, n. 946, II, p. 190. — *Contrà* : Pothier, *op. cit.*, n. 80. — Domat, *Loix civ.*, I, XVI, 3.
7. C. civ., art. 1954.

pêcher l'accident qui est arrivé [2], ou encore que le voyageur était lui-même préalablement en faute [3].

Ce que la loi dit pour les effets du voyageur doit être appliqué par les mêmes raisons et selon les mêmes principes, en ce qui concerne sa personne même. Si, par exemple, l'hôtelier installait ce dernier dans un appartement que vient de quitter une personne atteinte d'une maladie contagieuse, et qu'il fût atteint du même mal, le voyageur serait fondé à réclamer des dommages-intérêts en vertu du contrat et l'hôtelier ne pourrait se libérer qu'en prouvant le cas fortuit, c'est-à-dire ici la non-contagion du mal [3].

---

1. Cf. Bourges, 17 déc. 1877. Dall., 1878, II, 39-40.
2. Cf. Aubry et Rau, § 406, texte et note 13. IV, p. 630.
3. Sainctelette, *op. cit.*, p. 205.

CHAPITRE III

DE LA FAUTE CONSIDÉRÉE DANS SES RAPPORTS AVEC L'EXÉCUTION
DES QUASI-CONTRATS.

Les principes généraux qui ont été exposés précédemment et dont l'application a été faite aux obligations contractuelles et aux fautes qui y sont relatives, régissent de même les quasi-contrats et les engagements qui en naissent.

A. *Gestion d'affaires.*

Comme le quasi-contrat de gestion d'affaire n'est en quelque sorte que l'image du mandat, il suffira de renvoyer à ce qui a été dit sur ce sujet [1].

B. *Administration des biens indivis.*

Il en sera de même des engagements qui peuvent résulter de l'administration opérée sans mandat par un copropriétaire d'un objet appartenant par indivis à plusieurs personnes. Ils sont réglés par analogie d'après les principes relatifs à l'administration des affaires sociales par l'un des associés [2] : il faudra donc leur appliquer ce qui a été dit à ce propos.

C. *Paiement de l'indû.*

Celui qui a payé par erreur ce qu'il ne devait pas,

---

1. Cf. C. civ., 1372 2°, 1374-1° et 2°. — V. *suprà*, p, 222 et s.
2. Aubry et Rau, § 440, note 1. IV, p. 721.

peut réclamer ce qu'il a payé. Le fait d'avoir ainsi reçu une somme indue, entraîne pour l'*accipiens* certaines obligations, notamment celle de restituer ce qu'il a reçu, et de le conserver s'il s'agit d'un immeuble ou d'un corps certain non fongible. Il en résulte que si il ne restitue pas, ou si la chose est détériorée, il en doit compte au propriétaire, et il doit en payer la valeur si la perte ou la détérioration ont eu lieu par sa faute [1].

Mais il faut distinguer ici selon que l'*accipiens* a reçu l'indu de bonne ou de mauvaise foi, car l'existence de son obligation de conserver, et par là la possibilité de commettre une faute en dépendent.

En effet, celui qui reçoit une chose et qui la possède, convaincu qu'il en est véritable propriétaire, ne peut être regardé comme tenu d'une obligation de veiller à sa conservation et à son entretien. On ne peut, par conséquent, lui imputer de ce chef aucune faute ou aucune négligence.

Mais du jour où il connaît le vice de sa possession, il connaît son obligation de restituer et, par là, celle de conserver : de ce moment donc, il deviendra responsable de la perte ou des détériorations dues à son défaut de soins [2].

Pour les mêmes raisons, si l'*accipiens* avait reçu la chose de mauvaise foi, l'obligation et la responsabilité qui en résulte, seraient à sa charge du jour même du paiement. Bien plus, comme il a commis une faute en recevant ce à quoi il n'avait pas droit, il est responsable des conséquences de son iniquité : il doit répondre de la

1. C. civ., art. 1379.
2. Aubry et Rau, § 442, texte et note 30. IV, p. 736. — Larombière, art. 1378-1379, n. 3, VII, p. 510-511.

perte par cas fortuit ou force majeure[1], s'il ne peut prouver que la chose eût également péri ou souffert entre les mains du vrai propriétaire[2].

Il est vrai que le Code civil, dans le cas de paiement reçu de bonne foi, ne distingue pas selon l'époque à partir de laquelle l'*accipiens* connaît le vice de sa possession : mais cela ressort des principes généraux du droit ; c'était la solution donnée par Ulpien[3] en droit romain, et par Pothier[4] dans l'ancien droit français.

1. C. civ., art. 1379.

2. Argument 1302. — Cf. Aubry et Rau, *loc. cit.* — Larombière, *loc. cit.*

3. Ulpien, lib. 15, *Ad Ed.* (Dig., l. 31, § 3, V, 3, *De hered. petit.*). «... *Si facere debuit, nec fecit, culpæ ejus reddat rationem, nisi bonæ fidei possessor est : tunc enim, quia quasi rem suam neglexit, nulli querelæ subjectus est.* »

4. Pothier. *Tr. de l'action,* cond. indéb., no. 167?

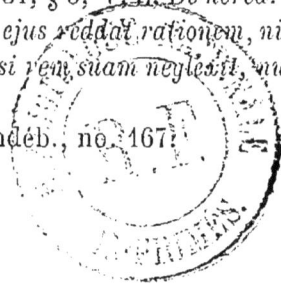

FIN

TABLE DES CHAPITRES

18

LIVRE DEUXIÈME

De la faute extra-contractuelle ou du manquement aux obligations imposées par la loi.

Chapitre II. — Des personnes civilement responsables.

B. *Chapitre III. — Des fautes commises par certaines personnes à qui incombent des obligations légales particulières à l'égard de la chose d'autrui.*

LIVRE TROISIÈME

De la faute relative aux obligations conventionnelles.

Section 1. — Principes généraux.

Chapitre I. — De la faute contractuelle en général et de son mode d'appréciation.

Chapitre II. — De la capacité relative à la faute contractuelle.

Chapitre III. — Stipulations de non-responsabilité des fautes contractuelles.

Chapitre IV. — De la preuve.

Laval. — Imp. et Stér. E. JAMIN, rue de la Paix, 41.

EXTRAIT DU CATALOGUE GÉNÉRAL

BEUDANT, doyen honoraire et professeur à la Faculté de Droit de Paris. **Le droit individuel et l'Etat.** Introduction à l'étude du droit. 1 vol. in-8... **6** fr.

BONFILS, doyen de la Faculté de Droit de Toulouse. **Traité élémentaire d'organisation judiciaire de compétence et de procédure en matière civile et commerciale,** 1 fort vol. gr. in-8... **15** fr.

GINOULHIAC, professeur honoraire à la Faculté de Droit de Toulouse. **Cours élémentaire d'histoire générale du droit français public et privé,** 2e édit. 1 vol. in-8.................... **10** fr.

GIRARD (P.-F.), professeur agrégé à la Faculté de droit de Paris. **Textes de droit romain annotés,** 1890. 1 fort vol. in-18. **8** fr.

JOURDAN (Alfred), doyen de la Faculté de Droit d'Aix. **Cours analytique d'économique politique,** 2e éd. 1 vol. in-8.... **10** fr.

LABORDE, professeur à la Faculté de Droit de Montpellier. **Cours élémentaire de Droit criminel,** conforme au programme des Facultés de Droit. 1 vol. in-8............................ **10** fr.

LEVASSEUR, membre de l'Institut, professeur au Collège de France et au Conservatoire des Arts-et-Métiers. **La population française.** Histoire de la population avant 1789 et démographie de la France comparée à celle des autres nations au xixe siècle, précédée d'une introduction sur la statistique, trois vol. gr. in-8 (tomes 1 et 2 seuls parus), chaque volume..................................... **12** fr. **50**

NEUMANN (Baron de). **Eléments du droit des gens public européen.** Ouvrage traduit par M. de Riedmatten, docteur en droit. 1 vol. in-8... **7** fr.

SURVILLE et **ARTHUYS**, professeur à la Faculté de Droit de Poitiers. **Cours élémentaire de droit international privé conforme au programme des Facultés de Droit.** 1 vol. in-8... **10** fr.

VIDAL, professeur à la Faculté de Droit de Toulouse. **Introduction philosophique à l'étude du droit pénal.** Principes fondamentaux de la pénalité, dans les systèmes les plus modernes. (Ouvrage couronné par l'Institut, Académie des sciences morales et politique). 1 vol. in-8... **10** fr.

THALLER (E.), professeur à la Faculté de Droit de Lyon. **Des différentes législations mises en parallèle et en conflit. — Des faillites en droit comparé, avec une Etude sur le règlement des faillites en droit international.** (Ouvrage couronné par l'Institut, Académie des sciences morales et politiques, 1886, prix du Budget), 2 vol. in-8............................. **16** fr.

VIGIÉ, doyen de la Faculté de droit de Montpellier. **Cours élémentaire de Droit Civil français,** conforme au programme des Facultés de Droit. 3 vol. in 8, 30 fr. (Tomes 1 et 2 parus ; le tome 3 paraîtra en 1891). Chaque vol.......................... **10** fr.

WAHL, professeur agrégé à la Faculté de Droit de Grenoble. **Traité théorique et pratique des titres aux porteurs** français et étrangers. Ouvrage couronné par la Faculté de Droit de Paris. Prix Rossi 1890. 2 vol. in-8............................. **16** fr.

Laval. — Imp. Stér. E. JAMIN, rue de la Paix, 41.

www.ingramcontent.com/pod-product-compliance
Lightning Source LLC
Chambersburg PA
CBHW070236200326
41518CB00010B/1579